ANKERHERZ

Matt Lewis

DAS VERFLUCHTE SCHIFF

Mein Überlebenskampf im Südpolarmeer

Aus dem Englischen
von Olaf Kanter

ANKERHERZ

DAS VERFLUCHTE SCHIFF
Mein Überlebenskampf im Südpolarmeer

ANKERHERZ VERLAG
EDITION CAMPFIRE

Deutsche Erstausgabe
September 2015

Die englischsprachige Originalausgabe erschien 2014 unter dem Titel
„Last Man Off: A True Story of Disaster and Survival on the Antarctic Seas"
bei Penguin Books, London.

Übersetzung: Olaf Kanter, Hamburg
Lektorat: Patrick Schär, Berlin
Reihengestaltung: Ana Lessing, Berlin
Umschlaggestaltung: Daniela Greven, Berlin
Umschlagmotiv: jcrosemann/iStock
Buchgestaltung und Satz: Tom Möller, Hamburg
Doppelseitige Fotografien: Kim Westerskov, Tauranga, Neuseeland
Bildstrecken: Privatarchiv Matt Lewis (Fotos 1, 19, 23, 24, 32, 35, 37, 39–42),
Regin Torkilsson (2, 3), Chris Lewis (4), Phil Marshall (5–18, 20, 25–27, 30–34) ,
Philip Stephen/bluegreenpictures.com (18), Magnus Johnson (21), Survitec Group (22),
Donald Smith (28), Pat Lurcock (29), Mike Hughes (36), Cosalt/Aberdeen Journals (38)
Korrektorat: Wolfgang Sand, Landsberg
Herstellung: Peter Löffelholz, Berlin
Papier: Munken Pure, Munkedals

Druck und Bindung: Pustet, Regensburg
Bibliografische Information der Deutschen Nationalbibliothek:
Die Deutsche Nationalbibliothek verzeichnet diese Publikation
in der Deutschen Nationalbibliografie; detaillierte bibliografische
Daten sind im Internet über http://dnb.dnb.de abrufbar.

Ankerherz Verlag GmbH, Hollenstedt
info@ankerherz.de
www.ankerherz.de

ISBN: 978-3-95898-009-9

»JEDER MUSS STERBEN.
ES KOMMT DARAUF AN,
WIE DU STIRBST.«

DANIEL DEFOE, ROBINSON CRUSOE

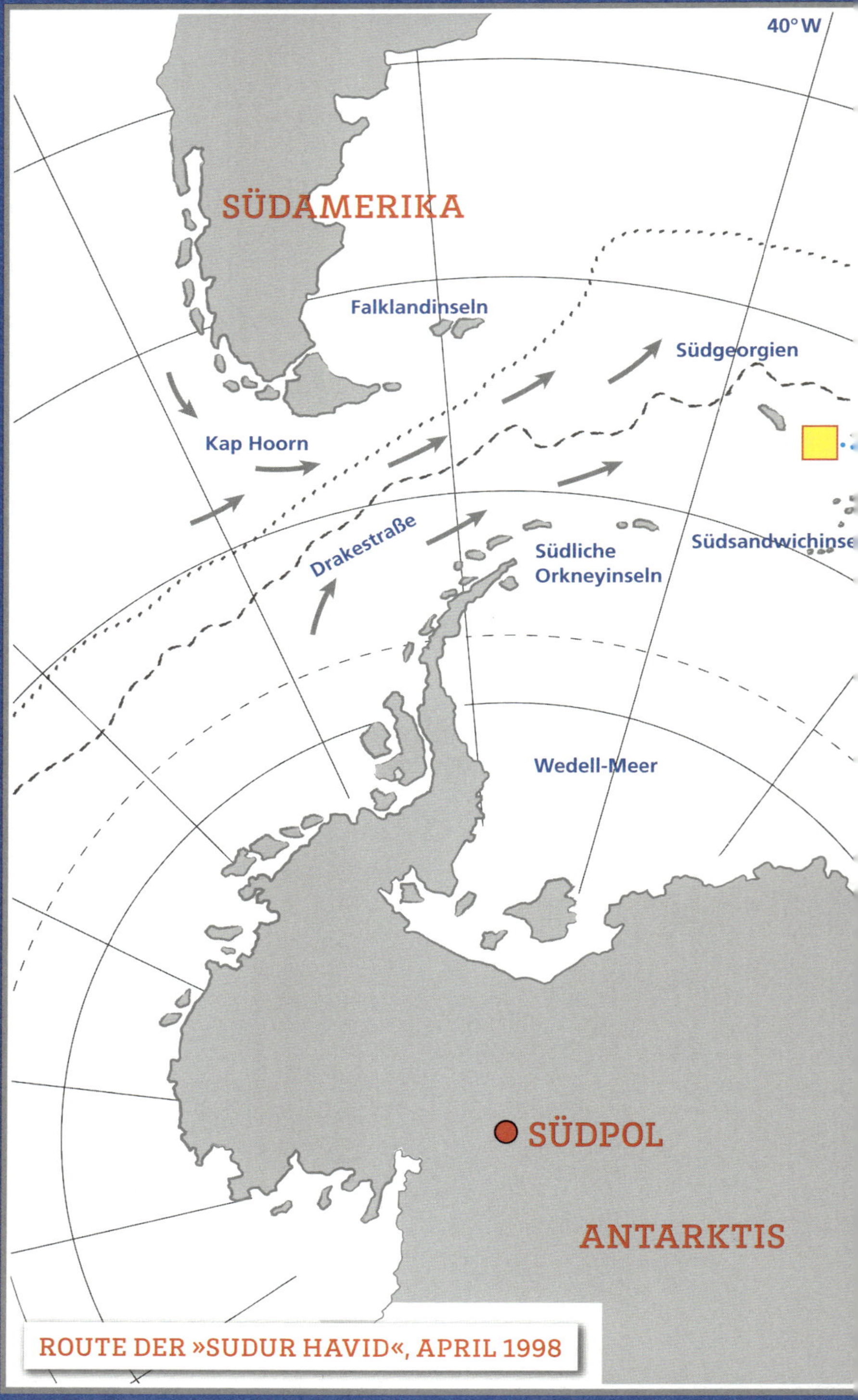
40° W
SÜDAMERIKA
Falklandinseln
Südgeorgien
Kap Hoorn
Drakestraße
Südliche
Orkneyinseln
Südsandwichinse
Wedell-Meer
SÜDPOL
ANTARKTIS
ROUTE DER »SUDUR HAVID«, APRIL 1998

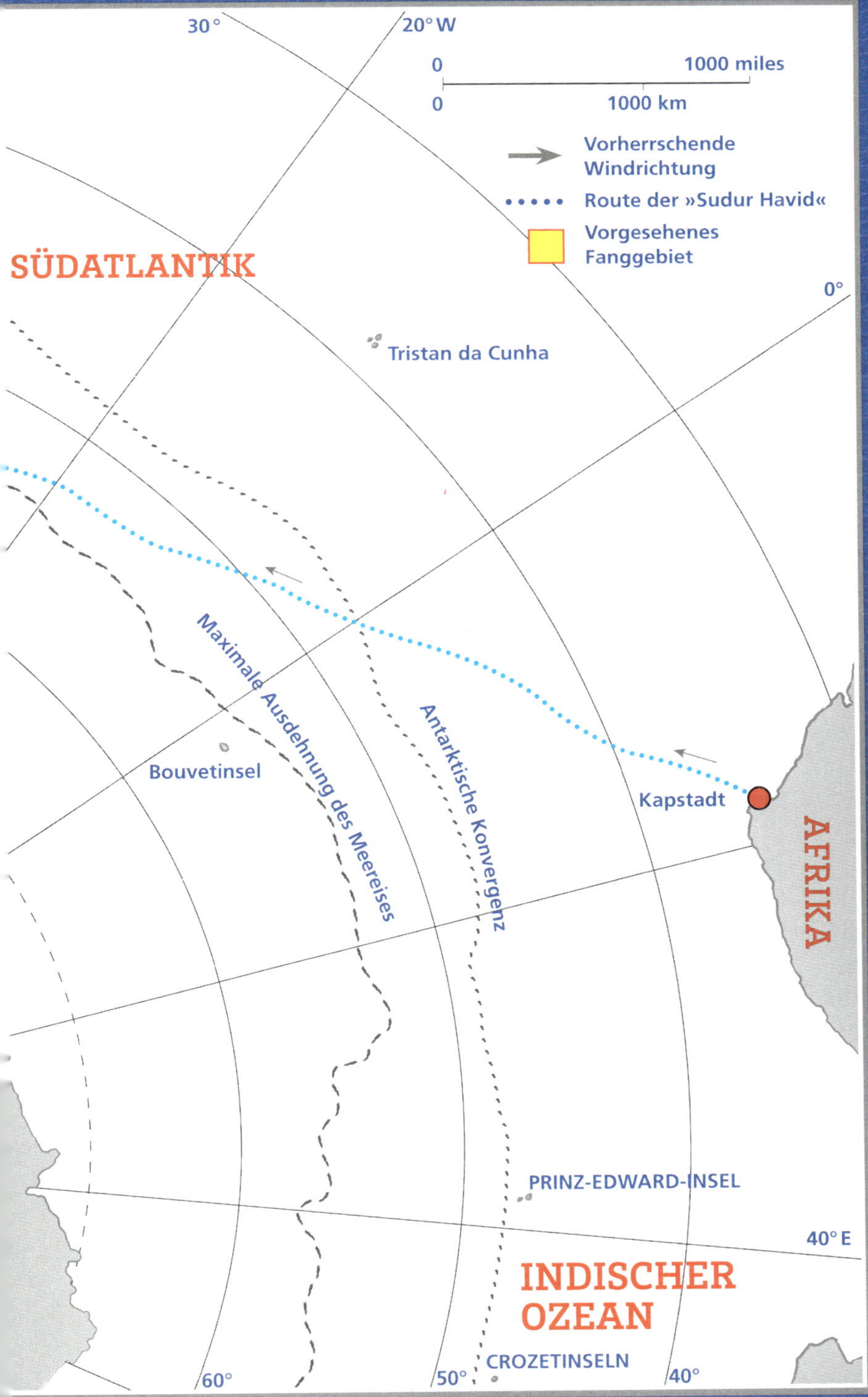

30°
20° W
0 1000 miles
0 1000 km
Vorherrschende Windrichtung
Route der »Sudur Havid«
Vorgesehenes Fanggebiet
SÜDATLANTIK
0°
Tristan da Cunha
Maximale Ausdehnung des Meereises
Antarktische Konvergenz
Bouvetinsel
Kapstadt
AFRIKA
PRINZ-EDWARD-INSEL
40° E
INDISCHER OZEAN
CROZETINSELN
60°
50°
40°

BESATZUNG DER »SUDUR HAVID«

Name	Position	Herkunft
Bjorgvin Armannsson	Kapitän	Island
Gerard McDonagh (»Bubbles«)	Skipper	Südafrika
Brian Kuttel (»Boetie«)	Skipper, Fischmeister	Südafrika
Klaus Irmer	Chief, Erster Ingenieur	Deutschland
Glanville Petersen (»Glen«)	Zweiter Ingenieur	Südafrika
Joaquim Texeira	Bootsmann, Vorarbeiter an Deck	Portugal
João Carlos Mangas Santos	Bootsmann, Vorarbeiter Fischverarbeitung	Portugal
Charlie Baron	Bootsmann,	Südafrika
Matt Lewis	wissenschaftlicher Beobachter	Großbritannien
Kenneth Adams (»Kenny«)	Matrose	Südafrika
Albert Baron	Matrose	Südafrika
Alfred Clarke (»Alfie«)	Matrose	Südafrika
Alexander Efeinge	Matrose	Südafrika

Trevor Fell	Matrose	Südafrika
Brian Forbes	Matrose	Südafrika
Grant Forbes	Matrose	Südafrika
Danie Greef (»Big Danie«)	Matrose	Südafrika
Matheus Haimbodi	Matrose	Namibia
Jerimia Kashingola	Matrose	Namibia
Matheus Kashingola	Matrose	Namibia
Antonio Kelobi	Matrose	Namibia
David Knowles	Matrose	Südafrika
Sven Lizamore	Matrose	Südafrika
Eugene Niemann	Matrose	Südafrika
Joshua Peinge	Matrose	Südafrika
Stephan Truter	Matrose	Südafrika
Kanime Vahongaifa	Matrose	Namibia
Morné van Geems	Matrose	Südafrika
Mark van Vuuren	Matrose	Südafrika
Inmamuel Vendadu	Matrose	Namibia
Johannes Visser (»Hannes«)	Matrose	Südafrika
Samuel Walu Walu	Matrose	Südafrika
Daniel Joubert (»Little Danie«)	Öler	Südafrika
Melvin Marais	Elektriker	Südafrika
Alfius Shikonga	Öler	Namibia
Gideon Dyson	Küchenhilfe	Südafrika
Obiator Shinana (»Simon«)	Steward	Namibia
Robert Stevens (»Grunter«)	Smut	Südafrika

VORWORT

Dieses Buch ist mein Versuch, von einer Tragödie zu berichten, die sich im Juni 1998 zugetragen hat – im Winter, auf dem Südpolarmeer.

Ich hatte als wissenschaftlicher Beobachter auf der *Sudur Havid* angeheuert, einem südafrikanischen Hochseetrawler, und es war mein erster Job, seit ich an der Universität meinen Abschluss als Meeresbiologe gemacht hatte.

Außerhalb von Südafrika hat das Schicksal der *Sudur Havid* keine großen Schlagzeilen gemacht. Für den Rest der Welt war es nur ein weiterer Fischtrawler, der irgendwo in Seenot geraten war. Tatsächlich müsste ich den Dampfer *Sudurhavid* nennen oder sogar *Suðurhavið*, denn das ist sein richtiger Name, wie ich inzwischen gelernt habe. Doch an Bord habe ich den Namen immer nur auf den Rettungsringen gesehen, getrennt in zwei Wörtern, und ich habe das Schiff zu lange als *Sudur Havid* gekannt, um mich jetzt noch umzustellen. Wo ich schon bei der Beichte bin, sollte ich auch gleich erwähnen, dass ich immer vom Südpolarmeer schreibe und vom Antarktischen Ozean, auch wenn wir nur bis zum 54. Breitengrad vorgestoßen sind. Aber unser Fanggebiet lag südlich der Antarktischen Konvergenz, also jenseits der Grenze, wo kalte Wassermassen aus dem Süden auf eine warme Strömung des Atlantiks treffen. Was Klima und Ökosystem betrifft, machen die fehlenden sechs Breitengrade keinen großen Unterschied mehr.

Ich habe lange gezögert, dieses Buch zu schreiben. Zum einen, weil ich es mir vielleicht selbst nicht zugetraut habe, aber vor allem, weil ich versuchen wollte, die ganze Angelegenheit zu vergessen und mein Leben zu leben, als wäre nichts passiert. Ein Buch über die Ereignisse zu verfassen, war wirklich das Letzte, woran ich dachte.

Inzwischen bin ich froh, dass ich mit dem Schreiben gewartet habe. Unmittelbar nach dem Unglück war ich noch in meiner Rolle als Beteiligter gefangen und zu sehr von meinen Emotionen gesteuert, um halbwegs objektiv schildern zu können, was geschehen war. Als ich bei der Polizei auf den Falklandinseln eine erste Aussage machte, habe ich drei Stunden lang erzählt, ohne zwischendurch einmal richtig Luft zu holen. Die Abschrift umfasste 65 Seiten an Beschreibungen, Zeitangaben und anderen Details. Ich habe das Protokoll damals aufgehoben, und acht Jahre später war es mir eine wertvolle Hilfe, als ich die Ereignisse aus dem Gedächtnis rekonstruieren wollte. Zu diesem Zeitpunkt war auch die erste Wut verraucht, unbedingt die Verantwortlichen anklagen zu müssen. Ich habe zugehört, wie andere bewertet haben, was geschehen ist, und das Trauma selbst besser verarbeitet. Mit der Zeit wurde mein Bild von den Ereignissen immer klarer, und inzwischen tut es schon fast nicht mehr weh, wenn ich davon erzähle.

In Kapstadt ist natürlich ausführlich über den Untergang der *Sudur Havid* berichtet worden. Einige der Artikel hielten sich tatsächlich an die Fakten, andere darf man getrost als Fiktion bezeichnen, doch keine Darstellung war auch nur annähernd vollständig. Ich selbst war ohne großes Aufsehen wieder in England gelandet – am Flughafen warteten keine Kameras oder Reporter auf mich, und das war auch gut so. Meine Freunde und meine Familie ließen mich erst einmal in Ruhe; sie wollten nicht, dass ich meine traumatischen Ereignisse im Geiste gleich noch einmal erleben musste. Sie gingen davon aus, dass ich meine Geschichte erzählen würde, wenn ich so weit war. Aber so genau wollte ich meinen Liebsten auch gar nicht schildern, was geschehen war, weil ich ihnen keinen Schrecken einjagen wollte; und allen anderen habe ich nichts gesagt, weil mich die ganze Angelegenheit jedes Mal wieder aus der Fassung brachte. Es dauerte Jahre, bis ich verstand, dass ich eine Story zu erzählen hatte, die es auch verdient hatte, verbreitet zu werden. Es durfte nicht sein, dass der Überlebenskampf dieser tapferen Crew in der wohl rauesten See unseres Planeten am Rest der Menschheit einfach vorbeiging. Während ich an meinem Manuskript arbeitete, sind einige meiner Kollegen von der *Sudur Havid* gestorben – und niemand hat je die wahrscheinlich größte Geschichte ihres Lebens gehört.

Mir war von Beginn an klar, dass ich auch Dinge beschreiben musste, die ich selbst nicht mit eigenen Augen gesehen hatte. Nach vielen Jahren, in denen wir den Kontakt verloren hatten, gelang es mir, Phil Marshall von der *Isla Camila* und Magnus Johnson von der *Northern Pride* aufzutreiben und sie ausgiebig zu interviewen. Speziell für Phil war es immer noch schwierig, über seine Erinnerungen zu sprechen, und es war keine angenehme Aufgabe, ihn nach den Details zu fragen, die ich für ein vollständiges Bild brauchte. Aber er war dennoch eine große Hilfe: Von ihm bekam ich alle Informationen über die Suche nach den Überlebenden und vor allem über den entscheidenden Moment der Rettung.

Als das Buch langsam Gestalt annahm und ich mit vollem Engagement bei der Sache war, reiste ich nach Südafrika, um auch ehemalige Kollegen aus der Crew der *Sudur Havid* zu interviewen. In einer Reihe von Gesprächen unter vier Augen bekam ich die Gelegenheit, meine Erinnerungen mit denen der anderen abzugleichen: Wie hatten Morné Van Geems, Sven Lizamore und Stephan Truter den Untergang erlebt? Es gab einige Abweichungen zwischen ihrer Version und meiner, aber das hatte ich durchaus erwartet. Sie erzählten mir auch, was sich in der anderen Rettungsinsel abgespielt hatte, und erklärten mir noch einmal ausführlich, wie die Langleinen-Fischerei funktionierte, was ich in meinem Buch möglichst anschaulich beschreiben wollte.

Wir saßen im Schatten vor ihren gemütlichen Häusern in Kapstadt, und ihr Bericht versetzte mich zurück in den Antarktischen Ozean. Dass sie bis heute mit großem Enthusiasmus zur See fahren, trotz allem, was geschehen ist, wird mir für immer ein großes Rätsel bleiben; sie sind eben Fischer, durch und durch, bis ins Herz. In einem späteren Stadium meiner Arbeit an diesem Buch erklärte sich außerdem Big Danie von der *Sudur Havid* bereit, mir zu helfen, und schließlich sogar Kapitän Sandoval von der *Isla Camila*.

Das Schreiben war allerdings nicht der Heilungsprozess, den ich mir erhofft hatte; es flossen reichlich Tränen. Was eigentlich eine Art Katharsis werden sollte, geriet zur selbst auferlegten Tortur. Wieder und wieder musste ich sehr schmerzvolle Momente vor meinem geistigen Auge abspielen, ja: noch einmal erleben. Gleichzeitig setzte ich mich unter Druck: Unter keinen Umständen wollte ich Kollegen in ein falsches Licht rücken, die am Tag des Untergangs großem Stress ausgesetzt waren und wahrscheinlich an ihre eigenen Grenzen gestoßen sind. Außerdem war mir immer bewusst, dass einige Menschen durch mein Buch erstmals erfahren würden, unter welchen Umständen ihre Liebsten ums Leben gekommen waren.

Ich wünschte, ich könnte mehr Fotos zeigen, damit sich meine Leser eine bessere Vorstellung von dem Schiff und seiner Crew machen könnten. Nur liegt meine Kamera noch immer auf der *Sudur Havid*. Die Kabine an Backbord, ganz hinten auf dem Hauptdeck, in der rechten Schublade unter meiner Koje. Wenn sie jemand für mich holen möchte, bitte sehr. Die Position lautet: 53° 56' Süd, 041° 30' West.

Eines hat mich beim Schreiben dann doch überrascht – wie sehr ich das Meer, das Schiff und das Abenteuer vermisse. Denn für eine kurze Zeit habe ich im Südpolarmeer das Leben so intensiv erlebt wie nie zuvor.

PROLOG

18:30 Uhr, Samstag, 6. Juni 1998

Ich stehe bis zur Hüfte im Wasser. Es ist verdammt kalt, unter null. Meine Beine sind taub, meine Finger wie abgestorben, mit letzten Kräften klammere ich mich an den Bügel, der das Dach unserer gefluteten Rettungsinsel trägt.

Im Halbdunkel kann ich die Konturen der anderen ausmachen. Direkt neben mir liegt Bubbles, unser Skipper. Zusammengesackt im Wasser, den Kopf auf eine Schwimmweste gebettet. Derselbe Mann, der über Funk jedes Mal »O Flower of Scotland« gesungen hat, wenn wir in den vergangenen Wochen unsere Fänge an den Hafenmeister durchgaben. Er hat Frau und Kinder in Kapstadt. Jetzt kämpft er um sein Leben. Sein Wollpullover und seine Jogginghose bieten in dem eisigen Wasser kaum Schutz vor Unterkühlung, und er hat einen Herzinfarkt erlitten, als wir das Schiff aufgeben mussten.

Einzig eine dünne Plane trennt uns von dem heulenden Wind und den gigantischen Wellen des Südpolarmeers. Alle paar Minuten bricht ein Wellenkamm über uns herein, drückt das Dach zusammen und reißt uns jäh aus unseren Gedanken. Unter dem Druck des Wassers verhält sich die Rettungsinsel, als würde sie von einer riesigen Hand zusammengeklappt.

Leise singe ich vor mich hin: »Wird dein Anker dich halten in den Stürmen des Lebens.« Es ist das Kirchenlied, das ich in der Sonntagsschule immer am liebsten gesungen habe. Ich habe nicht einen einzigen Tropfen Salzwasser im Blut, in meiner Familie ist nie jemand zur See gefahren, und nur der Himmel weiß, warum ich dieses Lied so gern hatte, als ich klein war. Aber jetzt passt es.

Lieber Gott, wenn ich diese Katastrophe überlebe …

Nein, das klingt, als würde ich um mein Schicksal feilschen. Ich formuliere mein Gebet neu.

Lieber Gott, hilf mir, dass ich hier heil rauskomme.

Von den anderen im Rettungsfloß ist kaum noch etwas zu hören. Niemand redet mehr von Rettung, und auch das letzte Jammern und Klagen ist erstorben. Jeder ist allein in seinem Überlebenskampf. Big Danie zieht Morné und Eugene enger an sich heran, um sie vor der Kälte zu schützen. Morné kann spüren, wie Danies Pranken zittern.

Plötzlich schneidet Bubbles' Stimme durch die Stille, mit einem Zählappell ruft er in seiner Verzweiflung alle Namen auf, an die er sich noch erinnern kann. Wir waren 17 Mann, als wir in die Rettungsinsel gestiegen sind.

»Morné?«

»Hier, Skipper.«

»Brian?«

»Ja, hier.«

»Matt?«

»Hier, bin okay.«

Der Appell geht weiter, er soll uns aufrütteln, uns daran erinnern, dass wir nicht auf uns allein gestellt sind. Aber der Rundruf führt uns zugleich in krasser Deutlichkeit vor Augen, was geschehen ist. Mein Verstand mag von der Kälte gelähmt sein, aber ich bin mir sicher, wir waren anfangs mehr Leute, als Bubbles jetzt aufruft. Und manche antworten nicht mehr.

Unter mir glimmen Lichter im Wasser. Die schwachen Glühbirnen sind an Rettungswesten befestigt, in denen Körper stecken. Ich kann Arme und Beine unter meinen Füßen und Knien spüren und ahne, dass sie nicht zu den Lebenden gehören. Mir fehlt die Kraft, etwas zu unternehmen; Hauptsache, die Körper halten mich über dem kalten Wasser.

Von Boetie haben wir kaum noch etwas gehört, seit er beim Verlassen des Schiffs mit seinem Kopf gegen den Rumpf geknallt ist. Ein menschlicher Schädel, der auf Tonnen von Stahl trifft. Keine Chance, selbst wenn der Schädel einem Südafrikaner gehört. Bubbles ist am Ende seines Appells angekommen, ein Ruf noch, er gilt seinem besten Freund.

»Boetie?«

Keine Antwort.

»Boetie? … Boetie?«

»Hör auf, Mann«, sagt Hannes. »Er ist tot.«

FLUCHT

Teil 1

AUFBRUCH

Mittwoch, 1. April 1998

Die Frau am Telefon war freundlich, aber kurz angebunden. Der Trawler, der jetzt gerade in Kapstadt lag, sollte an die 3000 Meilen weit fahren, bis ins subantarktische Südgeorgien. Wenn ich den Job wollte, würde ich die nächsten drei Monate als wissenschaftlicher Beobachter an Bord sein. Ich wusste kaum etwas über die Bedingungen, die mich im Südpolarmeer erwarteten: Eisberge, Mörderwale, haushohe Wellen und das wildeste und unberechenbarste Wetter auf diesem Planeten.

Ich hatte mein Masterstudium in Aberdeen abgeschlossen und suchte einen Job als Meeresbiologe. Ein paar Gelegenheiten hatten sich ergeben, waren aber schnell von Kommilitonen weggeschnappt worden. Während sie sich an ihre tollen neuen Aufgaben machten, blieben mir noch ein paar Monate mit Aufträgen der Universität, gefolgt von deprimierenden Wochen in der Schlange vor dem Arbeitsamt. Um meinen Stolz nicht ganz zu verlieren, nahm ich schließlich sogar Arbeit als Bürobote an. Nach vier Jahren Studium und großen Träumen von Abenteuern zur See schob ich nun einen Rollwagen mit Papier durch einen Bürokomplex in Aberdeen, immer von einem Fotokopierer zum nächsten.

Was ich brauchte, um meiner Karriere den entscheidenden Impuls zu geben, war »Erfahrung«. Ein Bekannter von der zoologischen Fakultät erwähnte in einem Gespräch eher beiläufig, dass er eine Zeit lang auf Fischtrawlern gearbeitet hatte, im Seegebiet rund um die Falklandinseln. Klang nach einem harten, aber durchaus lukrativen Job, und er schrieb mir die Adresse einer Agentur auf, die dafür Wissenschaftler anheuerte. Es dauerte mehrere Wochen und viele Gespräche am Telefon, bis am späten Mittwochnachmittag des 1. April eine knappe Nachricht auf meinem Pager erschien: Bei Louise melden. Der Einsatz, den sie mir anbot, sollte schon in zwei Tagen beginnen. Das war sie dann wohl: die Chance, auf die ich gewartet hatte; das Abenteuer, nach dem ich mich sehnte.

Freitag, 3. April 1998

Corinne, meine Freundin, brachte mich in ihrem alten Fiat zum Flughafen, ich hatte noch einen Nachtflug nach London erwischt. Während der gesamten Fahrt plauderte sie fröhlich drauflos, über meine bevorstehende Reise und darüber, was wir danach alles unternehmen wollten. Mir kam es vor, als hätten wir in einer Viertelstunde so viel beredet wie sonst in einem ganzen Monat.

Wir hatten uns im Tauchclub der Uni kennengelernt und waren seit einem Jahr zusammen. Vor ein paar Monaten waren wir in eine gemeinsame Wohnung gezogen, und sie hatte aus nächster Nähe erlebt, wie mein Frust täglich angewachsen war. Jetzt freute sie sich mit mir, dass ich endlich die Chance bekam, mich zu beweisen.

Wir hatten immer damit gerechnet, dass ein Job erst mal eine Trennung bedeuten würde, aber dass es so schnell gehen würde, hatten wir nicht erwartet. Ich würde mindestens drei Monate weg sein, eher sogar länger, und wahrscheinlich während der gesamten Zeit nicht erreichbar sein. Ich spürte zum ersten Mal etwas wie Nervosität: Das Südpolarmeer ist eine gefährliche Gegend, und ich war mir auch nicht sicher, wie ich auf dem Schiff empfangen werden würde. Ein Schnösel von der Universität, der die Arbeit hartgesottener Fischer überwachen sollte – da war der Konflikt schon vorprogrammiert, oder?

Gestern Abend hatte ich nach einer Packliste Klamotten zusammengetragen und in meinen Rucksack gestopft: dicke Thermounterwäsche, dicke Pullover – und dazu dicke Bücher. Diese Reise als wissenschaftlicher Beobachter sollte zwar meine erste in antarktische Gewässer sein, aber ich war schon gelegentlich auf Jachten und Forschungsschiffen unterwegs gewesen und wusste, dass warme Kleidung und ein paar gute Schmöker als Überlebensausrüstung unverzichtbar waren.

Vor der Sicherheitskontrolle im Flughafen gaben wir uns zum Abschied einen langen Kuss. Ich sah die Tränen in ihren Augen, und ihre Lippen zitterten, als sie mir sagte, dass ich schon zurechtkommen würde. »In ein paar Monaten sehen wir uns wieder«, versprach ich ihr. »Die Zeit wird nur so vorbeirasen, wirst schon sehen.« Ich blickte ihren blonden Locken und ihrer braunen Steppjacke hinterher, bis sie in der Menge verschwunden war, und machte mich auf den Weg zu meinem Gate.

Zur Mittagszeit stand ich bereits vor einem imposanten georgianischen Bau in Kensington, gerade noch pünktlich zur Einsatzbesprechung vor der Abreise. Louise empfing mich in der Lobby und führte mich zu den weniger beeindruckenden tristen Büros des Unternehmens. Sie war jung und quirlig, und meine Aufregung legte sich ein wenig. In einem muffigen Empfangsbereich stellte sie mich einem anderen Neuen vor, der ebenfalls als Beobachter anheuern wollte, Magnus Johnson. Ein schlaksiger, freundlicher Kerl mit kurzen, dunklen Haaren, der ein paar Jahre älter war als ich. Sein Vorname und die weiche Klangfarbe seines Dialekts machten es mir leicht, seine Herkunft zu bestimmen – Magnus kam von den Shetlandinseln. Die letzten paar Jahre hatte er in Leicester an seiner Doktorarbeit gesessen.

Gemeinsam lernten wir jetzt, was unsere Rolle an Bord sein würde: Für uns beide war ein Posten auf Langleinen-Trawlern vorgesehen, die in Kürze von Kapstadt aus ins Südpolarmeer auslaufen sollten. Unsere Aufgabe würde es sein, die Arbeit der Fischer zu beobachten und am Ende der Reise einen detaillierten Bericht abzuliefern. Wie viel wurde gefangen, wie groß und wie alt waren die Fische, entsprachen die Fangmethoden den international geltenden Bestimmungen? Das waren die zentralen Fragen, und zusätzlich sollten wir noch ein Auge darauf haben, ob möglicherweise bedrohte Albatros-Arten bei dieser Art der Fischerei als Beifang zu Schaden kamen.

Ordner über Ordner türmten sich auf dem Tisch, Vorschriften und Ablaufpläne, und Magnus und ich kritzelten fieberhaft Notizen in unsere

Blöcke, als ginge es darum, einen Wettkampf zu gewinnen, wer am schnellsten die meisten Informationen verarbeiten konnte. Viele Formulare später blieb nur noch die Frage der Zuteilung. Louise schob den Ausdruck einer Excel-Tabelle über den Tisch. »Also, auf welches Schiff wollt ihr?«, fragte sie. »Das müssen wir jetzt entscheiden, damit wir wissen, wen wir wo erreichen können.«

Northern Pride hieß das eine Schiff, *Sudur Havid* das andere, ein fremder Name, der uns nicht so leicht über die Lippen ging. Magnus und ich schauten uns an und zuckten mit den Schultern. Die Namen der Schiffe sagten uns zu diesem Zeitpunkt wenig. Louise lieferte ein paar Details nach: Beide Trawler fuhren unter südafrikanischer Flagge, Heimathafen war Kapstadt, beide gehörten demselben Unternehmen, aber auf der *Northern Pride* hatten spanische Offiziere das Kommando, während die *Sudur Havid* von – Englisch sprechenden – Südafrikanern geführt wurde. Ich sagte erst einmal nichts, weil ich nicht zugeben wollte, dass ich nicht auch noch eine fremde Sprache lernen wollte. Der Trip würde schon schwierig genug werden. Wir hätten natürlich eine Münze werfen oder Streichhölzer ziehen können, aber vielleicht hatte Magnus ja eine Präferenz.

Er brauchte nur ein paar Sekunden für seine Entscheidung: »Ich wollte immer schon mal Spanisch lernen«, verkündete er.

»Ich nicht«, erwiderte ich und fügte schnell hinzu: »Dann nehme ich eben die *Sudur Havid*.«

Die Wahl schien so einfach und gleichzeitig völlig unerheblich, als wir noch in diesem Büro in London saßen. Aber so geht es einem wahrscheinlich bei vielen wichtigen Entscheidungen: Dass sie dem Leben eine völlig andere Richtung gegeben haben, erkennt man erst im Nachhinein. Magnus fuhr also auf der *Northern Pride*, und ich würde die nächsten Monate auf der *Sudur Havid* leben und arbeiten. UKW-Rufzeichen: ZU 1047, Zulu Uniform eins-null-vier-sieben. Der Name klang fremd in meinen Ohren, aber in der Sprache der Färöer, von denen mein Schiff ursprünglich stammte, hieß das so viel wie Ozean im Süden.

Wir sollten noch am selben Tag um 19:00 Uhr nach Kapstadt abfliegen; den Eignern des Schiffs lag viel daran, dass es möglichst schnell losging.

Die Fangsaison hatte nämlich schon zwei Tage zuvor, am 1. April, begonnen, aber die Schiffe durften nicht auslaufen, bis ein wissenschaftlicher Beobachter an Bord war. Die Eigner hatten sich erst spät um eine Fanglizenz gekümmert, die immerhin mit 60000 Dollar pro Schiff zu Buche schlug, und dann wurde die Abreise weiter verzögert, weil für die *Sudur Havid* noch ein Sicherheitszertifikat fehlte. Auch wenn die Fangsaison bis August laufen sollte, konnte sie jederzeit abgekürzt werden, wenn die zulässige Gesamtfangmenge bereits vorher erreicht war. Außerdem brachten die ersten Wochen der Saison die besten Erträge, und die Konkurrenz war längst im Fanggebiet und zog schon die begehrte Beute aus dem Wasser: den Schwarzen Seehecht. Selbst wenn wir sofort ausliefen, bräuchten wir zwei Wochen, um unser Jagdgebiet zu erreichen. Die Uhr tickte, wertvolle Zeit verging.

Nach dem Briefing ging es in den Keller des Bürogebäudes, wo die Agentur ihre Ausrüstung für die Beobachter lagerte. In großer Hektik suchten wir zusammen, was wir brauchten: Ölzeug, Gummihandschuhe, Messer. Der blaurote Anzug für die Arbeit an Deck, wasserdicht und warm gefüttert, sah vertrauenerweckend aus, und weil ich von der Größe her eher unter dem Durchschnitt lag – mit 1,77 Meter bei gerade einmal 70 Kilogramm Körpergewicht –, war bis auf eine passende Schwimmweste alles schnell gefunden. Bei Magnus sah das anders aus: Für seine 1,95 Meter war fast nichts mehr zu haben. Wir waren die letzten Beobachter, die in der laufenden Saison losgeschickt wurden, und mussten mit dem zurechtkommen, was die anderen übrig gelassen hatten. Angesichts der Tatsache, dass wir bei jedem Wetter an Deck stehen würden, erschien uns dieser Mangel wirklich besorgniserregend. Wer Leute unter solchen Bedingungen arbeiten ließ, musste doch für die entsprechende Ausrüstung sorgen – das war doch das Mindeste, oder?

Aber schon raste London an den Scheiben unseres schwarzen Taxis vorbei, und wir waren auf dem Weg zum Flughafen. Unsere Rucksäcke und Reisetaschen rollten auf dem Boden hin und her, als wären wir bereits auf hoher See. Uns kam es vor wie ein Omen.

Am Check-in zahlten wir stattliche 500 Pfund für unser Übergepäck, bevor wir uns in den Duty-free-Läden mit den letzten lebensnotwendigen Extras eindeckten. Magnus entschied sich für eine extragroße Stange Gauloises-Zigaretten, deren Qualm wirklich giftig roch, und ich besorgte mir noch ein paar Bücher. Nikotin und Geschichten, so gedachten wir die Qualen der langen Reise zu lindern, die vor uns lag.

Wir tranken ein Bier in einem dieser teuren Fisch-Imbisse, von denen es in Heathrow anscheinend an jeder Ecke einen gibt. In Glasvitrinen und auf strahlend weißem Eis lag die Ware aus: Austern und allerhand andere Arten von Muscheln. Mein Interesse als Biologe war geweckt, nur Appetit wollte keiner aufkommen. Stattdessen spürte ich eine wachsende Nervosität, ein nagendes Gefühl, dass ich für diesen Job nur unzureichend vorbereitet war. Magnus hatte im Rahmen seiner Doktorarbeit schon auf diversen britischen und russischen Forschungsschiffen gearbeitet; im Vergleich zu seinem Lebenslauf sah es mit meiner bisherigen Erfahrung in der Praxis eher mau aus.

Unser Flug wurde aufgerufen, und wir gingen an Bord. Wir wollten den langen Nachtflug nach Kapstadt nutzen, um uns mit dem Job vertraut zu machen, und breiteten die unhandlichen Ordner mit den Vorschriften auf den wackligen Klapptischen aus. Magnus suchte die Passagen über das Leben an Bord heraus und begann, mir daraus vorzulesen: »Es wird von den wissenschaftlichen Beobachtern erwartet, dass sie angemessen gekleidet sind, wenn sie ihre Mahlzeit in der Offiziersmesse einnehmen.«

Vor meinem geistigen Auge sah ich uns am Tisch des Kapitäns sitzen, wie auf einem großen Passagierdampfer, die Herren im Smoking, die Damen im Abendkleid, höflicher Smalltalk, die Schiffsoffiziere mit goldenen Schulterklappen. An Bord der Trawler waren wir Nautikern und Ingenieuren gleichgestellt, was bedeutete, dass unsere Unterbringung und Verpflegung besser sein würde als für den Rest der Crew. Mit der eigentlichen Schiffsführung hatten wir nichts zu tun, und das konnte mir nur recht sein.

Überhaupt interessierte ich mich mehr für die Tierwelt, der wir begegnen würden, als für die Paragrafen der Vorschriften. Die Schwarz-Weiß-Fotos in unserem Bestimmungsbuch waren von schlechter Qualität und ohne große Liebe ausgewählt, doch ich konnte es kaum erwarten, diese seltsamen Tiefseefische, Orcas und Pottwale, Albatrosse und Pelzrobben mit eigenen Augen zu sehen. Ich wurde tatsächlich dafür bezahlt, in einer der wildesten und einsamsten Regionen dieser Erde die Tiere zu sehen, von denen ich während meines Studiums immer geträumt hatte. Was auch immer vor uns lag – jetzt waren wir unterwegs. Der Gedanke hielt mich noch lange wach.

KLAR ZUM ABLEGEN!

Samstag, 4. April 1998

Kaum vorstellbar, dass ich vor drei Tagen noch einen Fotokopierer mit Papier gefüttert hatte; dieser neue Job war schon eher nach meinem Geschmack. Am Ankunftsgate wartete ein Fahrer mit einem Schild auf uns und nahm uns den Gepäckwagen mit unseren Rucksäcken und Taschen ab. Es war zwar noch früh am Tag, aber Kapstadt begrüßte uns mit einem Schwall trockener Hitze, als wir aus dem Terminal auf die Straße traten. Unser Fahrer drängte zur Eile und dirigierte uns zu einem staubigen weißen Kleinbus. Offenbar kam es wirklich auf jede Minute an, denn wir sollten ohne weitere Verzögerung direkt zum Hafen gebracht werden.

Ich kannte Sambia, Tansania und Kenia von früheren Reisen und hatte mit eigenen Augen gesehen, wie dort die Infrastruktur aus Kolonialzeiten verfallen war. Kapstadt war mit seinem glatten Asphalt und den neuen Hochstraßen eine völlig andere Welt. Auf unserer Fahrt zum Hafen kamen wir an eleganten Bürofassaden aus Glas und schicken Sportanlagen vorbei, wir sahen stattliche Villen und akkurat getrimmte Rasenflächen, die von Blumenbeeten in üppigem Orange und Pink eingerahmt waren. Dieses strahlende Licht, diese glorreichen Farben – was für ein Unterschied zum elenden Grau Aberdeens.

Wie gerne wäre ich länger geblieben und hätte diese Stadt erkundet; da landet man an einem solch wundervollen Ort und muss gleich wieder weiter. Aber wir waren ja nicht zum Vergnügen hier. Der Minibus bremste kurz vor einer Schranke am Eingang zum Hafengelände, dann fuhren wir langsam an der Pier entlang, vorbei an Kränen und Frachtern.

Als der Wagen anhielt, rissen Magnus und ich die Türen auf – wir konnten es kaum erwarten, die Schiffe zu sehen, auf denen wir arbeiten sollten. Doch als zwei Männer auf uns zukamen – gebügelte Hose, gebügeltes Hemd –, wurde mir bewusst, dass ich einen professionelleren Auftritt an den Tag legen musste. Ich war 23 Jahre alt und wirkte sogar noch jünger, nicht gerade ein Typ, der anderen Respekt abnötigte. Wenn ich als Beobachter auf einem Trawler bestehen wollte, dann nur, wenn mich die Crew ernst nehmen würde.

»Willkommen in Südafrika, meine Herren. Wie ich sehe, haben Sie das britische Wetter zu Hause gelassen. Mein Name ist Alan Newman, ich bin der Schiffsmanager.« Sein warmer Händedruck wirkte beruhigend. Er fragte uns, wie unsere Reise gewesen war, und stellte uns seinem jüngeren Kollegen vor. »Sean Walker, er vertritt die Eigner der Schiffe.«

Sean hatte seine langen Haare zu einem Zopf gebunden, wie ich. Auf See würden wir zwar kaum je Kontakt mit Alan und Sean haben, sie saßen hier in Kapstadt im Büro der Reederei, doch wir wollten natürlich auch bei ihnen einen guten Eindruck hinterlassen, um ihre Unterstützung zu gewinnen. Als wissenschaftlicher Beobachter war man nicht gerade willkommen auf den Schiffen, darauf hatte man uns in London bereits vorbereitet. Dass wir an Bord kamen, zählte zu den Bedingungen, die erfüllt werden mussten, wenn man eine Fanglizenz beantragte. Aber das hieß noch lange nicht, dass uns das Wohlwollen der Crew sicher war. Wer konnte es schon leiden, wenn ihm bei der Arbeit ständig jemand über die Schulter schaute? Alan und Sean begegneten uns mit professioneller Höflichkeit, aber ihnen war anzumerken, dass sie es eilig hatten, ihre Schiffe seeklar zu bekommen und loszuschicken.

Wir holten unser Gepäck aus dem Bus und gingen auf die Schiffe zu, die direkt vor uns an der Pier festgemacht hatten. Ein Bug in Blau und Weiß ragte hoch über unseren Köpfen in den Himmel. Die *Northern Pride* strahlte Zuverlässigkeit aus, wie man sie von einem Schiff auch erwarten durfte, das einen über die 15-Meter-Brecher des Südpolarmeeres tragen sollte. Ein mächtiger Kran erhob sich über dem Heck des

Trawlers, der Stahlrahmen strahlend weiß vor dem Blau des Himmels, gespickt mit Scheinwerfern, Umlenkblöcken, Marine-Elektronik. Der *Northern Pride* konnte man ansehen, wie solide sie gebaut war, wirklich beeindruckend.

Aber was war das hinter ihr? Dieser kleine verdreckte Kahn? Deutlich bescheidener als die *Pride*, mit einem dunkelblauen Lack bemalt, der den Kampf gegen den Rost zu verlieren schien. Die Gedanken ratterten nur so durch meinen Kopf: *Oh mein Gott, das ist die* Sudur Havid. *Das ist also das Schiff, auf dem ich die nächsten drei Monate verbringen werde. Ob es zu spät ist, mir das noch einmal zu überlegen?*

Der Stahlrumpf lag tief im Wasser, der Trawler wirkte kurz und fast schon gedrungen. Mit ihren 45 Metern war die *Sudur Havid* länger als die meisten Schiffe englischer Fischer – aber auch deutlich kürzer als die Supertrawler, die ich aus den schottischen Häfen kannte. Sie war ein Arbeitsschiff, eindeutig, Eleganz ging ihr völlig ab, doch sie war eben nicht nur ein Stückchen kleiner als die *Northern Pride*: Neben ihrer Schwester erschien sie geradezu zwergenhaft. Ihre weiß lackierten Aufbauten standen weit hinten auf einem erbsengrünen Deck, und von den Fenstern der Brücke konnte man nur knapp über den von Rost gezeichneten Bug sehen. Der Kapitän und seine Offiziere hatten von der Brücke fast das gesamte Schiff im Blick; zwei Drittel des offenen und ungeschützten Decks lagen vor ihnen. Das Achterschiff hinter den Aufbauten war vergleichsweise kurz und wurde genutzt, um irgendwelche großen Kisten aus Holz zu stauen. Im Schanzdeck auf dem Vorschiff klaffte ein breites Loch, hinter dem allerhand Umlenkblöcke und Winschen platziert waren: Das musste der Punkt sein, wo die Langleine an Bord gezogen wurde. Auf dem Peildeck direkt über den Fenstern der Brücke wurden Markierungsbojen gelagert – von Weitem sahen sie aus wie Augenbrauen in Pink und Orange. Aber das putzige Gesicht machte es mir auch nicht leichter, Vertrauen zu meinem schwimmenden Untersatz aufzubauen.

Ich beging gleich den nächsten Fehler, indem ich Magnus half, das Gepäck in seine geräumige und freundlich eingerichtete Kabine auf der *Northern Pride* zu tragen. Danach brachte mich Alan Newman auf die

Sudur Havid für eine schnelle Führung auf meinem Schiff. Magnus erwiderte den Gefallen und half mir auch mit meinem Gepäck. Von ihm war kein Wort zu hören, als wir uns durch die engen, halbdunklen Korridore drängten – ich kam mir vor wie eine Ratte im Abflussrohr. Mit Mühe wuchteten wir meinen Rucksack und meine Reisetasche mit der Ausrüstung in die winzige Kabine, die ich mir mit dem Zweiten Ingenieur auf dem Schiff, Glen Petersen, teilen würde. Es gab für jeden eine schmale Koje (Glen hatte die obere belegt, ich sollte mich unten einquartieren), durch ein Bullauge fiel Licht in die kleine Kammer. Schubladen unter den Betten nahmen das Gepäck auf, wir hatten außerdem zwei Schränke für unsere Klamotten und die Dinge des täglichen Gebrauchs; als Sitzgelegenheit diente eine kleine gepolsterte Bank neben der Tür.

Glen kam herein und stellte sich vor. Er war alt und runzlig, hatte wettergegerbte Haut und Haare wie eine Drahtbürste, und er gehörte offenbar zu der Sorte Mensch, denen Ordnung über alles geht. Seine Lesebrille steckte genau an der richtigen Stelle in der Brusttasche seines Hemdes, er hatte seine Kleidung perfekt zusammengelegt, und sein Bett war picobello gemacht. Die Einrichtung unserer Kabine bestand komplett aus lackiertem Sperrholz oder Melaminplatten, die im Laufe der Jahre eine gelbe Patina angenommen hatten. Die Luft schmeckte alt und verbraucht, nach Bratfett, Diesel und Zigarettenqualm. Lautlos verfluchte ich den Moment, als ich mich in London ohne lange nachzudenken für diesen Kahn entschieden hatte. Das war wieder mal typisch für mich – in der Lotterie der Möglichkeiten hatte ich die Niete erwischt. Aber dass Magnus Glück bei der Wahl seines Schiffs hatte, bedeutete ja noch lange nicht, dass er auch die besseren Offiziere abbekommen hatte, oder?

Das Gepäck war verstaut, der Moment für die offizielle Vorstellung gekommen. Alan sprach den Mann, der gerade die Treppe zur Brücke hinaufstieg, auf Afrikaans an. Der Typ hieß Bubbles, war so breit wie der Treppenaufgang und hatte eine Statur wie ein Affe. Würde man einen schlafenden Gorilla mit der Haarschneidemaschine bearbeiten, sähe das Resultat ungefähr so aus wie dieser Mann. Er drehte sich langsam um, aber im schummrigen Licht des Korridors konnte ich sein Gesicht trotzdem nicht gleich erkennen. In einem rollenden, wankenden Gang kam er auf uns zu, und ich stellte fest, dass er ungefähr genauso hoch war wie breit. Von seinem Gesicht war kaum etwas zu sehen, zwischen dem dichten schwarzen Bart und den buschigen Augenbrauen blieb nicht viel mehr als ein schmaler Schlitz, aus dem mich zwei leuchtend grüne Augen anstarrten. Die haarige Visage verzog sich zu einem breiten Grinsen.

»Newman, du jüdischer Hurensohn, wie geht's denn so?«

Alan ging mit einem Lachen über die grobe Begrüßung hinweg und machte uns bekannt: »Matt, das ist Bubbles, dein Kapitän.«

In seinem Pass stand eigentlich Gerard McDonagh, aber auf dem Schiff hörte ich nie etwas anderes als Bubbles. »Seifenblase«, ein sonderbar zärtlicher Spitzname für einen Mann von einer solch bärbeißigen Natur, der zudem dem südafrikanischen Rechtsextremisten Eugène Terre'Blanche zum Verwechseln ähnlich sah. Das war der Mann, dem ich mein Leben anvertrauen sollte? Wie es schien, hatte Magnus auch beim Personal das bessere Los gezogen.

Alan führte mich die Treppe hinauf auf die Brücke, wo er mich dem Fischmeister vorstellte. Wie Bubbles wurde er nie mit seinem richtigen Namen angesprochen, die Crew kannte ihn nicht als Brian, sondern nur als Boetie, was so viel wie »kleiner Bruder« bedeutete. Während Bubbles das Schiff auf der Reise ins Fanggebiet führte, übernahm Boetie das Kommando, wenn es ans Fischen ging. Er war groß, ein Schrank von einem Kerl, das Gesicht wettergegerbt. Er grinste mich zwar freundlich an, aber ich konnte förmlich spüren, wie er gleichzeitig abzuschätzen versuchte, was ich draufhatte.

»Hey, Matt. Was geht?«

Sein schmaler und sorgfältig getrimmter Schnurrbart passte perfekt zu seiner kurzen und abgehackten Redeweise, nur die Stimme klang unerwartet hoch und fast schon piepsig für einen Mann von seinem Format – welch ein Kontrast zu Bubbles düsterem Grummeln.

Beide waren sehr stolz auf die Zusammensetzung ihrer Crew: Ihrer Kenntnis nach war die *Sudur Havid* das erste Schiff im Hafen von Kapstadt, das zu gleichen Teilen aus »Weißen, Schwarzen und Farbigen« bestand. Die Weißen an Bord, vom Skipper bis zum einfachen Matrosen, kamen aus den unterschiedlichsten Verhältnissen, es waren Leute aus der Stadt dabei, von der Küste, aber auch von den großen Farmen auf dem Land.

»Sprichst du ein wenig Afrikaans?«, fragte mich Bubbles.

»Nicht ein Wort. Brauche ich das denn?«

»Nee, passt schon«, sagte er, aber es klang ein wenig abschätzig. »Die meisten Südafrikaner sprechen ja Englisch. Wir bringen dir unterwegs bei, was du brauchst.«

Die Schwarzen waren in der Hauptsache Xhosa aus Südafrika oder Ovambo aus Namibia. Einige der Namibier besaßen schon etliche Jahre Erfahrung in der Fischerei, und ein paar von ihnen waren sogar schon auf der *Sudur Havid* gefahren, als der Trawler noch von Walvis Bay zum Fischen ausgelaufen war. Aber zur Crew zählten auch Männer, die erst vor Kurzem auf der Suche nach einem lukrativen Job nach Südafrika übergesiedelt waren. Sie verständigten sich auf dem Schiff in den Sprachen ihrer Stämme oder auf Portugiesisch; von den Ovambo konnten nur wenige Afrikaans oder gar Englisch.

Den Begriff »Kap-Farbige« hatte ich vorher noch nie gehört. Wie ich jetzt lernte, umfasste er alle, die nicht schwarz oder weiß waren, sondern eine braune oder honigfarbene Haut besaßen – Gemischtrassige, Buschleute vom Kap, Inder oder Malaien. Die meisten von ihnen stammten aus Kapstadt und der unmittelbaren Umgebung, und ihre Namen klangen in meinen Ohren vertrauter als die der Xhosa oder Ovambo: Brian, Trevor und Gideon waren Kap-Farbige, Walu Walu und Kashingola waren es nicht.

Magnus und ich folgten Alan auf die *Northern Pride*, wo sich alle Offiziere im komfortablen Salon versammelt hatten. Es war uns bewusst, dass wir extrem aufpassen mussten. Wir waren neu in unserem Job und wollten trotzdem nicht als Anfänger wahrgenommen werden. Denn unter keinen Umständen durften wir unsere Objektivität verlieren, wenn wir nicht zu Marionetten der Skipper werden wollten. Ich verkniff mir jede Form von witzigen Sprüchen, die nur meine Nervosität verraten hätten, und drückte jede Hand, die mir angeboten wurde, so fest ich konnte.

Rund um den Tisch saßen Männer, die ich bald nur noch als Stimmen über Funk hören oder als Namen auf einem Fax sehen würde. Andreas, der Kapitän der *Northern Pride*, schien jedenfalls ein sehr viel umgänglicherer Typ zu sein als Bubbles, und er war wirklich enthusiastisch, dass es endlich losging. Sean, Alan und die anderen Leute von der Reederei gaben ein kurzes Statement ab und versicherten uns, wie sehr ihnen daran gelegen sei, dass ihre Schiffe die geltenden Regeln beachteten. Sie wiesen ihre Skipper und Fischmeister außerdem noch einmal ausdrücklich darauf hin, dass wir als Inspektoren mit größter Zuvorkommenheit zu behandeln waren.

Wir zogen uns zurück, um der Crew bei der Vorbereitung zum Auslaufen nicht im Weg zu sein, und quatschten noch ein paar Minuten auf der Pier. Magnus zog nervös an seiner Zigarette; ganz offensichtlich wollte er den Abschied bis zur letzten Sekunde hinauszögern. Wir gaben uns die Hand, und ich wünschte ihm eine sichere Reise. Immerhin versprach die Wetterprognose für die nächsten Tage ruhige See. Um Punkt 16:20 Uhr machte die *Northern Pride* die Leinen los und dampfte aus dem Hafen von Kapstadt auf die offene See hinaus. Die Pier war jetzt fast menschenleer; Alan Newman kam zu mir und hob seine Hand zum Abschiedsgruß für Kapitän Andreas. Gemeinsam sahen wir dem großen, blauen Trawler nach, wie er auf die Hafenausfahrt zusteuerte, und Alan mussten in diesem Moment ganz ähnliche Gedanken durch den Kopf gegangen sein wie mir: »Schönes Schiff, oder?«

Die *Sudur Havid*, die noch fest an der Pier lag, hatte nichts von der Eleganz ihrer großen Schwester, aber wenn ich sie mir jetzt so ansah, wirkte sie nicht mehr ganz so klein und hässlich wie vorher, als sie noch dem Vergleich mit der *Northern Pride* ausgesetzt war. Doch das spielte alles keine Rolle mehr – für einen Tausch war es endgültig zu spät.

ANATOMIE DER »SUDUR HAVID«

Schon merkwürdig, dass es nicht möglich sein sollte, beide Schiffe am selben Tag mit Treibstoff zu versorgen, aber das war der Grund, den man mir für die Verzögerung unserer Abfahrt mitteilte. Um die Wartezeit sinnvoll zu nutzen, machte ich mich mit meiner neuen Umgebung vertraut.

Es dauerte nicht lange, bis ich die *Sudur Havid* von vorne bis hinten erkundet hatte. Sie war wirklich nicht besonders groß und fühlte sich sogar noch kleiner an: Ihr marineblau gestrichener Rumpf maß vom verbeulten Bug bis zur rostigen Rampe im Heck exakt 44,70 Meter bei einer Breite von 8 Metern. Unbeladen wog sie 440 Tonnen, und als Raummaß standen 364 Bruttoregistertonnen in den Schiffspapieren. Mit anderen Worten: Sie war nur unwesentlich länger als der größte Blauwal, dafür aber viermal so schwer. Viel Platz gab es also nicht für die 38 Mann, die hier ein paar Monate zusammen leben und arbeiten sollten.

Als elegant hat man die *Sudur Havid* wohl nie bezeichnen können, aber ihren ersten Besitzer wird sie einmal sehr stolz gemacht haben. 1964 in Norwegen gebaut, und zwar ursprünglich als Hecktrawler, wurde Thorshavn auf den Färöern ihr erster Heimathafen. 20 Jahre lang trug sie ihre Crew von 27 Mann über den Nordatlantik, bis nach Grönland und zu den fischreichen Gewässern vor Neufundland. Im Laufe der Jahre ist sie immer wieder umgebaut worden, wenn es die Einführung neuer

Technik erforderte. Die Rampe im Heck, über die das Schleppnetz an Bord gezogen wurde, war zwar noch zu erkennen, aber durch die zahlreichen Modifikationen an Deck für den neuen Einsatz in der Langleinenfischerei nicht mehr benutzbar wie einmal vorgesehen.

Unterhalb der Wasserlinie lagen der Laderaum für den Fang, die Treibstoff- und Wassertanks sowie einige Kabinen für die Crew und der Maschinenraum. Als ich meine Runde machte, wurde gerade der Proviant im Laderaum verstaut, den man sich wie einen einzigen riesigen Kühlschrank vorstellen muss. Längs und quer eingezogene Holzplanken teilten den Frachtraum in einzelne Boxen, damit Proviant, Köder und Fang separat verstaut werden konnten und die Ladung in schwerer See nicht ins Rutschen kam. Wenn alles lief wie geplant, würde hier anstelle der Kisten mit billigem Köderfisch – wir verwendeten vor allem Sardinen und Stöcker, eine Makrelenart – bald säckeweise gefrorener Seehecht lagern.

Man kann die Männer nur als Pechvögel bezeichnen, die hier unten ihr Quartier hatten. Zwischen ihren engen und stickigen Kabinen und dem Maschinenraum lagen nur wenige Millimeter Stahl, und zu dem konstanten Dröhnen der Maschinen kam noch das stete Rauschen des Wassers, das außen am Rumpf entlangströmte.

Über eine steile Treppe ging es weiter nach unten in den Maschinenraum. Schon bei normaler Marschgeschwindigkeit wummerte der Diesel mit einem ohrenbetäubenden Lärm, doch immerhin war es hier immer trocken und warm. Die 1200 PS starke Maschine thronte in der Schiffsmitte, wie eine Ameisenkönigin, die von ihren fleißigen Arbeiterinnen umsorgt wird. Es war das Reich von Klaus, Glen und den anderen Mechanikern – 90 Prozent der Crew hatten ein striktes Verbot, hier auch nur ihre Nase reinzustecken. Mein Kojennachbar Glen, auch das bekam ich sehr schnell mit, konnte es kaum ertragen, als Vize unter Klaus arbeiten zu müssen. Beide hatten die Qualifikation als Chief, aber Glen wurde kurzfristig von einem anderen Schiff auf die *Sudur Havid* beordert, um als Zweiter Ingenieur einzuspringen. Zum Glück sorgte die Wacheinteilung dafür, dass sie sich kaum über den Weg laufen würden, wenn wir erst mal unterwegs waren.

Glen und Klaus waren zum ersten Mal an Bord, aber sie brachten viele Jahre an Erfahrung mit. Als Assistent stand ihnen der hünenhafte Alfius zur Seite, der zwar eigentlich die Qualifikation als Zweiter Ingenieur besaß, doch auf dieser Reise nur als Öler eingesetzt wurde, als Handlanger im Maschinenraum also. Er war groß, seine Haut wirklich fast pechschwarz, und er hatte einen dichten Bart. Dass der Namibier nervös stotterte, sobald er den Mund aufmachte, passte so gar nicht zu seiner eindrucksvollen Physis, und seine Unruhe fiel im Vergleich zu den erfahrenen Ingenieuren umso stärker auf. Man konnte es Glen und Klaus durchaus anmerken, dass sie ihren Job lieber ohne Alfius' Unterstützung erledigen wollten. Melvin, den ich schon einmal mit einem Schraubenzieher in Aktion gesehen hatte, war der Elektriker an Bord. Später sollte noch Little Danie zum Trupp der Mechaniker und Techniker stoßen, der sich seinen Fuß gebrochen hatte und gerade erst den Gips wieder losgeworden war. Er hatte erfolgreich argumentiert, dass sich die Kälte auf dem Fabrikdeck negativ auf den Heilungsprozess auswirken könnte, und fuhr deshalb auf dieser Reise als Öler. Die Wärme im Maschinenraum war für seinen Fuß bestimmt viel besser – und der wenig anspruchsvolle Job linderte wahrscheinlich auch die allergischen Reaktionen, die er grundsätzliche verspürte, wenn es an die Arbeit ging.

Direkt über der Wasserlinie lagen die Anlagen zur Fischverarbeitung und die Schockfroster, außerdem die Kombüse des Schiffs und die Quartiere der Crew. Die »Fischfabrik« nahm den größten Teil des Decks ein, sie war etwa zwölf Meter lang und erstreckte sich über die gesamte Breite des Schiffs. Decke und Wände waren aus nacktem Stahl, weiß lackiert, Neonröhren über den diversen Wannen und Arbeitsflächen spendeten ein grelles Licht. Hier wurden die Fische ausgenommen und gewaschen, bevor sie in den Froster kamen. Der Fang gelangte an Steuerbord über eine Rutsche in die Fabrik und durchlief die verschiedenen Stationen im Uhrzeigersinn. An der Steuerbordseite führte eine Tür nach draußen zu einem kleinen »Balkon« direkt über dem Wasser. Hier war für die Arbeit mit den Langleinen ein Stück des Decks und der Bordwand weggeschnitten worden, um eine Plattform zu schaffen, von der aus man Leinen und Haken besser kontrollieren konnte als hoch über dem Wasser an Deck. Wie man sich vorstellen kann, war dieser Balkon der ungemütlichste Arbeitsplatz auf dem gesamten Schiff – nirgendwo war man den Elementen so direkt ausgesetzt wie hier; für den Mann, der von hier die Winde steuerte, mit der die Langleine an Bord geholt wurde, gab es im Prinzip überhaupt keinen Schutz vor Wind und Wellen.

Achtern an die Fabrik schloss sich ein schmaler Korridor mit rostigen Stahlbänken an, auf denen die Langleinen vorbereitet wurden – auf Tausende spitzer Haken kam jeweils ein Stück Köderfisch. Am Ende des Korridors, im Heck des Schiffs, wurde die Fabrik noch einmal breiter, hier wurden die Wannen mit den Leinen gestapelt, bis sie durch eine große Luke im Heck ausgebracht wurden. Zwischen den vorderen und den hinteren Teil der Fabrik, links vom Korridor, hatten die Konstrukteure der *Sudur Havid* die Kombüse und die Kabinen der Besatzung gequetscht, entsprechend winzig fielen die Kammern aus.

Ich schaute kurz in die Kombüse hinein, aber es war außer mir niemand da. Ein riesiger Topf auf einem kardanisch aufgehängten Herd schaukelte mit den Bewegungen des Schiffs sachte hin und her. Kaum vorstellbar, dass in dieser kleinen Küche die Mahlzeiten für fast 40 Mann zubereitet wurden, doch immerhin machten Herd und Arbeitsflächen einen hygienischen Eindruck. Die verblichenen, mit Melamin beschichteten Oberflächen und die gekachelten Wände waren makellos sauber geschrubbt.

Auch in eine der Kabinen, die Decks- und Fabrikcrew beherbergten, steckte ich kurz meinen Kopf rein. Eng und abgewetzt, das war mein Eindruck. In der Kammer waren acht Leute untergebracht, in schmalen Stockbetten, auf denen sich noch das Gepäck türmte. Zwischen den Betten blieb kaum genug Platz, dass zwei Männer stehen, geschweige denn sich anziehen konnten. Aber es war immerhin der Privatbereich der Crew, und plötzlich kam es mir komisch vor, mich hier ohne Einladung umzusehen. Ich zog die Tür hinter mir zu und setzte meine Erkundung der *Sudur Havid* fort.

Eine Treppe weiter oben führte eine Tür hinaus aufs Arbeitsdeck. Hier draußen war man der vollen Wucht der Elemente ausgesetzt. Das Deck war komplett grün bemalt, die Reling weiß. Alle Installationen waren aus Stahl gefertigt, alles fühlte sich rau an, man konnte die Narben des Rosts und die vielen Schichten Lack unter den Fingerspitzen spüren, wie auch das Salz, das alles mit seinem feinen Belag überzogen hatte.

In der Schiffsmitte standen die großen Winden, mit denen die Langleine eingeholt wurde, und der Mast des Trawlers. Eine lange Spiere aus Stahl diente als Kran, um die Kisten mit Fisch aus dem Laderaum zu hieven. Auf dem Hauptdeck wurde außerdem das kleine Beiboot festgelascht, ein graues Schlauchboot, das jeder an Bord nur die »Gummiente« nannte. Sie kam zum Einsatz, wenn ohne langes Anlegemanöver mal Crew an Land gebracht werden musste oder man zu einem anderen Schiff übersetzen wollte.

Das kleine Achterdeck hinter dem Aufbau war fast komplett zugestellt mit zwei Reihen großer Verschläge aus Holz und Metall, die nachträglich eingebaut worden waren als Lager für das gesamte Tauwerk des Schiffs. Die *Sudur Havid* hatte zwei Sätze Langleinen an Bord sowie das übliche Sortiment an schweren Trossen zum Ankern und Schleppen. Da kam einiges an Gewicht zusammen – die Fangleinen waren 20 Millimeter stark und insgesamt 60 Kilometer lang.

Durch ein Schott stieg ich in den Aufbau zurück und fand mich auf der Ebene wieder, wo meine Kabine lag. Hier waren auch die anderen Offiziere untergebracht, in vier Kammern, die immerhin ein wenig mehr Platz boten als die Quartiere der Matrosen. Wir genossen sogar den Luxus einer eigenen Toilette und Dusche, wobei es vielleicht ein wenig übertrieben sein mag, von Luxus zu sprechen: Acht Mann teilten sich einen kalten Verschlag, in dem es zog wie Hechtsuppe. Aber das war immerhin besser, als mit 30 Leuten auf eine einzige Dusche angewiesen zu sein.

Magnus und ich hatten schon vermutet, dass die *Sudur Havid* wohl kaum zu der Sorte Schiff gehören dürfte, auf dem der Kapitän zum Essen an seinen Tisch bittet und Mahlzeiten auf feinem Porzellan präsentiert werden. Die Messe für die Offiziere war wie alles auf diesem Schiff: übersichtlich. Der Raum maß höchstens zwei mal drei Meter und war mit Spanplatten ausgekleidet, der Platz reichte gerade für einen Tisch und schmale Bänke, auf denen maximal sechs bis sieben Leute sitzen konnten – wenn sie eng zusammenrückten. An der Wand neben der Tür war ein Kühlschrank mit Bolzen fest verankert, und in einer Ecke hing unter der Decke ein Fernseher. Mehr hätte in diese winzige Zelle wirklich nicht hineingepasst.

Vom Hauptdeck erreichte man über eine letzte Treppe schließlich die Brücke, die Kommandozentrale sozusagen. Unten wurde hart gearbeitet, hier oben fielen die Entscheidungen. Durch die vielen Fenster hatte man den perfekten Blick über alles, was vor dem Bug lag oder an Deck passierte. Auf dem Pult vor dem Steuerrad, neben den Hebeln und Instrumenten zur Bedienung der Maschine, piepte und quakte das übliche Sortiment an Navigationselektronik und Funkgeräten. Die Farbe am Steuerrad wirkte abgewetzt, wie ich das vom Rest des Schiffs schon kannte, aber die *Sudur Havid* gehorchte eh meistens den Befehlen des Autopiloten oder dem Joystick neben dem Sessel des Kapitäns an Steuerbord.

Eine Kammer hinter der Brücke, früher der Kartenraum für den Navigator, diente Bubbles und Boetie als Rückzugsort. Die Treppe zur Brücke hoch war ziemlich steil, weshalb die beiden Skipper lieber mit einem lauten »Si-moooon!« nach dem Steward riefen, wenn sie einen Kaffee wollten, und nicht selbst zur Kombüse runtersteigen mochten. Die Brücke war überhaupt eine ganz eigene Welt, warm und trocken und weit weg von den Zumutungen der Fischerei. Wie von einem Beobachtungsturm schauten Bubbles und Boetie hinab auf den kalten und übel riechenden Kosmos des Decks. Zur Arbeit mussten sie sich auch kein Ölzeug überziehen, sie erschienen in Jogginghose und Sweatshirt zu ihrer Wache. Bei Boetie komplettierten ein paar beigefarbene Wildleder-Safaristiefel und ein Golfblouson das bequeme Outfit, während Bubbles auf dicke Socken und Sandalen stand. Nicht gerade die Montur für einen Einsatz an Deck, aber da ließ sich Bubbles sowieso nie blicken.

»Na, Engländer, wie läuft's?«, fragte mich Boetie, der bemerkt hatte, wie ich ihn beobachtete.

»Ganz gut, oder *lekker*, wie ihr sagen würdet«, erwiderte ich und probierte gleich meine ersten Afrikaans-Kenntnisse aus. »Was ich noch fragen wollte: Was sind eigentlich Hottentotten?«

Ich hatte Klaus fluchen gehört, der die Kap-Farbigen an Bord als »verdammte Hottentotten« beschimpft hatte. Weil ich kein Lexikon zur Hand hatte und mit Boetie ins Gespräch kommen wollte, dachte ich mir: Frag doch den Fischmeister.

»Hottentotten ist eine abfällige Bezeichnung, die du dir lieber nicht angewöhnen solltest. So haben sie früher die Buschleute genannt und manche Rassisten sogar alle Farbigen«, sagte Boetie. »Und wenn wir schon dabei sind: Pass auf, dass du niemanden Kaffer nennst. Das sind die Schwarzen. Auch ein Begriff, den wir an Bord auf keinen Fall verwenden.«

Dann erzählte er mir, dass er früher bei der Armee gewesen war, wie einige andere der Weißen auf dem Schiff auch. Seine Zeit als Soldat fiel genau in die Zeit, als die Ovambo, von denen ja auch einige an Bord waren, für die Unabhängigkeit von Namibia kämpften. »Kann also durchaus sein, dass wir vor ein paar Jahren noch aufeinander geschossen haben. Aber jetzt sitzen wir in einem Boot und arbeiten sogar zusammen. Das ist doch mal ein schicksalhafter Wandel, oder? Von den alten Rassisten hört man immer, dass die Kap-Farbigen Diebe sind, die sich um die Arbeit drücken. Auf dieser Reise kannst du dich selbst davon überzeugen, wie die sich reinhängen.«

DER PAPIER-KAPITÄN

10:00 Uhr, Montag, 6. April 1998

Wir hatten noch auf ein weiteres Crewmitglied gewartet, das aus Island eingeflogen wurde, was mir gar nicht bewusst war. Und das war auch der Grund, warum wir noch an der Pier lagen, und nicht wie vermutet eine Verzögerung beim Bunkern von Treibstoff. Bjorgvin Armannsson wirkte erstaunlich blass und ein wenig steif, als er an Bord kam. Er war groß, bestimmt 1,90 Meter, und ging leicht gebeugt, als müsste er ständig den Kopf einziehen. Obwohl er schon um die 60 Jahre alt sein musste, hatte er noch volles dunkelbraunes Haar, das er zu einem strengen Seitenscheitel kämmte.

Bubbles erklärte mir Bjorgvins Funktion an Bord: Die Reederei hatte ihn wegen seines Patents als Kapitän angeheuert, nicht, weil sie Verstärkung in der Schiffsführung brauchte. Bubbles und Boetie hatten zwar die Qualifikation, um vor der Küste Namibias oder Südafrikas zu fischen, aber es fehlte ihnen das Patent, um mit einem Trawler unter südafrikanischer Flagge in den internationalen Gewässern der Hochsee zu operieren. Das Unternehmen war also gezwungen, jemanden einzustellen, der im Besitz des vorgeschriebenen Patents war. So wie ich Boetie verstand, würden er und Bubbles trotzdem das Kommando haben; Bjorgvin war der Kapitän der *Sudur Havid* – aber nur auf dem Papier.

Bubbles brachte ihn zu seiner Kabine: »Stell dir einfach vor, du machst eine Urlaubsreise, Bjorgvin.«

»Aber dafür werde ich nicht bezahlt.«

»Klar doch. Musst nur aufpassen, dass du Boetie nicht ins Gehege kommst, wenn wir erst mal am Fischen sind.«

»Ich muss doch irgendwas … zu tun haben.« Bjorgvin stockte, als müsste er im Englischen nach den passenden Vokabeln suchen. Um ihn zu besänftigen, teilte Bubbles ihn für die Nachtwache ein. Er würde auf der Brücke bleiben, Radar und Wetter im Auge behalten und dafür sorgen, dass die *Sudur Havid* auf Kurs blieb, während die anderen Offiziere schliefen. Tatsächlich war Bjorgvin ein Seemann mit großer Erfahrung, an die 20 Jahre war er in den Gewässern Islands unterwegs gewesen, vor allem auf Trawlern, und zwar unter den grausamen Bedingungen des Nordatlantiks, in Sturm und Kälte. Die letzten Jahre hatte er allerdings versucht, an Land Fuß zu fassen – aber er kam in den neuen Jobs nicht zurecht, weder als Polizist noch als Krankenpfleger oder Pelztierzüchter. Jetzt brauchte er dringend Geld, und deshalb fuhr er wieder zur See. Nur nachts auf der Brücke zu stehen, entsprach zwar nicht ganz den Vorstellungen, die er sich von seiner Rückkehr zur Seefahrt gemacht hatte, doch es war immerhin ein Anfang.

Die ganze Angelegenheit mit Bjorgvin half mir jedenfalls nicht dabei, meine wachsende Nervosität in den Griff zu bekommen. Meine anfängliche Euphorie war wie weggeblasen, und ohne meinen Kumpel Magnus, der jetzt schon weit draußen auf See war, bekam ich langsam kalte Füße. Um mich nicht weiter in meine Bedenken hineinzusteigern, nahm ich mein Vorhaben wieder auf, das Schiff und seine Crew besser kennenzulernen. Mal sehen, mit wem ich mich sonst noch anfreunden konnte. Der Erste, den ich traf, war ein unfassbar großer weißer Typ, der an der Reling lehnte und eine Zigarette rauchte. Er war jung, das blonde Haar stoppelkurz geschoren, Schnurrbart – und Pranken so groß wie Schaufeln. *Verdammt, der ist ja wirklich furchterregend*, dachte ich und beschloss, mir lieber einen anderen Kandidaten für meine Vorstellungsrunde zu suchen. Er sagte kein Wort, als ich an ihm vorbeiging.

Zurück in meiner Kabine fand ich auf meiner Koje einen Kasten Bier und einen Kälteschutzanzug, der aus einer dick wattierten Weste und einer Hose bestand und unter dem Ölzeug getragen wurde. Nicht gerade besonders schick und nicht das beste Material, aber bestimmt sehr praktisch. Boetie hatte mitbekommen, dass man mich in London ohne Kälteschutz losgeschickt hatte, und netterweise bei den Schiffsausrüstern in Kapstadt selbst einen für mich bestellt.

Ich machte mich auf den Weg, um mich bei ihm zu bedanken, nur stand ausgerechnet der blonde Hüne, den ich an Deck gesehen hatte, mitten im Korridor; da war erst mal kein Durchkommen. Wie sich herausstellte, wollte auch er mit Boetie über seinen Kälteschutzanzug sprechen, bei ihm gab es offenbar ein Problem.

»Mach dich nicht lächerlich, Danie«, hörte ich Boetie sagen. »Der Unterschied zwischen XXL und XXXL kann doch nicht so groß sein.«

»Aber Skipper, guck doch mal.«

Danie zwängte sich in seine XXL-Jacke und versuchte sie zu schließen. Doch zwischen den beiden Streifen des Reißverschlusses klaffte immer noch eine Lücke von mehr als zehn Zentimetern.

»Okay, Danie. Ich hab's kapiert. Wir versuchen, dir einen passenden Anzug in XXXL zu besorgen, bevor wir losfahren.«

Um 15:00 Uhr legten wir ab, mit 38 Mann an Bord. Der erste Montag im April gilt unter Seefahrern traditionell als unheilvolles Datum, um eine Reise zu beginnen, denn es ist der Tag, an dem Kain seinen Bruder Abel erschlug, doch mir war das egal; ich wollte jetzt einfach sehen, was das Leben auf See für mich bereithielt. Für die meisten in der Crew war es nur eine weitere Fahrt in die Fanggründe, und sie nutzten die Zeit, um Ordnung zu schaffen und kleinere Reparaturen zu erledigen. Endlich waren wir unterwegs, und die dröhnende Maschine versetzte das gesamte Schiff in ein gleichmäßiges Brummen und Vibrieren. Das war also der Soundtrack zu unserer Reise, Tag und Nacht, die permanente Begleitung im Hintergrund.

Es war ein sonniger Nachmittag, und eine angenehme Brise strich über Deck, allerdings hatte sich in den vergangenen zwei Tagen ein ordentlicher Seegang aufgebaut. Unser Schiff rollte in den Wellen, kaum dass wir die Hafenmole hinter uns gelassen hatten, und meine Beine mussten sich erst einmal daran gewöhnen, auf einem schwankenden Deck die Balance zu halten. Mein Magen meldete sich mit einem seltsam nagenden Gefühl der Leere. Mit Seekrankheit hatte ich bis dahin noch nie Probleme gehabt, aber ein bisschen mau war mir schon, was sich hoffentlich in ein paar Tagen gelegt haben sollte. Wenn ich jetzt eine kleine Mahlzeit zu mir nahm, das wusste ich aus Erfahrung, würde sich mein Magen wieder beruhigen.

Grunter war unser Smut und hatte die wenig beneidenswerte Aufgabe, in der winzigen und stickigen Kombüse für 38 Mann drei Mahlzeiten am Tag zu produzieren. Seine dicken Lippen waren der Grund für den Spitznamen, sie sahen aus wie bei einem Trommler, einer Fischart, die man im Englischen »Grunter« nennt. Wie ich von anderen erzählt bekam, gehörte er zu der Sorte von Menschen, die auch im größten Chaos nie die Beherrschung und die Ruhe verlieren. Wenn es richtig hoch herging, summte Grunter Kirchenlieder. Als ich ihm vorgestellt wurde, spürte ich sofort, dass ich es mit einem extrem gelassenen Zeitgenossen zu hatte. Mit Grunter zu sprechen, war wie Zuversicht tanken. Als ich ihn nach seiner Einschätzung zu der vor uns liegenden Reise fragte, erwiderte er: »Ich mache mir da keine Sorgen, Matt, weil ich an Gott glaube. Jesus wird schon aufpassen, dass uns nichts passiert.«

Auf dieser Fahrt stand er nicht allein in der Kombüse: Sein 17-jähriger Sohn Gideon war als Schiffsjunge mitgekommen – für beide eine Chance, überhaupt mal eine längere Zeit zusammen zu verbringen. Grunters zweiten Helfer, Simon, lernte ich kennen, als er gerade den Tisch in der Offiziersmesse deckte. Er stammte aus Namibia, erzählte er mir, während er betont langsam und akkurat das Besteck neben den Tellern platzierte. Ich konnte nur hoffen, dass er einen Gang zulegen würde, wenn das Schiff seine Fanggründe erreichte. Denn bei seinem Arbeitstempo dürften Mahlzeiten sonst viel Zeit verschlingen.

Ich nahm mir ein Brötchen und ein Stück Käse und ging nach draußen auf Deck, um zuzuschauen, wie die Küste am Horizont verschwand. Die charakteristische Silhouette des Tafelbergs zeichnete sich düster vor einer platinfarbenen Wolke ab, und von Robben Island war nur noch ein wenig einladender Buckel zu sehen, der aus dem Weiß der Brandung hervorragte. Die kleine Zwischenmahlzeit sorgte tatsächlich dafür, dass sich mein Magen wieder beruhigte, nur gegen meine Nervosität hatte ich leider noch kein Mittel gefunden. Wie würde ich mich als absoluter Anfänger unter den erfahrenen Seeleuten machen?

Was mich außerdem beschäftigte, war meine Verwunderung darüber, dass es noch keine Sicherheitsunterweisung gegeben hatte. In einem Flugzeug bekommt man das volle Programm, selbst wenn man nur eine Stunde in der Luft ist, und von meinen Fahrten auf Forschungsschiffen waren mir ausführliche Seenotübungen in Erinnerung geblieben, inklusive Anziehen der Überlebensanzüge. Ich weiß noch, wie unbeweglich man in diesen Anzügen aus Neopren gewesen war, aber sie hielten einen auch in extremen Situationen trocken und warm, und mir hatte damals völlig eingeleuchtet, dass sie in Notsituationen unverzichtbar waren. Jetzt nahmen wir Kurs auf eines der lebensfeindlichsten Seegebiete, das der Planet zu bieten hatte, und man hatte mir nicht einmal gezeigt, wo denn meine Rettungsweste verstaut war.

Ich fragte meinen Kojennachbarn Glen danach, und er führte mich zu einem Verschlag, der mit einem dicken Vorhängeschloss gesichert war. Hier lagerten also unsere Rettungswesten, aber damit sie nicht geklaut und verscherbelt wurden, gab es nur einen Schlüssel für den Schrank, und den verwahrte Joaquim, einer der Offiziere. Spezielle Trockenanzüge, die einen auch im eiskalten Wasser des Polarmeeres am Leben halten würden, waren schon gar nicht vorgesehen. In London hatte man mir die blau-rote Montur für die Arbeit an Deck verpasst, und dank Boetie war ich im Besitz eines wattierten Anzugs, den ich unter dem Ölzeug tragen konnte, doch die Kombination brachte einem überhaupt nichts, wenn man tatsächlich über Bord ging.

Immerhin war das Schiff mit Rettungsinseln ausgestattet; die großen weißen Container, die in den Halterungen direkt hinter der Brücke lagen, waren kaum zu übersehen. In der Messe klebten ausgebleichte Zettel an der Wand, die das Verhalten in Notfällen erklärten: wie man das Schiff verlässt, wie eine Rettungsinsel funktioniert, was bei Feuer an Bord zu unternehmen ist. Boetie und Bubbles hatten bisher allerdings kein Wort darüber verloren, was meine Rolle sein würde, wenn es zu einem solchen Notfall kam, oder ob die Crew solche Szenarien gelegentlich in einer Übung durchspielte. Ich begnügte mich mit dem wenig tröstlichen Gedanken eines Neulings, dass man auf einem kommerziellen Fischtrawler offenbar anderen Regeln folgte als auf einem Forschungsschiff. Die Besatzung fuhr schon so lange zur See, dass sie den ganzen Drill wahrscheinlich bereits zu oft durchgemacht hatte.

Bei meiner Rückkehr auf die Brücke saß Bubbles zusammengesunken auf einer schmalen Bank und schnarchte wie ein Bär im Winterschlaf. Aber er schreckte sofort hoch, als ich vor ihm stand, und kam in einer schlingernden Bewegung auf die Füße. »Simoooon«, brüllte er. »Einen Kaffee, wenn ich bitten darf!«

Boetie hatte es sich in dem lederbezogenen Sessel des Kapitäns bequem gemacht und wirkte tiefenentspannt. Eine gute Gelegenheit, dachte ich mir, mit den beiden ins Gespräch zu kommen und sie besser kennenzulernen. Um das Eis zu brechen, erzählte ich von meinem letzten Besuch im Kino. Kurz bevor ich gen Kapstadt aufgebrochen war, hatte ich *Titanic* gesehen, mit Leonardo DiCaprio und Kate Winslet.

»Kennt ihr den?«, fragte ich also meine Skipper. »Ich fand den Film jedenfalls super. Vor allem die Szenen vom Untergang waren wirklich krass …« Ich verschluckte den Rest meines Gedankens, denn beide starrten mich an, als wären ihre Gesichter aus Stein. Boetie machte sich wenigstens noch die Mühe, zu erklären warum: »Matt, über solche Dinge sprechen wir nicht, und an Bord schon gar nicht.«

Wir hatten gerade eine Tagesreise geschafft, als wir wieder umkehren mussten. Zwei Pumpen unter den Ablaufgittern in der Fischverarbeitung hatten den Geist aufgegeben, und die waren leider unverzichtbar. Sie sorgten dafür, dass wir die vielen Tonnen Wasser wieder loswurden, die beim Fischen mit der Langleine unweigerlich an Bord kamen, weil die Luken im Achterschiff dabei offen stehen mussten. Und selbst wenn die Luken geschlossen waren, hielten sie nicht vollkommen dicht. Dass ein Teil der Speigatten – die Öffnungen in der Bordwand, durch die Wasser einfach ablaufen konnte – zugeschweißt war, verschärfte die Problematik zusätzlich. Kurz: Für den sicheren Betrieb des Schiffs waren die Pumpen unerlässlich.

Für mich persönlich bedeutete die Verzögerung nur, dass mein Job noch einmal ein, zwei Tage später anfangen würde, doch für die Eigner des Schiffs und für unsere Skipper war der ungeplante Stopp mehr als ärgerlich. Sie wollten so schnell wie möglich wieder raus auf See und verkündeten, dass wir nur für wenige Stunden in Kapstadt festmachen würden.

Donnerstag, 9. April 1998

Kaum lagen wir an der Pier, machte sich Klaus, unser Chief, zusammen mit Alan Newman und einem weiteren Servicemechaniker daran, die Ersatzpumpen einzubauen. Glen hatte so Gelegenheit, ein besorgniserregendes Problem zu lösen, das ebenfalls erst nach der Abreise entdeckt worden war: Der Treibstofftank im Bug hatte offenbar ein Leck, aus dem Diesel in den Frachtraum sickerte. Wenn das unterwegs mit einer vollen Ladung Fisch passiert wäre, hätte das unseren gesamten Fang ruiniert, dann wäre die ganze Reise umsonst gewesen. Während die Mechaniker sich an die diversen Baustellen machten, gönnte ich meinen Beinen noch einmal festen Boden unter den Füßen und wanderte an der Pier auf und ab.

Klaus war einer der erfahrensten Offiziere an Bord, und seine Stimme hatte Gewicht. Auf vielen Schiffen kommt der Chief in der Rangordnung gleich nach dem Kapitän. Klaus war nicht besonders groß und stämmig, sein graues Haar zeigte schon den ersten Ansatz einer Glatze. Er trug grundsätzlich immer einen Overall, und seine Brille saß weit vorn auf der Nase, als müsste er besonders klein gedruckte Buchstaben entziffern. Weil er sich standhaft weigerte, im Maschinenraum den vorgeschriebenen Gehörschutz anzulegen, hörte er nur noch schlecht und merkte nicht, dass er auch im normalen Gespräch eine Lautstärke an den Tag legte, als müsste er gegen den Motorenlärm anbrüllen.

»Bubbles«, dröhnte er, »diese neuen Pumpen taugen nichts.«

»Ich hätte auch lieber wieder die Schlammpumpen gehabt, mit denen im Bergbau gearbeitet wird«, erwiderte Bubbles, »doch die waren in der kurzen Zeit nicht mehr zu kriegen.«

»Diese Dinger hier sind aber nur halb so groß«, protestierte Klaus. »Und ich wollte sie eigentlich so an einem Träger montieren, dass wir sie jederzeit rausholen und reparieren können. Nur hat Alan darauf bestanden, dass wir sie in der Wanne unter der Fabrik festschweißen.«

Damit hatte ich die Bestätigung für das, was ich auf der Pier mit meinen eigenen Augen gesehen hatte: Die Matrosen hatten echt Mühe, die alten Pumpen an Land zu wuchten, die Anstrengung war ihnen ins Gesicht geschrieben. Die neuen Pumpen fielen deutlich kleiner aus, und was ihnen außerdem fehlte, war ein integrierter Häcksler, der dafür sorgte, dass irgendwelcher Unrat im Wasser die Pumpen nicht verstopfte. Ich fühlte mich unbehaglich bei dem Gedanken, dass wir ausgerechnet bei einem wichtigen Teil unserer technischen Ausrüstung Kompromisse eingingen. Wir mussten uns doch darauf verlassen können, dass diese Pumpen auch unter den widrigsten Umständen nicht den Dienst versagten.

Meine Bedenken waren erst einmal vergessen, als wir ablegten und ein zweites Mal Kurs auf die hohe See nahmen. Wir liefen mit neun bis zehn Knoten, und die Küste blieb schnell hinter uns zurück. Glen stand ein paar Minuten lang neben mir in der Tür, immer eine Zigarette zwischen den Fingern. Er hatte die Schultern hochgezogen, als würde ihn frösteln, sobald er nur für einen Augenblick den warmen Kosmos des Maschinenraums verlassen hatte.

Der Mannschaft blieben die nächsten zwei Wochen, um die *Sudur Havid* für den Einsatz vorzubereiten. Wenn sie erst einmal in den Fanggründen war, mit wertvoller Beute unter dem Kiel, wollte man nicht eine Sekunde damit verbringen müssen, noch die Ausrüstung instand zu setzen. Die Crew rackerte sich wirklich ab, alles rechtzeitig fertig zu bekommen – immer angetrieben von den portugiesischen Vorarbeitern Joaquim und Carlos. Beiden sah man sofort an, woher sie stammten: Sie waren braun gebrannt, hatten dunkle Augen und dunkles Haar – typisch Südeuropäer eben. Joaquim war der Kräftigere von beiden, ein schroffer Typ, der im Englischen nur über das absolut notwendige Vokabular verfügte und dem schnell mal die Sicherung durchbrannte. Carlos war etwas kleiner, nicht gar so temperamentvoll und eindeutig hinter Joaquim die Nummer zwei an Deck. Beide hatten etliche Jahre Erfahrung in der Fischerei und verstanden sich bestens darauf, ihre Leute so einzusetzen, wie es sich Boetie auf der Brücke vorstellte.

Neben Joaquim und Carlos gab es im Rang eines Bootsmanns noch einen dritten Mann an Deck: Charlie, einer der Kap-Farbigen. Er versah seinen Job immer mit einer ruhigen Effizienz, er war so etwas wie der Gegenpol zu den zwei Portugiesen. Wo die anderen beiden Vorarbeiter ihre Männer mit Lautstärke und Ungeduld antrieben, blieb Charlie cool und professionell. Er war sogar mir gegenüber immer freundlich, obwohl er derjenige war, der für den wissenschaftlichen Beobachter seinen Platz in der Kabine hatte räumen müssen.

Die Vorbereitungen auf der Anreise mochten zwar von der Crew nicht ganz so viel abfordern wie das eigentliche Fischen, aber sie verbrachte viele Stunden damit, die kilometerlangen Leinen zu entwirren, zu spleißen und wieder neu aufzuschießen. Es war ein komplexes System von Leinen, Haken, Bojen und Gewichten, das später knapp über dem Meeresgrund schweben sollte – und für den Fisch zur tödlichen Falle wurde. Von der eigentlichen Grundleine gingen viele tausend Nebenleinen ab, die jeweils mit einem Haken versehen waren, an dem als Köder eine Sardine hing.

Am Nachmittag setzte ich mich zur Crew und schaute ihr bei der Arbeit an Deck zu. Charlie stellte mich seinem älteren Bruder Albert vor, der mir zeigte, wie man in ein Stück Leine ein Auge spleißte. Albert schien mir noch einmal entspannter zu sein als Charlie, der ständig diese enorme Kompetenz verströmte. Er verfolgte mit müden Augen, wie ich mich mit der neuen Technik abmühte, und korrigierte mich geduldig, wenn ich auf dem falschen Dampfer war. Mein Magen hatte sich wieder beruhigt, und es war ein echter Genuss, in der Sonne zu sitzen, während meine neuen Kollegen am Schneiden und Knoten waren. Gelegentlich rauchten sie eine Zigarette oder tranken sogar ein Bier.

Manche verbrachten allerdings mehr Zeit damit zu trinken als zu arbeiten. Ein Matrose namens Alfie Clarke lallte geradezu, als er Boetie einen Gruß zurief: »Hey, Skipper, wie läuft's'n so?«

»Was ist los, Alfie – hast du gesoffen?«

Anstelle einer Antwort ließ sich Alfie langsam zur Seite kippen, bevor er sich im letzten Moment fing, sich grinsend wieder aufrichtete und dabei die eindrucksvollen Lücken präsentierte, wo einmal seine Vorderzähne gewesen waren. Er strich sich mit einer Hand über seinen Biker-Schnurrbart und fragte: »Hast du noch'n Bier, Skipper?«

»Alfie ist leider nicht ganz richtig in der Birne«, erklärte mir Boetie. »Wir haben ihn einmal dabei erwischt, wie er aus dem Laderaum Fisch klauen wollte, als wir in Kapstadt kurz einkaufen waren. Leider hatte der Kühler ein Leck, und von dem austretenden Gas ist er bewusstlos geworden. Hat Glück gehabt, dass wir ihn gefunden haben. Hätte draufgehen können dabei.«

»Ich hab' nix geklaut«, protestierte Alfie. »Wollte mir nur was leihen.«

Für Boetie war auch diese Replik kein Anlass, eine Standpauke über Arbeitsmoral und Disziplin zu halten. Er gluckste nur vor sich hin und ging weiter. Es dauerte keine zwei Tage, da hatte Alfie seine Vorräte an Alkohol komplett vernichtet. Während sich die meisten seiner Kollegen die knappen Rationen gut eingeteilt hatten, trank er, bis seine zwei Paletten Bier weg waren. Für Boetie war das ein gutes Zeichen, denn er wusste, dass Alfie sich jetzt endlich seiner Arbeit widmen würde.

Nachdem ich mir angeschaut hatte, wie die Crew zusammenhielt, und beobachten konnte, wie gelassen Boetie mit Alfie umging, war ich mir sicher: Die nächsten paar Monate würden alles andere als langweilig werden.

DIE BRÜLLENDEN VIERZIGER

Mittwoch, 15. April 1998

Ich stand auf der Brücke und guckte abwechselnd auf die Gischt, die unser Bug fliegen ließ, wenn er die Wellenkämme teilte, und auf das gleichmäßige Blinken unserer Position auf dem GPS-Plotter. Bubbles beugte sich zu mir herüber und deutete mit einem Zeigefinger auf die Koordinaten: »Guck mal, jetzt sind wir über den 40. Breitengrad rüber. Ab jetzt sind wir in den Brüllenden Vierzigern unterwegs.«

Einen besseren Namen hätten sie für diesen Streifen des Planeten zwischen dem 40. und 50. Breitengrad auf der südlichen Hemisphäre nicht finden können: Die Brüllenden Vierziger waren berühmt wegen ihrer zuverlässigen Westwindströmung, die den Klippern vor 100 Jahren ordentlich Anschub von hinten gegeben hatte. Doch sie waren auch gefürchtet, denn mit dem ewigen Westwind fegten wilde Stürme über den Ozean – und in diesen Breiten gab es keine Landmassen mehr, die ihren Schwung bremsen konnten. Wir mussten also mit brutalen Windstärken rechnen, die uns einen mächtigen Seegang bescheren würden.

Die Bedingungen wurden nicht gleich in dem Moment schlechter, da wir den 40. Breitengrad querten, doch in den folgenden Stunden und Tagen wurde die Luft spürbar kälter, und mir kam es vor, als würde die Welt bleicher und dunkler. Unser Schiff ackerte sich durch einen grauen Kosmos ewiger Wellenberge, in dem nur das Weiß brechender

Wellenkämme einen Kontrast setzte. Vom Horizont im Süden bis zum Horizont im Norden gab es nichts als die gleichförmige See, kein Land in Sicht, nur monotones Grau. Die Sonne war in diesen Breiten zu schwach oder sie stand nicht mehr hoch genug, um das Wasser mit ihrem Licht zu durchdringen und leuchten zu lassen.

Auf unserem Kurs hatten wir den Wind genau von vorn, was zum einen unsere Fahrt verlangsamte und zum anderen die *Sudur Havid* unangenehm stampfen ließ. Schlechtem Wetter ausweichen oder die Wellen in einem günstigeren Winkel schneiden? Das war für uns nicht drin. Wir nahmen die See, wie sie kam. Rauf auf den Wellenberg, runter ins Wellental. Immer auf dem kürzesten Weg.

Nach zwei Tagen erwischten wir unser erstes Schlechtwettergebiet. Ich stieg zu Bubbles auf die Brücke hoch und starrte bald wie hypnotisiert auf das immer gleiche Schauspiel: Aus dem Dunkel schob sich eine Wand aus Wasser in das Licht unserer Scheinwerfer und schien unseren Bug verschlucken zu wollen. Wir stiegen höher und höher, bis wir schließlich die dunkle Wand durchstoßen hatte und Tonnen von Wasser über Deck tosten. Mit einer Verzögerung von einer Sekunde klatschte die Gischt an die Fenster vor mir.

Ich hatte mich in der Mitte der Brücke postiert und hielt mich mit einer Hand an der Radarkonsole fest. Lässig sollte das wirken, wie ich die Schläge der Wellen locker auspendelte, aber alle paar Minuten brachte mich eine besonders große See aus dem Rhythmus und ich musste an meinen Platz zurücktaumeln. Bubbles hingegen, die Arme vor der Brust verschränkt, hatte sich zwischen den Fenstern der Brücke und der Kompasssäule verkeilt, wie ich es schon oft bei den anderen erfahrenen Fischern an Bord beobachtet hatte. Egal wie das Schiff in den Wellen stampfte oder rollte – sie saßen oder standen wie festgetackert. Während ich krampfhaft versuchte, aufrecht zu stehen, fanden sie anscheinend überall Halt. Die Männer verschwendeten nicht eine Minute daran, die Bewegungen der See auszugleichen – sie wurden eins mit dem Schiff und rollten und stampften einfach mit. Mein Augenblick der Erkenntnis wurde von einem dumpfen Schlag unterbrochen, der durch die stählerne Decke über meinem Kopf zu kommen schien.

»Geh ruhig raus und guck dir das an«, ermunterte mich Bubbles. »Sie sind wieder auf dem Peildeck.«

Ich zwängte mich durch die schmale Tür an der Steuerbordseite, gleich neben den Rettungsinseln, und kletterte die Leiter an der Seite der Brücke nach oben. An die Stahlsprossen geklammert, die von der Gischt nass und glitschig waren, riskierte ich einen Blick über die Dachkante, um zu sehen, was dort vor sich ging.

Auf dem obersten Deck der *Sudur Havid* standen Hannes, Bierfreund Alfie, Kenny und Little Danie an der Reling und kreischten vor Freude wie die Kinder.

»Komm hoch, Engländer!«, brüllte Hannes. »Und mach mit bei unserem Lieblingsspiel!«

Ich stieg die letzten Sprossen hoch und hielt mich an der Reling fest. Wir waren immerhin am höchsten Punkt des Schiffs, nirgends waren die Bewegungen so heftig wie hier. Und dann sah ich, wie immer einer der Männer die Reling losließ, sich mit gebeugten Knien mitten auf dem glatten Deck postierte und mit ausgebreiteten Armen balancierte, während das Schiff ins nächste Wellental rauschte. Für einen Moment fühlte es sich an, als wären wir wirklich im freien Fall, und die Männer hatten ihre liebe Mühe, auf den Füßen zu bleiben. In diesem Augenblick hatte ich ihr Lieblingsspiel verstanden: Sie surften. Auf den Wellen der Brüllenden Vierziger – mit ihrem Fischtrawler.

Später am Abend wurde ich tatsächlich in eine Kabine der Crew eingeladen. Weil ich die Privatsphäre der Männer nicht stören wollte, hatte ich es bisher vermieden, meinen Fuß über die Schwelle zu setzen, aber jetzt wollte mir einer der Matrosen seinen tollen Fernseher vorführen.

Sie teilten sich die kleine Kammer zu sechst, zu den Bewohnern zählten Morné, Sven und Stephan, drei Freunde aus einem Kaff namens Strand an der Küste bei Kapstadt. So bunt gemischt die Crew insgesamt war, bei der Belegung der Kabinen blieben Nationen und Clans dann doch untereinander, weil man befreundet oder sogar verwandt war.

Sven war gerade einmal 19 Jahre alt und der kleinste in der Kabine, weshalb er die oberste Koje im Dreier-Stockbett bekommen hatte.

Er hob die Matratze an und zeigte mir, wie er darunter seine komplette Garderobe verstaut hatte. Nachteil dieser Technik: Zwischen der Matratze und der Decke der Kammer blieben ihm nicht viel mehr als 30 Zentimeter. Wenn er in seine Koje wollte, musste er sich seitlich in den Spalt schlängeln – und bereits vorher entscheiden, ob er auf dem Rücken oder auf dem Bauch schlafen wollte, denn es war unmöglich, sich noch einmal umzudrehen, wenn er erst einmal im Bett lag. Außerdem stiegen die Ausdünstungen seiner fünf unmittelbaren Nachbarn zu ihm auf, was doppelt unangenehm war, weil die warme Luft am kalten Stahl der Decke kondensierte und ihm die kalten Tropfen ins Gesicht platschten.

Stephan hatte sich für die vakante Koje unter dem Bullauge entschieden und gleich beim ersten rauen Wetter feststellen müssen, dass die Dichtungen leckten und ein feiner Sprühnebel aus Seewasser seine Bettwäsche durchnässte. Sein Cousin Hannes hatte sie zu diesem Job überredet mit seinen Geschichten von Abenteuern zur See und vom großen Geld.

Hannes hatte die Fahrt ins Polarmeer schon ein paarmal mitgemacht, und weil Boetie ihn gut leiden mochte, war er in die Rolle eines Vermittlers zwischen Crew und Brücke aufgestiegen. Er war der Sohn eines Polizisten und zeigte null Respekt für Regeln und Konventionen, was er allerdings auch jedem gleich auf die Nase binden musste. Aufgewachsen war er in der Region um Malmesbury, gut eine Stunde nördlich von Kapstadt, wo intensiv Landwirtschaft betrieben wurde und sonst nicht besonders viel passierte. Er war vielleicht ein paar Jahre älter als ich, blond und gebaut wie ein Kleiderschrank. Seine Schulter zierte das Tattoo eines Panthers, und auf die Innenseite seiner Unterlippe hatte er sich die Worte *Fuck Off* stechen lassen. Als er noch nicht zur See gefahren war, hatte er als Türsteher gearbeitet, und er behauptete, dass dieses merkwürdige Tattoo so manche kritische Situation mit betrunkenen Querulanten entschärft habe. Er zog seine Lippe herunter und demonstrierte seinen Trick: »Lies von meinen Lippen ab.«

Je weiter wir nach Süden vorstießen, desto größer wurde meine Hoffnung, bald meinen ersten Albatros zu sichten. Jeden Tag suchte ich den

Himmel ab, um einen Blick auf den majestätischen Vogel zu ergattern, der für mich das wahre Symbol des Südlichen Ozeans darstellte. Und dann entdeckte ich endlich einen, wie er Steuerbord voraus mit seinen langen und steifen Flügeln, die fast wie Tragflächen wirkten, knapp über dem Wasser dahinsegelte.

Ich hastete zu meiner Kabine, um mein Handbuch zu holen – bloß jetzt den Vogel nicht zu lange aus den Augen verlieren. Wieder an Deck, blätterte ich durch die Bestimmungstafeln, den Albatros immer im Blick. Er kam näher, knapp einen Meter über den Wellen gleitend. Als er noch etwa 50 Meter entfernt war, konnte ich erkennen, dass die Oberseite seiner gewölbten Flügel dunkel war. Dann zog er in einer eleganten Kurve weg vom Schiff und zeigte mir für einen Augenblick seinen weißen Bauch.

Ich starrte auf die unscharfen Schwarz-Weiß-Bilder in meinem Handbuch, doch die Auflösung war so schlecht, dass die Vögel irgendwie alle gleich aussahen. Mein Exemplar schien jedenfalls nicht groß genug zu sein, um sich als Wanderalbatros zu qualifizieren, denn dann müsste er eine Spannweite von mehr als drei Metern haben. Zum Glück kam er jetzt noch mal ein Stückchen näher, und ich konnte erst seinen weißen Kopf ausmachen – womit wieder ein paar Kandidaten eliminiert waren –, dann sogar seinen blassgelben Schnabel. Schließlich erkannte ich eine prägnante schwarze Zeichnung auf beiden Seiten der Augen, wie mit dem Kajalstift aufgemalt. In meinen Bestimmungstafeln gab es nur eine Spezies, die so finster dreinblickte: der Schwarzbrauenalbatros, auch Mollymauk genannt.

Warum, fragte ich mich, finden wir Menschen die Flugschau des Albatros so faszinierend? Warum beeindruckt er uns mehr als jede Möwe? Vielleicht waren es seine eleganten Bewegungen, dieses stille und mühelose Gleiten, oder auch die schönen und klaren Konturen seines Gefieders. Wahrscheinlich spielten auch eigene Befindlichkeiten eine Rolle, wie die extreme Einsamkeit, die wir im Südpolarmeer erleben. Und ich kannte natürlich die Legenden, die den großen Segler umgaben: dass jeder Albatros die Wiedergeburt eines ertrunkenen Seemanns war und dass es Unglück brachte, wenn man einen tötete.

Dieser Vogel schien sich jedenfalls sehr wohl zu fühlen, was mich fast ein wenig neidisch machte. Denn auch wenn ich mich in meinem neuen Lebensraum inzwischen gut zurechtfand, würde ich mich niemals so perfekt für dieses Vagabundenleben zur See eignen wie er.

Samstag, 18. April 1998

Wir waren schon weit in die Brüllenden Vierziger vorgedrungen, doch es lagen immer noch 1000 Meilen vor uns. Als ich mich morgens in der Offiziersmesse zum Frühstück hinsetzte, merkte ich, dass sich die Bewegungen des Schiffs über Nacht verändert hatten: Wir stampften nicht mehr auf und ab, sondern rollten von einer Seite auf die andere. Eben noch wurde ich nach vorn gegen den Tisch geworfen, dann wieder nach hinten in die Polster gedrückt. Nur knapp erwischte ich den Salzstreuer, bevor er über die Tischkante rutschte. Entweder hatten wir unseren Kurs geändert oder die Wellen kamen nun aus einer neuen Richtung. Weil ich sehen wollte, woran es lag, machte ich mich auf den Weg zur Brücke.

Der Horizont kippte um 30 Grad nach Steuerbord, pendelte zurück in die Waagerechte und rutschte 30 Grad nach Backbord. Bei keinem anderen der Schiffe, auf denen ich bisher gefahren war, egal ob kleine Jacht oder großes Forschungsschiff, hatte ich je ein derart extremes Rollen erlebt. Bubbles hatte offenbar bemerkt, dass ich nervös auf das schäumende Wasser starrte, das den Fenstern an der Seite der Brücke immer näher kam. Ich musste wohl ziemlich beunruhigt gewirkt haben, denn er versuchte mich zu beruhigen: »Keine Sorge, Matt. Solange sie sich jedes Mal wieder aufrichtet, ist alles gut.«

Es fühlte sich wirklich so an, als würden die Fenster im nächsten Augenblick das Wasser berühren. Mein Verstand sagte mir zwar, dass es dazu nicht kommen würde, aber wir legten uns schon extrem weit auf die Backe.

»Es gibt Schiffe, die partout nicht dem Rhythmus des Seegangs folgen wollen«, erzählte Bubbles weiter. »Die *Northern Pride* war so ein Kahn, bevor sie in der Werft umgebaut wurde. Unmögliches Verhalten in rauer

See. Hat jeden seekrank gemacht. Unser Schiff hier wackelt wie eine Ente über die Brecher. Wenn es wirklich hart kommt, ist das besser so.«

Bubbles hatte natürlich recht, die *Sudur Havid* richtete sich brav immer wieder auf. Doch auf die Brüllenden Vierziger folgten die Wütenden Fünfziger, und da durften wir mit noch mehr Wind und noch härteren Stürmen rechnen, vom Risiko, auf einen verirrten Eisberg zu treffen, einmal ganz abgesehen. Ozeanografen sprechen bei den Wassermassen in den hohen Breiten des Südens vom Zirkumpolarstrom. Es ist das mächtigste Strömungssystem des Planeten, angetrieben von der ewigen Westwinddrift. Und weil sich den heulenden Stürmen keine Landmasse in den Weg stellt, baut sich der Seegang zu gewaltigen Dimensionen auf. Unter Seefahrern heißt es: »Südlich des 40. Breitengrads gilt kein Gesetz. Und südlich des 50. Breitengrads gibt es keinen Gott.«

Die Bücher, die ich über den Südlichen Ozean gelesen hatte, waren allesamt von kühnen Abenteurern geschrieben, die sich im Sommer dorthin gewagt hatten. Selbst Robin Knox-Johnston, der 1968 irre genug war, in einer zehn Meter langen Holzjacht um die Welt zu segeln, war klar, dass er die hohen Breiten des Polarmeers bis spätestens Februar hinter sich gelassen haben musste. Wir aber dampften im April gen Süden – um ausgerechnet im tiefsten antarktischen Winter auf Fischfang zu gehen.

Bei einer Inspektion der Verschläge mit den Langleinen entdeckte Sven ein Bündel Federn im Tauwerk. Unser Schiff war das einzige Stück fester Grund im Umkreis von 100 Meilen und mehr, kein Wunder also, dass ab und zu mal ein Vogel landete, um sich auszuruhen. Sven nahm das erschöpfte Tier vorsichtig mit beiden Händen auf. Vielleicht war es ja verletzt oder krank? Unser Gast versuchte erst gar nicht, sich mit seinem spitzen Schnabel zu wehren, er lag einfach regungslos in Svens Händen.

»Armes Ding, ich nehme ihn mit rein ins Warme.«

Doch in dem Moment, da er seinen Fund gerade Morné zeigen wollte, kam Hannes dazu und erblickte den Vogel.

»Mensch, du kannst doch so ein Viech nicht hier reinbringen«, polterte er los. »Die bringen nichts als Unglück. Schmeiß ihn sofort über Bord!«

Sven wusste, dass es aussichtslos war, dem Aberglauben die Stirn zu bieten, und trug die kleine Sturmschwalbe zurück an Deck. Er warf sie in die Luft, und sie landete flatternd auf dem Wasser. Das Schiff hielt unbeirrt Kurs und dampfte weiter, während der kleine Vogel seine zerzausten Federn richtete. Sven schaute ihm hinterher, bis er ihn zwischen den Wellen aus den Augen verlor. Wie sollte denn ein bisschen Mitleid mit einer solchen Kreatur einen Fluch über das Schiff bringen?

10:00 Uhr, Mittwoch, 22. April 1998

Die Fangsaison lief schon seit drei Wochen, als wir endlich in Südgeorgien ankamen. Doch obwohl wir im Vergleich zu den anderen Trawlern im Fanggebiet gut 20 Tage verloren hatten, die wir kaum wieder aufholen konnten, waren wir alle aufgeregt, dass es endlich losgehen sollte. Wir standen an Deck und feierten unsere Ankunft in diesem unwirtlichen Archipel, als wären wir in unseren Heimathafen eingelaufen.

Nachdem wir wochenlang nur graue Wellen gesehen hatten, war Südgeorgien ein Fest für die Augen. Die Hauptinsel war etwa 120 Meilen lang und sehr schmal, eine schroffe Berglandschaft, deren Gipfel bis an die 3000 Meter heranreichten. Wolken und Nebel hatten die Bergspitzen verschluckt, als wir auf unser Etappenziel zusteuerten, aber die Flanken strahlten gletscherweiß. Nur am Fuß der Berge war das Grün des Grases und das Braun der Erde zu sehen, eingerahmt vom Weiß der Gischt, wo die Brecher auf das felsige Ufer krachten.

Gewaltige Eisbrocken trieben im grauen Wasser der Bucht vor unserem Bug, Abkömmlinge der Gletscher, und wie hypnotisiert starrten wir auf die Abbruchkante, in der Hoffnung, dass wir die Geburt eines weiteren Eisbergs beobachten konnten. Damit wir nicht vergaßen, wie weit nach Süden wir gekommen waren, blies uns der Wind Schnee und Graupel entgegen. Wir steckten die Hände ein wenig tiefer in die warmen Taschen unserer wattierten Kälteschutzanzüge.

Meine Heimatstadt Aberdeen lag sogar zwei Grad weiter weg vom Äquator, doch Landschaft und Wetter schienen hier unvergleichlich extremer. Auch das war ein Resultat der speziellen klimatischen Verhältnisse rund um die Antarktis: Weil sich Wind und Strömungen kein Kontinent in den Weg stellte, folgten sie unbeirrt ihrem Kurs, ohne je einen Abstecher in wärmere Gefilde zu unternehmen. Die Gewässer der Antarktis sind das ganze Jahr über eisig kalt, deshalb liegen die Berge Südgeorgiens permanent unter einer Decke aus Schnee und Eis.

Unser Zwischenstopp in King Edward Point, einer winzigen Siedlung im Nordosten der Insel, zählte zum bürokratischen Pflichtprogramm der Reise – wir mussten uns vom Hafenmeister bestätigen lassen, dass unser Schiff für die Fischerei in diesen Gewässern geeignet war. Außer ihm, hatte ich mir erzählen lassen, lebten nur wenige Dutzend Menschen auf der Insel, vor allem Soldaten und ein paar Wissenschaftler.

Mit deutlich reduzierter Fahrt tuckerten wir über die Cumberland Bay auf den Naturhafen von King Edward Point zu und hielten dabei Ausschau nach »Growlern«, Eisbrocken von der Größe eines Autos, die nur knapp aus dem Wasser herausragten und beträchtlichen Schaden am Rumpf anrichten konnten, wenn man sie mit zu viel Schwung erwischte. Erst nachdem wir ein paar 100 Meter vor dem Ufer Anker geworfen hatten, konnten wir die Ansammlung von Häusern ausmachen, die den Namen von König Edward VII. trug. Ein paar alte, einstöckige Häuser und einen modernen Wohnblock, mehr gab es nicht. Die Strände rechts und links der Siedlung waren dicht mit Seeelefanten besiedelt, die aus der Entfernung eher wie graubraune Findlinge aussahen. Die verfallenen Fabrikanlagen auf der anderen Seite der Bucht erzählten die Geschichte vom ersten Goldrausch der Insel: Nicht Fisch-, sondern der Walfang hatte die Menschen in diese unwirtliche Region gelockt. Durchs Fernglas waren die Schuppen zu erkennen, in denen der zerstückelte Speck der Wale zu Öl verkocht worden war, und die riesigen Trantanks. Wracks von alten Walfängern ragten aus dem flachen Wasser der Bucht, vom Zahn der Zeit angefressen. Ich war froh, dass sie nichts weiter mehr waren als ein Haufen Rost.

Ausnahmsweise hatte sich sogar Bjorgvin bei Tageslicht auf die Brücke bemüht, aber er wirkte unsicher, als ob er dort eigentlich nicht hingehörte. Auch Bubbles und Boetie war die Nervosität deutlich anzusehen; sie wollten die Prüfung so schnell wie möglich hinter sich bringen, um endlich fischen zu können. Wenn bei der Inspektion nicht alles glatt lief, würde das weitere Verzögerungen bedeuten – und den Verlust wertvoller Tage auf See.

Die Gerüchte waren selbst mir inzwischen zu Ohren gekommen: dass die *Sudur Havid* früher illegal Schwarzen Seehecht gefischt hatte. Geschichten von Fangzügen ohne Lizenz machten die Runde, von rekordträchtigen Fängen und von wilden Verfolgungsjagden mit der Fischereiaufsicht. Wenn davon auch nur andeutungsweise etwas bis nach Südgeorgien durchgedrungen war, konnten wir uns auf eine besonders gründliche Kontrolle gefasst machen. Wir hatten zwar eine 3000 Meilen lange Reise auf uns genommen, um ein neues Kapitel in der Geschichte des Trawlers aufzuschlagen und so zu fischen, wie es die Regeln vorschrieben. Doch dazu brauchten wir unbedingt die Lizenz der Südgeorgier.

Bubbles und Boetie tigerten rastlos auf und ab, während der Hafenmeister von Soldaten des britischen Pionierkorps zu unserem Schiff übergesetzt wurde. Ihr grünes Boot war keine sieben Meter lang und wirkte vor der grandiosen Kulisse der Berge geradezu zwergenhaft. Ein paar Minuten später kletterte ein Mann im schwarzen Trockenanzug an Bord, offensichtlich ganz entspannt, und stellte sich auf der Brücke vor: »Gestatten: Gordon Liddle, Hafenmeister von Südgeorgien.« Er stammte ursprünglich aus Schottland, das hörte ich sofort, auch wenn ich nicht auf Anhieb sagen konnte, aus welcher Region er kam. Er pellte sich aus seinem Regenzeug und knotete die Ärmel um die Hüften. Unter dem Anzug kam ein marineblauer Pullover mit Schulterklappen zum Vorschein. »Freut mich, Sie kennenzulernen. Aber kümmern wir uns doch gleich ums Geschäftliche.«

Bubbles legte ihm die Schiffspapiere und das Logbuch vor, und Gordon nahm alles genau in Augenschein, sich über seinen fuchsroten Bart streichend. Er war der alleinige Vertreter der Regierung auf dieser Insel, in Personalunion zuständig für die Verwaltung vor Ort wie für alle Zollangelegenheiten und die Ausstellung von Lizenzen für die Fischerei. Er machte sich ein paar Notizen und schob Bubbles ein Formular hin, das ausgefüllt werden musste.

»Das ist der Isländer«, sagte Bubbles und zeigte auf Bjorgvin. Aber unter *Verantwortlicher Schiffsführer* trug er den eigenen Namen ein.

Auf die Kontrolle der Papiere folgte eine Belehrung über die im Fanggebiet geltenden Regeln, und dann ging Gordon mit Boetie auf einen Rundgang durchs Schiff. Ich begleitete sie bis aufs Fabrikdeck, wo der Hafenmeister die Langleinen inspizierte. Ganz oben auf seiner Liste standen Länge und Form der Haken, doch er hob sogar einen der Betonblöcke an, die als Gewicht für unsere Leine vorgesehen waren, um sicherzustellen, dass sie den Vorschriften entsprachen. Als Gordon begann, die Langleine Meter für Meter durch die Hände gleiten zu lassen, kehrte ich auf die Brücke zurück. Bubbles war so aufgeregt wie ein werdender Vater im Kreißsaal: »Was macht er denn bloß, Matt? Warum dauert das so lange?«

Es vergingen weitere 20 Minuten, bevor Gordon wieder auf der Brücke erschien. Sein Notizbrett hatte er mit dem Arm vor der Brust eingeklemmt, als wollte er verhindern, dass Bubbles sah, was er geschrieben hatte. Er schaute unseren Skipper an, der nur fragend eine Augenbraue hochzog.

»Viel Erfolg. Und passt auf euch auf da draußen«, sagte Gordon. Damit war es amtlich: Wir hatten die Freigabe zum Fischen.

TOD AM HAKEN

Wer mit Langleinen fischt, setzt auf die Macht der Zahlen. Jeden Tag werden 15 000 Haken präpariert, mit Ködern versehen, ausgebracht, eingeholt. Ein Mann mit einer Angel kann immer nur einen Fisch fangen. Wenn er aber 15 000 Angeln gleichzeitig auswirft, wie viele Fische kann er dann erwischen? Verdammt viele, wenn auch nicht gleich 15 000.

19:00 Uhr, Donnerstag, 23. April 1998

Nachdem wir in King Edward Point unsere Fanglizenz erhalten hatten, dampften wir 60 Meilen in nördlicher Richtung, bis an die äußerste Kante des Kontinentalsockels. Ziel war ein Seegebiet mit einer Wassertiefe von rund 800 Metern, doch nur ein paar Meilen weiter fiel der Meeresgrund steil ab. Wer Thunfisch, Marlin oder Schwertfisch fangen will, bringt seine Langleine so aus, dass sie knapp unter der Wasseroberfläche driftet. Wir aber hatten es auf den Schwarzen Seehecht abgesehen, oder *Dissostichus eleginoides*, wie ihn die Biologen nennen, und der jagte seine Beute am Meeresgrund.

Er ist in den Gewässern südlich von Chile zu Hause und rund um die Inseln, die der Antarktis vorgelagert sind, inklusive Südgeorgien. Die Temperatur des Wassers bestimmt seinen Lebensraum: Kälter als zwei Grad Celsius darf es nicht sein. Südlich des 55. Breitengrads wird es ihm zu ungemütlich, dort ist nur noch sein abgehärteter Verwandter *Dissostichus mawsoni* zu finden, der Antarktische Seehecht, auch Riesen-Antarktisdorsch genannt.

Bis auf die Zeichnung der Schuppen am Kopf sehen die beiden fast identisch aus, doch organisch gibt es einen bedeutenden Unterschied: Im Blut des Antarktisdorschs findet sich mehr Glykoprotein, eine Art biologischer Frostschutz, der verhindert, dass der Fisch in Temperaturen unter zwei Grad erfriert.

Meeresbiologen klassifizieren den Schwarzen Seehecht als einen Raubfisch der mittleren Wassertiefen. Mit seinem nach oben gerichteten Maul jagt er nach Beute, die über ihm oder auf gleicher Höhe schwimmt; nur was auf dem Meeresboden kreucht und fleucht, verschmäht er. Gemächlich streift er durch seine Jagdgründe, die bis zu einer Tiefe von 2500 Metern reichen. Er ist ein furchterregender Killer, von der Natur perfekt ausgestattet: Sein Schuppenkleid, schwarz wie eine Gewitterwolke, funktioniert in der Tiefe wie ein Tarnanzug; seine Muskulatur ist für eine blitzschnelle Beschleunigung optimiert; und was er einmal im Maul hat, kann ihm nicht mehr entkommen. Kräftige, dolchartig gebogene Zähne ragen aus Ober- und Unterkiefer, oben sogar in doppelter Reihe.

Seehechten fehlt die mit Gas gefüllte Schwimmblase, die es anderen Fischen ermöglicht, sich dem Auftrieb der Wassertiefe und den herrschenden Druckverhältnissen anzupassen. Aber das ist tatsächlich bei vielen Arten so, die in tieferen Wasserschichten leben. Zum Beispiel bei den Haien: Wenn sie nicht aktiv schwimmen, was Energie kostet, sinken sie bis auf den Meeresgrund. Die Evolution hat Seehechte von diesem Dilemma befreit, indem sie die Zusammensetzung ihres Körpers so verändert hat, dass sie auch ohne Schwimmblase über genügend Auftrieb verfügen. Ihr Skelett und sogar ihre Schuppen bestehen zu einem größeren Teil aus Knorpel und enthalten deutlich weniger Kalzium als Fische aus den oberen Wasserschichten, was ihr Gewicht reduziert. Außerdem sind in ihren kräftigen Muskelpaketen Fette eingelagert, im gesamten Körper, aber vor allem im Gewichtsschwerpunkt, was den Seehechten zusätzlich Auftrieb verleiht. Ausgewachsen können die stromlinienförmigen und von einer kräftigen Schwanzflosse angetriebenen Fische bis zu zwei Meter lang und an die 100 Kilo schwer werden. Seehechte sind die Cruise Missiles der Tiefsee – statt eines Sprengsatzes tragen sie ein ewig grinsendes Maul voller scharfer Zähne.

Ihr Geruchs- und Geschmackssinn meldet sich sofort, wenn Spuren von Schleim im Wasser zu entdecken sind, denn dann ist die nächste Mahlzeit nicht mehr weit. Von den sanft geschwungenen Linien auf seinen Flanken, die aussehen wie Narben, als wäre der Fisch in eine Messerstecherei geraten, hat der Seehecht seinen Namen: *Dissostichus* steht für »Trennlinie«, und die ist nicht nur ein optisches Kennzeichen des Fischs. Auf dem schmalen Streifen sitzen Sensoren, die Druckveränderungen im Wasser registrieren, wie sie zum Beispiel ein in Panik aufschreckendes Beutetier auslöst. Eine ähnliche Funktion haben die Nervenbahnen am Kopf, die Vibrationen im Wasser und feinste Veränderungen der Temperaturen wahrnehmen. Zusätzlich kann sich der Räuber auf seine großen Augen verlassen, denen auch das unscheinbarste Flackern einer Biolumineszenz auf den Schuppen seiner Beutefische nicht entgeht. Zu seiner nahrhaften, wenn auch kargen Diät zählen Jungfische der eigenen Art, der wehrlose Hoki, Tintenfische und Krebse. Bei den eisigen Temperaturen ihres Lebensraums verlangt der Stoffwechsel der Seehechte kaum mehr Energiezufuhr als ein Kadaver, sie kommen also eine lange Zeit ohne Nahrung aus. Trotzdem wachsen sie im Laufe ihres Lebens zu einer stattlichen Größe heran. Bis sie sich fortpflanzen können, vergehen neun bis zehn Jahre, und die einzigen Feinde, die sie wirklich zu fürchten haben, sind Seeelefanten und Pottwale. Die 70 Kilo schweren Seehechte, auf die wir es abgesehen hatten, waren bestimmt schon um die 40, 50 Jahre alt.

Sie wachsen also langsam, schwimmen ein Leben lang ungestört im kühlen und absolut sauberen Wasser des Südpolarmeers und bestehen zum größten Teil aus dem leckersten Muskelfleisch – ein besseres Beispiel für eine organisch gewachsene Delikatesse kann man sich kaum vorstellen. In meiner Heimat und in den USA stand allerdings der englische Name der Vermarktung des Seehechts lange im Weg: »Patagonian Toothfish« heißt er bei uns – und als »Zahnfisch aus Patagonien« würde ihn in Deutschland wahrscheinlich auch niemand bestellen: »Einmal Zahnfisch und Pommes, bitte!« – Klingt nicht gerade verlockend. Doch dann soll der Legende nach ein Fischgroßhändler namens Lee Lantz Ende der 70er-Jahre auf die glorreiche Idee gekommen sein, der

Delikatesse einen neuen Namen zu verpassen. Als »Chilean Sea Bass« kostet er heute in den Gourmettempeln doppelt so viel wie ein gutes Rumpsteak. Wen interessiert es schon, dass es sich bei einem »Seebarsch« aus Sicht der Meeresbiologen um eine ganz andere Familie von Fischen handelt?

Boetie erklärte mir, dass wir mit einem System von Langleinen fischten, das die Spanier entwickelt hatten: Die Hauptlast liegt auf einer Mutterleine, die von Gewichten in der vorgesehenen Tiefe gehalten wird. Parallel zu dieser kräftigen Trosse läuft die eigentliche Langleine, an der tausende so genannter Mundschnüre mit den Haken baumeln. Die Leine wird so verankert, dass die Köder knapp über dem Meeresgrund hängen; die Strömung verbreitet deren Aroma und lockt die Seehechte an. Boetie war überzeugt, dass er damit die effizienteste Art der Langleinenfischerei gefunden hatte; jede Komponente des Systems konnte perfekt den Umständen angepasst werden. Nachteil: Jede Veränderung – und überhaupt die Vorbereitung der Leine – war extrem arbeitsintensiv. Bei schottischen Fischern hatte ich »Autoliner« gesehen, die alles maschinell erledigten, was an Bord der *Sudur Havid* in monotoner Handarbeit verrichtet werden musste: Automaten versahen die Haken mit Köder, brachten die Leine aus, holten sie wieder ein und trennten sogar den Fisch vom Haken. Andererseits war Arbeitskraft bei uns an Bord billig, und nur wenn ein Köder von Hand auf einen Haken gespießt wurde, konnte man sich wirklich sicher sein, dass er richtig saß.

Brachte man die Langleine bei Tageslicht aus, bestand immer die Gefahr, dass man dabei Albatrosse in den Tod riss, wenn sie versuchten, sich die Sardinen zu schnappen, die als Köder am Haken hingen. Die Evolution hatte Albatrossen die Fähigkeit verliehen, in der Wasserwüste des Ozeans noch das geringste silbrige Zucken eines Fischs zu erkennen. Langleinen waren also für die majestätischen Vögel wie eine Parade der Leckerbissen, und deshalb legten wir die Leinen auf der *Sudur Havid* erst nach Einbruch der Dunkelheit aus. Unsere 15 000 Haken blieben über Nacht am Meeresgrund, am folgenden Tag wurde der Fang eingeholt und sofort verarbeitet.

Als wir uns der ersten Position näherten, an der wir fischen wollten, machte sich die Crew bereit, die Leine auszubringen. Boetie stand auf der Brücke und schaute zu, wie sich die Wellen an unserem Bug brachen und der Wind die schaumige Gischt gegen das Sicherheitsglas der Fenster schleuderte. Meine Position war am Heck des Schiffes, wo ich die Seevögel im Auge behalten sollte, während die Leine über Bord rauschte. Es war ganz schön kalt draußen an Deck, deshalb hatte ich so viele Lagen Klamotten an, dass ich den Reißverschluss meines Kälteschutzanzugs kaum zubekam, und meine Wollmütze hatte ich weit über die Ohren gezogen. In der schmalen Gasse zwischen den Kästen mit den Leinen warteten acht Männer auf ihren Einsatz, auch sie warm in Ölzeug verpackt, mit Schals und Sturmhauben gegen den eisigen Wind gewappnet. Sie freuten sich, dass es endlich losging. Trevor stand direkt neben der großen Luke und zog die Ärmel seines Ölzeugs über die Handschuhe. Er musste so um die 40 sein, wirkte aber mit seinem Rauschebart deutlich älter als der Rest der Crew. Er war einer von den Kap-Farbigen an Bord, ein humorvoller Kerl, der stoisch alle Zumutungen seines Berufs ertrug. Ein Lächeln von ihm reichte aus, und meine Nervosität war wie weggewischt: »Alles klar, Matt? Bist du bereit?«

Mir war klar, dass es für mich nicht ganz ungefährlich sein würde, wenn die Leine über Bord rauschte. Ich brauchte ein freies Sichtfeld, leider ausgerechnet in dem Augenblick, da Leinen unter hohem Druck durch die Luft schwirrten, inklusive der messerscharfen Haken. Dazu kam in meiner exponierten Lage das Risiko, bei einer heftigen Bewegung des Schiffs über Bord zu gehen. Eine Rettungsweste hatte ich nicht angelegt, aber ein Blick in die Runde zeigte mir, dass die anderen auch keine trugen. Unser Schiff führte nur das absolute Minimum an Lichtern, und auf dem Achterschiff war es besonders finster, was die Orientierung noch einmal schwieriger machte. Ich hatte einen kleinen Vorsprung am Heck entdeckt, wo ich mich auf einem Holzbalken abstützen konnte. Joaquim bellte mir eine Warnung zu, die ich nicht mehr gebraucht hätte: »Halt bloß still da oben, Matt. Und pass auf, dass du die Leinen und Haken nicht abkriegst.«

Der Wind pfiff ganz ordentlich, und der Seegang ließ die *Sudur Havid* stampfen und rollen, doch ich hatte mich jetzt fest verkeilt und sogar ein wenig Schutz vor der peitschenden Gischt gefunden.

Joaquim warf unsere Vogelscheuche über Bord: An einer 50 Meter langen Leine hing eine Boje, an der breite, farbige Bänder flatterten. Ein simples System, das Seevögel davon abhalten sollte, nach unseren Ködern zu schnappen.

Ohne weitere Ansage schmiss Joaquim dann die erste Markierungsboje über die Reling, womit unsere Fangsaison offiziell begonnen hatte. Sven und Trevor ließen die Ankerleine folgen, eine Meile Seil insgesamt, was der doppelten Wassertiefe entsprach. Hannes und Morné hatten bereits die beiden 45 Kilo schweren Anker auf die Reling gewuchtet, zu ihren Füßen der Kettenvorlauf. Auf Joaquims Kommando rumpelten jetzt auch die Anker über Bord, und die Kette rasselte hinterher. Auf ihrem Weg in die Tiefe nahmen sie gleich die 20 Millimeter starke Hauptleine mit. Während die *Sudur Havid* mit einer Marschgeschwindigkeit von sechs Knoten auf Kurs ging, knotete die Crew immer neue Sektionen der mit Köder bestückten Langleine an die Haupttrosse, die mit gleichmäßigem Tempo über das Heck rauschte. In regelmäßigen Abständen wurden dünnere Leinen mit zusätzlichen Betongewichten an der Mutterleine befestigt, um die Anker zu entlasten. Es war ein Arbeitsablauf, bei dem jeder Handgriff und jeder Knoten sitzen musste, egal wie kalt die Finger waren, denn die achtern über Bord sausende Haupttrosse gab unerbittlich das Tempo vor. Insgesamt 150 Sektionen Leine lagen in großen Plastikwannen bereit für den Einsatz, sorgfältig so im Kreis ausgelegt, dass Mundschnüre mit Haken und Köder in die Mitte der Wanne zeigten. Bei der Vorbereitung der Leine war absolute Präzision gefragt, damit sich bloß nichts verhedderte.

Die Köder waren erst unmittelbar vor dem Ausbringen der Leine dazugekommen: Wie glitzernde Juwelen an einer Halskette lagen die Sardinen nebeneinander in der Wanne, der Haken immer durch die Augen der kleinen Fische gespießt. Schön sahen sie aus, so, wie sie da ausgelegt waren – bis zu dem Moment, als ihre Leine an die Trosse geknotet wurde und nur noch wirbelndes Tauwerk zu erkennen war. Die Wanne mit den Leinen wurde von Charlie vor der großen Luke am Ende des Fabrikdecks in einem 60-Grad-Winkel hochgehalten, damit sich Haken und Köder nicht verhakten, wenn sie raus in die Nacht zischten. Tausende Sardinen flogen so durch die Luft, wie es die Natur nie vorgesehen hatte, bevor die Macht des sinkenden Ankers und der anderen Betongewichte auch sie unter Wasser und in die Tiefe zog. Sobald der gesamte Inhalt einer Wanne über Bord geschossen war, knotete Carlos auch das Ende der Leine an die Haupttrosse. Dann begann alles von vorne, die nächste Wanne, bis die 150 mit Köder versehenen Leinen allesamt am Meeresgrund ausgelegt waren.

Zwei Stunden dauerte die Prozedur insgesamt, und mein einziger Job bestand darin, den Vorgang zu beobachten und gelegentlich für die Matrosen eine Zigarette anzuzünden, wenn sie gerade keine Hand frei hatten. Eine ging ganz gut, aber wenn ich vier auf einmal im Mund hatte, wurde mir schwindelig. Morné war ungefähr genauso alt und von ähnlichem Körperbau wie ich – und es war auch für ihn der erste Job auf einem Hochseetrawler. Er knurrte ein tiefes *»Dankie«* – Afrikaans für Danke – und nahm einen tiefen Zug von seiner Fluppe. Weil die Armbanduhren der Matrosen unter diversen Lagen Klamotten verborgen waren, wurde Zeit bei ihnen nicht in Stunden gemessen, sondern in Zigaretten.

Ich hatte eigentlich mit lautem Gebrüll an Deck gerechnet, doch die Crew schuftete nahezu wortlos, von gelegentlichen kurzen Zurufen einmal abgesehen. Ich starrte auf die Leinen in den Plastikwannen. Wie sich die ausgelegten Schlaufen zusammenzogen, sich die Leine plötzlich spannte und über Bord verschwand. Nur selten scherte ein Haken aus der vorgesehenen Bahn aus und verhedderte sich im Gewirr der Leinen.

Hannes beugte sich gerade über die Reling, um einen Tampen auf das Deck unter ihm weiterzureichen, als sich ein Haken in seine Jacke bohrte. Nur ein paar Sekunden, und die Leine würde sich spannen und ihn über Bord reißen, was seinen sicheren Tod bedeuten würde. Die Wassertemperatur betrug kaum mehr als null Grad, wahrscheinlich würde ihn schon der Schock umbringen, wenn er ins Wasser klatschte. Keine zehn Meter vom Schiff entfernt war es absolut finster und wir würden nicht einmal mehr sehen können, wie er um sein Leben kämpfte und die

Leine ihn wie eine riesige Sardine in Ölzeug unter Wasser zog. Sogar die schwächsten Komponenten des Systems, die Mundschnüre aus dünnem Nylon-Monofil, waren so ausgelegt, dass sie einen 100 Kilo schweren Seehecht halten konnten, auch wenn er mit aller Macht versuchte, sich loszureißen. Die Strippe war also allemal stark genug, einen Mann über Bord und unter Wasser zu ziehen.

Vor meinen Füßen steckte ein Messer mit der Spitze im Holz einer Bank, ich hatte mir schon gedacht, dass es für solche Notfälle gedacht war. Denn bis die Brücke alarmiert war und das Schiff gestoppt hatte, würden etliche Minuten vergehen. Selbst wenn es Hannes gelingen sollte, sich im Wasser von der Leine zu befreien, würden wir ihn in der Dunkelheit kaum rechtzeitig retten können.

»Hey, hey, hey!«, brüllte Hannes. So laut, dass er das Dröhnen der Maschine und das Heulen des Winds übertönte. Die Leine spannte sich. Joaquim schnappte sich das Messer. Er lehnte sich weit über die Reling und säbelte die Leine durch. Nur den Bruchteil einer Sekunde später, und Hannes wäre über Bord gerissen worden.

Der Aufschrei der Erleichterung war durch die dicken Schals und Sturmhauben kaum zu hören. *»Caralho!«*, fluchte Joaquim auf Portugiesisch – »Schwanz«. Und dann machten alle weiter, als wäre nichts passiert.

Nachdem diese erste Krise überstanden war, verdrückte ich mich wieder in meine windgeschützte Ecke. Joaquim hatte natürlich absolut recht gehabt: Richtig sicher war ich nur, wo mich Leinen und Haken nicht erwischen konnten. Mein Job als wissenschaftlicher Beobachter war es, beim Auslegen der Leinen jedes Mal wenigstens eine Stunde an Deck zu sein, um die Einhaltung der Vorschriften bezeugen zu können. Klang nicht weiter dramatisch, aber für meinen Geschmack war selbst dieser Job schon ganz schön gefährlich. Sobald alle 15 000 Haken im Wasser waren, befestigten die Männer einen zweiten schweren Anker an der Haupttrosse und wuchteten ihn über Bord, Leine und Markierungsboje inklusive. Jetzt konnten wir die Langleine bis zum nächsten Tag sich selbst überlassen.

Als ich reinging, um mich aufzuwärmen, sah ich, wie Bubbles durch die Fenster auf der Rückseite der Brücke den Wellen hinterherstarrte.

Mit höchster Konzentration und gerunzelter Stirn, als wollte er mit schierer Willenskraft dafür sorgen, dass es an Deck nicht zu Unfällen kam. Die Rollen waren zwischen unseren beiden Skippern anscheinend klar verteilt: Während Boetie sich mehr Sorgen machte, ob wir auch genug Fisch fingen, hatte Bubbles vor allem die Sicherheit der Crew im Blick.

In dieser Nacht ging Bjorgvin allein Wache auf der Brücke, während alle anderen schliefen – und viele 100 Meter unter unserem Kiel an 15 000 Haken die Sardinen ihr öliges Aroma verströmten.

07:00 Uhr, Freitag, 24. April 1998

Die Leine musste gleich im Morgengrauen eingeholt werden, denn das war ein Job, der acht bis zehn Stunden dauerte, und wir wollten sie noch am selben Abend wieder ausbringen.

Als wir unsere Markierungsbojen längsseits hatten, fischte Sven mit einem Wurfanker die Leine heraus und zerrte die Bojen an Deck. Die Trosse reichte er an Walu Walu weiter, der sie schnell um die Trommel der großen Winsch legte. Aus einer Tiefe von einer Meile wurden die Anker langsam angehievt; es dauerte eine Stunde, bis sie an der Oberfläche angekommen waren. Hannes und Trevor wuchteten die schweren Eisen an Bord und hatten dabei ihre liebe Mühe, auf dem schwankenden Deck das Gleichgewicht zu halten. Als die Anker sicher verstaut waren, begann die lange Prozedur, die Trosse einzuholen und sie wie bei einem Reißverschluss von den separaten Leinen mit den Haken zu trennen. Die große Winde auf dem Arbeitsdeck spulte die schwere Trosse auf, während die dünneren Nylonleinen von einer Winsch auf dem Fabrikdeck eingeholt wurden. Eine clevere Mechanik sorgte dafür, dass auch die Mundschnüre mit den Haken so auf Spannung gehalten wurden, dass sich nichts verheddern konnte. Die Haken wurden durch zwei Walzen gezogen, und wenn ein Fisch dranhing, wurde der Stahl einfach aus dem Maul herausgerissen.

In der Regel sorgten Joaquim oder Carlos dafür, dass die Winschen im richtigen Tempo liefen und die Leinen von allem Wirrwarr befreit wurden, der bei so vielen Kilometern an Tauwerk unvermeidlich war.

Der Mann, der die Winsch bediente, stand auf einem kleinen »Balkon«, der in die Bordwand geschnitten war; eine schwere Stahltür trennte seinen windigen und nassen Arbeitsplatz von der eigentlichen Fabrik. Eine derart exponierte Tür sollte selbstverständlich absolut wasserdicht sein, deshalb ist sie auf den meisten Schiffen so eingebaut, dass sie sich nach außen öffnet. Wenn eine Welle dagegenkracht, presst der Wasserdruck die Tür noch fester zu. Auf der *Sudur Havid* öffnete sich die Tür nach innen, was die gesamte Konstruktion schwächer machte. Abgesehen davon, dass die Tür immer komplett offen stand und sogar festgebunden war, damit sie nicht gegen die Bordwand schlug, wenn wir fischten.

Ich stand an der Reling und schaute zu, wie die ersten Fische an die Oberfläche kamen. Boetie hatte mir erklärt, dass man einen ausgewachsenen Seehecht nicht einfach so am Haken aus dem Wasser ziehen konnte: Sein Gewicht allein reichte aus, um den Haken aus dem Maul zu reißen – und dann war der Fisch verloren. Was man also unbedingt brauchte, war ein Mann mit einem langen Bootshaken oder noch besser: einen Kerl mit ausgezeichneter Koordination, der über eine ausgeprägte Armmuskulatur verfügte und mit einem Bootshaken umzugehen wusste. Hannes war genau der Richtige, und das war ihm durchaus bewusst.

Sobald ein Fisch die Wasseroberfläche durchbrach, lehnte er sich weit über Bord, rammte dem Fisch seinen drei Meter langen Bootshaken wie einen Speer unter die Kiemen und half so, die Beute an Bord zu hieven. Ganz lässig machte er das, jeden Fisch erwischte er akkurat am richtigen Punkt, ohne das wertvolle Fleisch zu verletzen. Die Winsch spulte, und Hannes hob den Fisch genau im selben Tempo an, um den Haken zu entlasten.

Es dauerte nicht lange, und das Schiff war von Seevögeln umgeben, die auf ein Festmahl hofften – und dabei in akuter Gefahr waren, einen der blinkenden Haken zu verschlucken. Ungerührt schwappten die Riesensturmvögel mit dem tosenden Schwell neben dem Schiff auf und ab, ohne die leckeren Happen auch nur eine Sekunde aus den Augen zu verlieren. In der Luft waren sie von ähnlicher Eleganz wie die Albatrosse, majestätische Segler, die ihre rund zwei Meter langen Schwingen nur sparsam einsetzten. Einmal im Wasser gelandet, war es vorbei mit der mythischen Ausstrahlung, und sie kämpften wie die Aasgeier um jeden Brocken, der über Bord ging.

Zu den Riesensturmvögeln hatten sich einige kleinere Kapsturmvögel gesellt, und im Getümmel konnte ich auch etliche Schwarzbrauenalbatrosse ausmachen. Schließlich landeten sogar ein paar Wanderalbatrosse neben der *Sudur Havid*, eine Spezies, die man wirklich nur selten zu Gesicht bekommt. Kaum hatten sie sich mit ihren scharfen Schnäbeln ein wenig Platz verschafft, drängten sich Goldschopfpinguine in die Lücke. Drollige Vögel mit leuchtend gelben Federbüscheln, die im Englischen »Macaroni Penguin« heißen, was sie eigentlich noch besser beschreibt. Ich schaute ihnen zu, wie sie sich mit den viel größeren Albatrossen und Sturmvögeln anlegten, und konnte mir ein Grinsen nicht verkneifen. Blieb nur die Frage, wie die versammelte Vogelschar uns so schnell gefunden hatte.

Als ein mannsgroßer Seehecht die Wasseroberfläche durchbrach, alarmierte Hannes seine Kollegen: »Trevor, Sven! Kommt schnell, ein großer Brocken!«

Einmal aus dem Wasser, war der torpedogleiche Körper des Seehechts ein Opfer der Schwerkraft – sein Magen trat wie ein fetter Wulst hervor und sein Maul hing offen, eine furchterregende Anordnung spitzer Zähne. Er zappelte an der Leine, aber es waren seine letzten Zuckungen. Im grellen Sonnenlicht wirkte sein grau-braunes Schuppenkleid bereits leblos und matt.

Das war ein Fisch, der auf dem Markt ohne Zweifel ein paar hundert Euro bringen würde, und noch bestand die Gefahr, dass er sich unter seinem eigenen Gewicht vom Haken riss und verloren ging. Carlos drosselte das Tempo der Winsch, Trevor und Sven schnappten sich zwei lange Bootshaken und halfen Hannes dabei, die Leine zu entlasten. Zu dritt schafften sie es, das Biest an Bord zu wuchten. Mit dem Kopf steckte der Seehecht schon in dem Schacht, der in die Fabrik führte, während seine Schwanzflosse noch außenbords zuckte und zappelte. Carlos gab dem Fisch einen kräftigen Stoß – und dann ging es abwärts auf die Schlachtbank.

Oben auf der Brücke verfolgte Boetie aufmerksam, was die Männer an der Winsch machten. Sein Job war es, die *Sudur Havid* möglichst so auf Position zu halten, dass die Leine senkrecht eingeholt werden konnte. Wenn sie ihm unter das Schiff geriet, riss er mit dem Rumpf die Fische vom Haken – von den Kratzern, die eine derartige Aktion hinterlassen würde, mal abgesehen. Zog die Leine zu sehr nach achtern, drohte sie in den Propeller zu geraten, und wenn er Pech hatte, war sein Schiff dann manövrierunfähig. Zu viel Zug nach vorn oder zur Seite war auch nicht gut, denn das vergrößerte die Belastung der Trosse und damit das Risiko, dass sie brach und der Fang verloren ging. Locker und in bester Stimmung erklärte mir Boetie die Feinheiten des gesamten Prozesses, aber er behielt die Leine dabei ständig im Blick. Und sobald er irgendwo an Deck jemanden entdeckte, der nicht vollen Einsatz zeigte, war es vorbei mit der guten Laune. Seine Stimme dröhnte im Decklautsprecher wie eine Explosion: »Scheiße, Hannes, da ist uns einer durch die Lappen gegangen. Wir holen sie alle raus, verstanden? Ist doch bares Geld, verdammt noch mal.«

Nachdem die Mechanik Fisch und Haken getrennt hatte, liefen die dünnen Nylonleinen durch eine Luke weiter in die Fabrik, wo ein Matrose namens Grant sie in einen Korb legte, schön ordentlich im Kreis. Grant war einer der Kap-Farbigen und zählte mit seinen 22 Jahren zu den Jüngsten an Bord. Er war recht klein, schlaksig und investierte viel Zeit und Mühe in die Pflege seines Schnurrbarts, den er auf einen schmalen Strich von der Breite eines Bleistifts getrimmt hatte. Seine Rolle an Bord: der Spaßvogel, immer eine Nummer lauter als alle anderen. Zur Fischerei war er nur deshalb gekommen, damit er mehr Zeit mit seinem Vater Brian verbringen konnte, der ständig weg und auf See war, als Grant noch klein war. Brian hatte sich anfangs Sorgen gemacht, ob sein Sohn wirklich taugte für den rauen Alltag in der Fischerei. Doch wer Grant in der Fabrik beobachtete, wie er voller Energie und mit viel Getöse zu Werke ging, konnte nur zu dem Schluss kommen, dass da einer ganz in seinem Element zu sein schien.

Grant legte die Leine in losen Schlaufen zusammen und trug die vollen Körbe zu Stephan und seinen Kollegen weiter. Als »Pot Maker« waren sie dafür zuständig, die Leinen komplett zu entwirren und sorgfältig für den nächsten Einsatz vorzubereiten, Mundschnüre und Haken perfekt nach innen ausgerichtet. Ein »Pot« war in unserem Jargon die Plastikwanne mit den Leinen – Haken und Köder inklusive –, die an die Haupttrosse geknotet wurde. Das Sortieren und Knoten der dünnen Nylonstrippen war eine Fummelarbeit, die man nur mit bloßen Fingern erledigen konnte. Die »Pot Maker« konnten also nie Handschuhe tragen, selbst wenn in der Fabrik Eiseskälte herrschte. Obwohl ihr Job absolute Zuverlässigkeit verlangte, zählten die namibischen »Pot Maker« zu den am schlechtesten bezahlten Leuten an Bord. Weil sie außerdem ihren Vorschuss in den Kneipen und Hurenhäusern Kapstadts verprasst hatten, würden sie lange schuften müssen, bis sie überhaupt einen Cent verdienten.

Bubbles und Boetie genossen großen Respekt bei der Crew, alle kamen mit den Skippern bestens aus. Trotzdem war die Kluft zwischen Brücke und Deck riesig: Physisch betrug der Abstand gerade mal ein paar Meter, aber was Arbeitsbedingungen und Bezahlung betraf, lagen Welten zwischen Schiffsführung und Mannschaft. Die einen trugen zur Arbeit Golfjacke und Trainingshose; mit ihren Gehältern und Gewinnbeteiligungen kamen sie auf 100 000 Euro im Jahr, wovon sie sich schöne Penthouse-Apartments leisten konnten. Die anderen steckten permanent in klatschnassem Ölzeug und feuchten Kälteschutzklamotten und wurden für ihren Knochenjob mit nicht einmal 20 Euro pro Woche abgespeist.

16:00 Uhr, Freitag, 24. April 1998

Die folgende Stunde verbrachte ich in der Fabrik, nahm allerhand Proben und notierte Größe und Gewicht der Fische, die wir gefangen hatten. Nach der frischen Luft an Deck und dem großartigen Panorama auf der Brücke war die Fabrik ein Frontalangriff auf alle Sinne – es war ohrenbetäubend laut und ein unerträgliches Gedränge. 20 Mann schufteten Seite an Seite und brüllten gegen den Lärm im Hintergrund an. Die Maschine wummerte im ewig gleichen Takt, die Winschen kreischten, der Wind heulte sein schräges Lied und die Wellen hämmerten ohne Unterlass gegen den Rumpf. Dass es in der ungeheizten Fabrik so kalt war, hatte immerhin einen Vorteil: Der Geruchssinn war wie betäubt. Und das frische Seewasser half dabei, alle üblen Aromen einfach wegzuspülen, den Schweiß der Männer genauso wie den Gestank von Köder und Fang.

Wie die Crew der *Sudur Havid* den Fisch sofort verarbeitete, vor allem mit welcher Geschwindigkeit, war wirklich eindrucksvoll. Nonstop schufteten die Männer unter Deck, bis auch der letzte Meter der Leine eingeholt war, und keine Stunde nachdem der Fisch seinen letzten Atemzug getan hatte, war er auch schon ausgenommen, gewaschen und auf dem Weg in den Schockfroster. Wenn der Fang dann drei Monate später im Hafen ausgeladen oder unterwegs auf ein anderes Schiff umgeladen wurde, war er im Prinzip noch so frisch wie an dem Tag, als er an den Haken hing.

Doch erst einmal nahm jeder Fisch denselben Weg: Vom Haken getrennt, rutscht er durch den Schacht vom Deck in die Fabrik und ist in der Regel sogar noch am Leben. Bis Mark sich die Beute greift, den Daumen ins eine Auge, einen Finger in das andere – nur so kann man einen glitschigen Fisch gut packen. Auf den Tisch damit, schnelle Drehung auf den Rücken, mit einem kräftigen Schnitt ist der Kopf abgetrennt, mit einem zweiten der Leib bis zur Schwanzflosse aufgeschlitzt. Wie bei einem großen »J«, erklärt Mark die Bewegung mit dem Messer, so lassen sich die Innereien mit einem Minimum an Aufwand entfernen.

Der Kopf wird aufbewahrt, die Schwanzflosse ist Abfall und landet in einer großen Plastikwanne, deren Inhalt erst nach Einbruch der Dunkelheit über Bord gekippt wird; man will ja nicht noch mehr Seevögel anlocken. Der geköpfte und aufgeschlitzte Fisch wandert weiter zu Alfie, dem »Ausnehmer«, der nichts anderes macht, als mit der Hand durch die Bauchhöhle zu fahren und alle Innereien mit einem Schwung herauszureißen, bevor er den Fisch an Big Danie weiterreicht, den »Wäscher«. Mit der Bürste und frischem Seewasser werden Reste von Blut und Eingeweiden entfernt. Der letzte Akt: Morné knotet eine Schlinge um das Schwanzende des Fischs und hängt ihn in den Schockfroster. Er muss hängen, damit die eisige Luft ihn von allen Seiten erreicht. Nur die richtig großen Exemplare werden auf den Boden des Frosters gelegt – und dann regelmäßig gewendet.

Die Crew verschwendete keine Zeit damit, den Beifang zu bearbeiten – Rochen waren dabei, Grenadierfische, sogar ein paar Steinkrabben und andere sonderbare Tiefseekreaturen. Aber nichts, was man mit Gewinn vermarkten konnte, deshalb ging das meiste sofort wieder über Bord. Nur die Krabben gaben wir an Grunter weiter, die wollten wir später selbst essen.

Wenn Mark und Alfie die Zeit fanden, nahmen sie sich die Fischköpfe noch einmal vor, um das verwertbare Fleisch am »Hals« abzuschneiden. Auch die Bäckchen ließen sich mit dem Messer auslösen, kleine Muskelpakete, die von Feinschmeckern besonders geschätzt werden und deshalb gute Preise erzielen. Beim Seehecht waren die Bäckchen gar nicht mal so klein, wie der Name vermuten lässt, denn sie hatten einen gewaltigen Kiefer zu bewegen. Das von den Köpfen gewonnene Fleisch wurde separat eingefroren und tauchte in keinem unserer Fangberichte auf – Boetie wollte vom Verkauf einen Sonderbonus für die Mannschaft finanzieren.

Es wurde fünf Uhr am Nachmittag, bis wir auch den letzten Meter Leine eingeholt und alle Fische verarbeitet hatten. Während Mark sich den Haufen blutiger Fischköpfe vornahm, um die Bäckchen herauszutrennen, wusch ich die Proben, die ich den Fischen entnommen hatte. Ich trocknete jeden einzelnen Ohrstein mit einem Papiertuch ab und steckte ihn in einen eigenen Umschlag. Mithilfe dieser kleinen Knochenstücke aus dem Innenohr lässt sich nämlich das Alter der Fische bestimmen, sie weisen Jahresringe auf wie bei einem Baum.

Ich muss zugeben, dass ich ziemlich nervös war, bevor es mit dem Fischen losging. Würde ich mit dem Tempo der Crew mithalten können? Oder würde ich ständig irgendwo im Weg stehen? Doch schon nach dem ersten Tag begann sich das Gefühl, dass mich dieser Job überfordern könnte, zu legen. Ich hatte es immerhin geschafft, allen Gefahren erfolgreich aus dem Weg zu gehen.

⚓

WEIT DRAUSSEN

Montag, 27. April 1998

Eigentlich hatte man mir gesagt, dass ich für drei Monate auf See sein würde, aber langsam wurde mir klar, dass alle davon ausgingen, ich würde für die komplette Fangsaison auf der *Sudur Havid* bleiben – und das hieß bis Mitte September. Ich versuchte, die positiven Seiten zu sehen – es war doch ein tolles Abenteuer. Andererseits sehnte ich mich nach Corinne und der Bewegungsfreiheit, wie man sie nur mit festem Boden unter den Füßen genießen konnte.

Ohne Heizung in der Messe und bei Außentemperaturen von minus sieben Grad Celsius hatte ich mich bald daran gewöhnt, dass ich beim Essen immer den Hauch meines eigenen Atems sah. Mahlzeiten bei Seegang einzunehmen, war überhaupt speziell: Der Inhalt auf dem Teller schwappte hin und her, und trotz Anti-Rutsch-Matte haute einem auch der Teller sofort ab, wenn man einen Moment lang nicht aufpasste. Meine Lösung für das Problem: Ich löffelte und gabelte mit einer Hand, während die andere den Teller stabilisierte und gleichzeitig das Glas festhielt. Wichtig war dabei natürlich, sich mit den Beinen so unter dem Tisch festzukeilen, dass man selbst nicht ins Rutschen kam.

Selbst in der Koje fand ich nachts keine vollkommene Entspannung. Wenn ich mich nicht festklemmte, machte mein Körper jede Rollbewegung des Schiffs mit, was meine Koje laut knarren ließ und mich aufweckte. Sobald ich mich gegen die Kabinenwand stemmte oder irgendwie anders versuchte, Halt zu finden, ließ mich die Anspannung nicht schlafen. Am besten ging es noch, wenn ich platt auf dem Rücken lag und mich nicht bewegte, nur leider schlug das Schiff in schwerem Wetter so hart hin und her, dass es mich ein paarmal fast aus der Koje katapultiert hätte. Wie kostbar waren die wenigen Nächte, in denen der Wind einmal Ruhe gab und die See glatt war wie ein Spiegel. Dann schaltete Klaus sogar die Maschinen ab und wir ließen uns treiben. Nur in solchen Nächten, wenn endlich das Krachen der Wellen und das Dröhnen der Maschine verstummte und absolute Stille herrschte, schliefen wir wirklich tief.

Manchmal schenkte uns der Zufall eine Slapstick-Einlage und versöhnte uns mit den Widrigkeiten der Seefahrt. Was konnte es beispielsweise Schöneres geben, als unseren Steward Simon zu beobachten, wie er jeden Tag einen gewischt bekam? Nichts hebt die Laune so sehr wie ein kleiner Schlag, wenn man mit einem defekten elektrischen Gerät hantiert. In einem prinzipiell lobenswerten Versuch, die Sicherheit an Bord zu verbessern, hatte ein unbekannter Täter – wahrscheinlich Melvin – beschlossen, die Tür unseres Kühlschranks mit einem Vorhängeschloss zu sichern, damit sie bei Seegang nicht aufschlug. Nur hatte er dabei eine Schraube durch ein Kabel gedreht und damit den Türgriff unter Strom gesetzt. Simon kam regelmäßig aus der Kombüse hoch, um Zutaten aus dem Kühlschrank in der Offiziersmesse zu holen – und leider hatte er vom ständigen Wischen und Waschen immer feuchte Hände. Vielleicht fühlte er sich auch nicht wohl in seiner Haut, wenn er die weißen Chefs in ihrer Messe störte, jedenfalls wirkte er immer wie ein Gnukalb, das sich in eine Versammlung von hungrigen Löwen verirrt hatte. Nervös, wie er war, schlich er sich an uns vorbei, um mit seinen klammen Fingern nach dem Griff der Kühlschranktür zu fassen – und, zack, bekam er einen gewischt.

Ich konnte mich bei den anderen nicht wirklich beschweren, dass ich ein paar Wochen länger unterwegs sein würde. Brian fuhr zur See, seit er zwölf war, und es gab in der Crew einige, die seit 30 Jahren nichts anderes kannten. Viele der Matrosen hatten mehr Zeit auf Schiffen verbracht als mit ihren Familien. Bubbles und Boetie waren beide verheiratet und hatten Kinder. Sie verdienten nicht schlecht in ihrem Beruf und konnten es sich leisten, ihren Liebsten ein schönes Zuhause zu bieten und auch sonst so manches Extra. Aber war es das wirklich wert, wenn man nicht mit ansehen konnte, wie die eigenen Kinder aufwuchsen? Und man fragt sich natürlich, wie diese Rechnung bei den einfachen Matrosen aufging, die deutlich weniger verdienten und noch viel weniger auf die hohe Kante legen konnten. Wie würde es ihren Familien ergehen, wenn die Fischerei mal wieder ihrem grausamen Ruf gerecht wurde und der Ernährer nicht von See zurückkam?

In einem ruhigen Moment hatte mir Bubbles anvertraut, dass viele an Bord eine Partnerschaft gar nicht aufrechterhalten könnten, wenn sie nicht regelmäßig eine Auszeit auf See hätten. Ab und zu eine großartige Heimkehr feiern, das reichte, um den Mann mit schönen Erinnerungen zu versorgen, von denen er die nächsten paar Monate zehren konnte.

Für den größten Teil der Reise waren wir komplett von unseren Liebsten abgeschnitten. Die *Sudur Havid* hatte zwar eine Inmarsat-Satellitenverbindung, aber es handelte sich dabei um ein sehr simples Gerät, mit dem man zwar Faxe und E-Mails senden, aber nicht telefonieren konnte. Wenn man eine Nachricht verschicken wollte, musste man sie auf einem antiquierten Computer eintippen, der auf der Brücke stand. Nur schade, dass einem Bubbles über die Schulter gucken und lesen konnte, was man auf den grauen Bildschirm schrieb. Aber dieser umständliche Weg der Verständigung war natürlich denen an Bord vorbehalten, die mit einem Rechner umgehen konnten – und denen es nicht zu peinlich war zu fragen, ob sie eine Mail nach Hause schicken durften. Zwei graue Knöpfe mit der Aufschrift *DISTRESS* waren mir gleich aufgefallen, als ich zum ersten Mal an dem beigefarbenen Terminal saß. Wenn man beide simultan drückte und einen paar Sekunden lang festhielt, hatte mir Bubbles erklärt, löste das Gerät einen Notruf aus, der per Satellit an die Seenotretter weltweit ausgestrahlt wurde. Irgendwie beruhigend, dass unser alter Kahn über eine solch fortschrittliche Technik verfügte.

Bubbles hatte mir angeboten, per Funk eine Ship-to-Shore-Verbindung herzustellen, damit ich direkt mit Corinne sprechen konnte. Der Anruf wäre dann über die Küstenfunkstelle in Portishead in das Telefonnetz weitergeleitet worden, doch leider verhinderte niedriger Luftdruck, dass eine Verbindung mit ausreichender Signalstärke zustande kam. Stattdessen erklärte ich Corinne in einem Fax, dass ich möglicherweise noch eine Weile länger unterwegs sein würde; ihre Antwort sollte dann über das Büro der Reederei in Kapstadt an die *Sudur Havid* weitergeleitet werden.

27 APR 1998 18:01

... was meine heimkehr betrifft, kann ich leider noch nichts konkretes sagen. wenn es mit dem fischen nicht gut läuft, kürzen sie die reise ab, heißt es von der reederei. aber wenn wir einen guten lauf haben (achtung, halt dich fest ...), bleiben wir möglicherweise draußen, bis die fanglizenz am 31. august ausläuft. leider haben sie mir vorher nicht gesagt, dass ich auch bis zum ende dabeibleiben muss. Ich habe also gar keine andere wahl, es hängt allein von den skippern ab, wann ich wieder in kapstadt bin. vermisse dich fürchterlich. alles liebe, matt.

Dienstag, 28. April 1998

Es war mein 24. Geburtstag, und auch wenn wir gerade am Fischen waren, ließen wir uns die Gelegenheit nicht entgehen, den Anlass mit einer feinen Mahlzeit und einem Schluck Alkohol zu feiern. Mittags gab es gleich die erste Überraschung: Grunter hatte für mich ein etwa handtellergroßes Stück Seehecht gebraten. Es war das erste Mal überhaupt, dass ich den Fisch probierte, der mich auf diese weite Reise gebracht hatte. Fasziniert starrte ich auf das weiße Fleisch und begann es mit der Gabel zu teilen. Das war also Seehecht: mild, ja fast zart im Geschmack, wirklich lecker, aber die Konsistenz schien mir ein wenig zu fettig, das Fleisch war mir nicht fest genug. Bubbles versicherte mir, dass Seehecht erst richtig gut schmeckt, wenn man ihn räuchert, aber ich konnte den Gedanken nicht abschütteln, dass dieser Fisch es eigentlich nicht wert war, dass man Leib und Leben riskierte, um ihn aus der Tiefe des Südpolarmeers zu ziehen.

Der zwei Meter lange Heringshai war bereits tot, als wir ihn am Nachmittag an Bord hievten. Ein Weibchen, es hatte sich mit der Schwanzflosse in der Haupttrosse verheddert. In ihrem Bauch fanden wir vier Junge, noch mit dem Dottersack verbunden, jedes schon ein perfekter kleiner Hai. Ich konnte Hannes überreden, die Kleinen nicht in die Küche zu bringen; sie waren zwar schon tot, aber die Babys verspeisen? Das ging mir doch zu weit. Die Mutter aber wurde nach einem traditionellen namibischen Rezept zu Biltong verarbeitet: Ihr Fleisch wurde in Streifen geschnitten, in Worcestersauce mariniert und dann zum Trocknen in die heiße Luft aus dem Schornstein gehängt. Nach diesem improvisierten Garprozess wirkte das Fleisch nahezu glasig – und das Dieselaroma war unverkennbar.

Bevor das Gerippe des Haiweibchens über die Reling geworfen wurde, schaute ich mir das Maul genauer an: Beide Kiefer waren mit rasiermesserscharfen Beißern besetzt. Während die Crew weiter Fische ausnahm und putzte, trennte ich das Gebiss unseres Hais heraus. Es war ein fummeliger Job, auch noch die letzten Fleischfasern zwischen den hinteren Zahnreihen herauszuoperieren. Das fertig präparierte Gebiss hängte ich dann zum Trocknen auf – mein ganz persönliches, gruseliges Souvenir vom Fischen im Südpolarmeer.

Als wir am Abend die Leine ausgebracht hatten, war es an der Zeit für meine erste harte Lektion an Bord. Bubbles und Boetie verfügten über einen gut sortierten Vorrat an Rotwein, Brandy und Whisky, den sie in einem Schrank unter der Treppe zur Brücke hinter Schloss und Riegel aufbewahrten. Da im Moment keine anderen Arbeiten anstanden, schlug Boetie vor, zur Feier des Tages bei einer Runde Rummikub – eine Art Rommé, aber mit Spielsteinen anstelle von Karten – ein paar Drinks zu kippen. Zusammen mit Big und Little Danie, Hannes, Mark und ein paar anderen setzten wir uns an den großen Tisch in der Mannschaftsmesse. Boetie verteilte die Zahlenplättchen auf dem abgewetzten Esstisch und erklärte mir die Spielregeln.

Ich hatte einen gefährlichen Platz erwischt, zwischen Boetie und Hannes, die als trinkfest galten und beim Einschenken besonders großzügig waren. Es würde schwer werden, mit den beiden mitzuhalten. »Du weißt schon, Matt, dass wir Südafrikaner von diesen edlen Tropfen aus unserer Heimat kaum je etwas abbekommen«, sagte Boetie und hielt mir eine Flasche Pinotage vor die Nase. »Das meiste geht nämlich direkt in den Export.«

Sobald die ersten Drinks ausgeschenkt waren und das Spiel im Gange war, konnte man glatt vergessen, dass wir auf einem winzigen Kahn weit draußen auf dem Ozean saßen. Bis ich die Regeln kapiert hatte, mussten etliche Flaschen Wein geleert werden, und dann ging es mit Brandy und Cola weiter. Je mehr Boetie trank, desto stärker waren die Drinks, die er zusammenmixte. Mein inständiges Bitten, das Glas nur halb voll zu machen, wurde einfach ignoriert: »Wenn du mit den großen Jungs spielen willst, musst du raus auf die Straße.«

»Das geht schon in Ordnung«, ermunterte mich Hannes. »Ist ja nicht so, dass wir einen Mordstag vor uns hätten. Läuft doch alles völlig easy bis jetzt. Als wir noch ohne Lizenz vor den Kerguelen unterwegs waren, haben wir jeden Tag 20 Tonnen rausgeholt.«

Da musste ich dann doch schlucken: 20 Tonnen! Wir schafften pro Tag gerade einmal mickrige zwei Tonnen.

»Ja, gigantisch, was wir damals gefangen haben«, ergänzte Grant. »Und wir mussten das alles an einem Tag weghauen, damit wir die Leine abends wieder ausbringen konnten. Ich war so fertig, dass ich im Stehen eingeschlafen bin.«

»Und als sie die *Praia* ganz in unserer Nähe erwischt haben, sind wir abgehauen«, erzählte Hannes weiter, der nun so richtig auf Touren kam: »Wir dachten, das französische Kanonenboot kommt hinter uns her. Also alle Lichter aus. Schnell das Deck geschrubbt. Und die Leinen und Haken komplett über Bord.«

»Wir haben das Schiff so hart vorwärtsgeprügelt, dass der Chief und sein Mechaniker Angst um ihre Maschine hatten«, meldete sich Bubbles zu Wort. »Hatten echt Sorge, dass ihnen alles um die Ohren fliegt. Die waren nur noch auf der Treppe zwischen Brücke und Maschinenraum unterwegs, mussten immer wieder die Öltemperatur checken. Hab' noch nie einen Chief so rennen sehen wie an diesem Tag.«

Big Danie kam mit einer Flasche J&B zurück in die Messe getorkelt – mit dem Wechsel von Brandy zu Whisky war das Schicksal unserer Leber endgültig besiegelt. *»Ek dink die Engelsmann raak dronk!«*, dröhnte er.

»Sag's auf Englisch, Mann«, brüllte Boetie dazwischen, »sonst versteht Matt dich nicht.«

Aber Big Danie hatte natürlich recht. Der Engländer war betrunken, sternhagelvoll. Ich hatte es den schmalen Gängen zu verdanken, dass ich den kurzen Weg zu meiner Kabine schaffte, ohne hinzufallen.

Als ich am nächsten Morgen aufwachte, stellte ich fest, dass ich in meine Joggingschuhe gekotzt und den Fußboden vor meiner Koje komplett besudelt hatte. Ein einzelner Fußabdruck in der Mitte der übel riechenden Lache zeigte mir, dass mein Kabinenmitbewohner seine Schicht angetreten hatte. Den unvermeidlichen Nachdurst zu stillen, war auch keine Freude: Das Trinkwasser an Bord – mithilfe von Abwärme der Maschine aus Seewasser gewonnen – schmeckte so eklig, dass ich es pur einfach nicht herunterbekam. Also braute ich einen Tee nach dem anderen. Mir war klar, dass es auf unserem stampfenden und rollenden Kahn Tage dauern würde, bis ich diesen Kater überstanden haben würde.

Aber das Gelage hatte sich trotz der Nebenwirkungen gelohnt. Vorher war ich der neutrale wissenschaftliche Beobachter an Bord; nach meiner exzessiven Geburtstagsfeier fühlte ich mich schon eher wie ein Teil der Crew.

Anfang Mai, nachdem wir zwei Wochen gefischt hatten, begann sich die Stimmung zu drehen; Unruhe machte sich breit. Unsere Fänge entsprachen nicht den Erwartungen, und die Frage war, ob wir unser Glück nicht besser woanders versuchen sollten. Mark hatte sich mit seinem Job, noch das letzte Fitzelchen Fleisch von den Köpfen der Fische zu trennen, direkt neben der Luke niedergelassen, wo ich mit meinen Messungen und Probenentnahmen beschäftigt war. Mit dem dunklen Bart und seinem starren Blick wirkte er düster, ja fast schon bedrohlich, aber er hatte ganz offensichtlich Redebedarf.

»Ich fürchte, bei uns beiden braut sich ein schlechtes Karma zusammen.«

»Wie das denn?«, fragte ich verblüfft.

»Weil es immer wir beide sind, die den Fisch töten müssen. Das kann doch nicht gut für deine Seele sein. Ich hab' nie etwas töten müssen, als ich noch als Schweißer gearbeitet habe.«

In Kapstadt hatte er Frau und Kind; ihm ging es nur darum, schnell einen Batzen Geld zu verdienen, um dann wieder zu seiner Familie zurückzukehren. Aber so mager wie unsere Fänge bislang waren, würde die Summe auf seinem Lohnscheck deutlich geringer ausfallen, als er sich das vorgestellt hatte.

»Den Job werde ich so schnell nicht wieder machen«, murmelte er. »Jedenfalls nicht, wenn dabei nix rausspringt. Wir müssen einfach mehr fangen als eine Tonne am Tag.«

Boetie hatte bereits mit dem Gedanken gespielt, die Fanggründe vor Südgeorgien ganz aufzugeben, doch sie hatten so viel in die Lizenz investiert, dass er sich stattdessen entschied, in der näheren Umgebung nach ergiebigeren Vorkommen zu suchen. Britische Fischer halten sich oft an Fanggründe, die ihre Familien schon seit Generationen befischt haben; ihr Wissen über die Unterwassertopografie und auch über das Leben der Fische, auf die sie es abgesehen haben, wächst mit jeder Saison. Seit sie auch noch mit moderner Sonartechnologie ausgerüstet sind, haben sie ein sehr genaues Bild von den Unterwassergebirgen und -schluchten ihrer Jagdgründe, sie kennen jeden Fels und jedes Wrack und jede Sandbank. Wir hingegen waren in einem riesigen Seegebiet unterwegs, das uns völlig fremd war. Zur Orientierung standen uns nur ein altersschwaches Echolot zur Verfügung und die Aufzeichnungen von Kapitän Andreas, der hier vor zehn Jahren eine Saison lang mit der *Northern Pride* gefischt hatte.

Mit großer Aufmerksamkeit verfolgten Bubbles und Boetie den Funkverkehr der anderen Fischer in unserer Nähe oder die Gespräche der wissenschaftlichen Beobachter untereinander; auch die obligatorischen Fangberichte an den Hafenmeister von Südgeorgien lieferten uns wichtige Informationen. Ein ausgefuchster Skipper würde seine Position und seine Fangstatistik natürlich per Mail oder Fax übermitteln und nicht über Kanäle, die jedem zugänglich waren. Aber viele der älteren Schiffe – oder solche mit technischen Problemen – mussten ihre Angaben eben doch über Kurzwelle durchgeben. Für die Konkurrenz waren das wertvolle Hinweise, wo möglicherweise mehr zu holen war. Wann immer wir an der Reihe waren, unseren Bericht abzuliefern, sang Bubbles dem Hafenmeister über Funk ein Ständchen: »O Flower of Scotland«. Wahrscheinlich lag es an seinen irischen Wurzeln, dass er einen halbwegs überzeugenden schottischen Akzent hinbekam, und sein Bariton klang erstaunlich gut.

Die Schiffe, die bessere Erträge meldeten als wir, schienen allesamt im Seegebiet rund um die Shag Rocks zu stehen, etwa 100 Meilen nordwestlich von Südgeorgien. Bubbles schlug in den alten Logbüchern der *Northern Pride* nach und fand heraus, dass auch Kapitän Andreas dort offensichtlich auf ein reiches Vorkommen an Seehecht gestoßen war; die Region versprach genau die Verhältnisse, die unser Fisch so liebt: reichlich Beute in tiefen, dunklen Unterwassercanyons. Wenn wir unsere Leine durch ein Gewässer ziehen konnten, in dem sich der Seehecht so richtig wohlfühlte, konnten wir die verlorenen Tage schnell wieder aufholen.

14:00 Uhr, Donnerstag, 7. Mai 1998

Bubbles rief mich auf die Brücke, das Radar zeigte ein ungewöhnlich großes Signal. Weil wir immer wieder in tiefen Wellentälern verschwanden, war nur schwer auszumachen, was da wirklich vor uns lag. Die Felsen von Shag Rocks konnten es eigentlich nicht sein; die waren noch viele Meilen entfernt.

Als wir näher an das Ding herankamen, zeigte unser Radar einen riesigen Block, fast wie eine Wand im Wasser. Wir waren vertraut mit den Echos, die hohe Wellen abgeben, und von anderen Trawlern war auf dem Monitor immer nur ein kleiner Lichtpunkt zu sehen. Aber dieser Apparat war mehrere 100 Meter breit – und er bewegte sich nicht. Aber dann fiel ein Lichtstrahl durch die düsteren Wolken auf eine weiße

Klippe. Erstaunlich, wie das Weiß der Unschuld und der Reinheit unter solchen Bedingungen auf einmal bedrohlich wirken kann. Wir hatten auf unserer Reise zwar schon gelegentlich Eisberge gesichtet, aber einem Giganten wie diesem waren wir noch nie begegnet. Im ständig schwankenden Kosmos unseres stampfenden Schiffs war der Horizont nie eine Konstante – umso mehr beeindruckte uns jetzt diese unverrückbare weiße Wand, die jeden Strahl der tief stehenden Sonne einzufangen schien und sich mit einem stolzen Leuchten über dem Grau des Ozeans erhob.

Wer in diesen Breiten auf der Brücke Wache schob, musste immer mit Eisbergen rechnen und – auch nachts – Ausschau halten. Denn nicht jeder kleine Growler war auf dem Radar zu erkennen, und niemand wollte es auf den Versuch ankommen lassen, ob der Stahl der *Sudur Havid* der Kollision mit solchen Eisbrocken standhielt. Bubbles behielt den Riesen ständig im Auge, als würde er eine plötzliche Attacke fürchten, und diese Anspannung fiel erst von ihm ab, als der Eisberg weit hinter uns lag.

Wer darauf gehofft hatte, dass wir bei unserer Ankunft an den Shag Rocks festes Land sehen würden, wurde bitter enttäuscht. Ich selbst hatte mir vorgestellt, dass wir in unmittelbarer Nähe eines Tiefseegebirges fischen würden, dessen Spitzen so eben aus dem Wasser ragten. Die Klippen waren auf der Seekarte auch tatsächlich mit einer Höhe von 70 Metern verzeichnet, doch unsere neuen Fanggründe lagen 40 Meilen südöstlich der Shag Rocks, wo der Meeresboden steil in den Abgrund der Tiefsee abfiel.

Als wir am nächsten Morgen damit begannen, die Leine einzuholen, durchbrach eine große Rückenflosse die Wasseroberfläche direkt neben dem Schiff. Eine kräftige Welle schob sich am Rumpf der *Sudur Havid* vorbei – gegen die Richtung des Seegangs. Immer größer wurde der Berg aus Wasser, bis schließlich der Rücken des Wals sichtbar wurde. Ein Killerwal, nur wenige Meter entfernt. Er drehte sich auf die Seite und griff an. Ich strahlte vor Glück.

Bei der Crew waren Orcas verhasst, weil sie bekannt dafür waren, Fischern die Beute von der Leine zu pflücken, aber ich hatte mich schon seit Wochen darauf gefreut, einmal einen zu sehen, und es fiel mir nicht leicht, meine Begeisterung zu verbergen. Schon ruckte es an unserer Leine, und Hannes fluchte. Der Orca hatte sich den ersten Seehecht geklaut, bevor Hannes ihn an Bord wuchten konnte. Am Haken hingen jetzt nur noch die Lippen des Fischs, als wollte der diebische Wal uns verhöhnen. Der Orca war nicht schwarz und weiß, wie man ihn aus der nördlichen Hemisphäre kennt, sondern eher braun und cremefarben, im Stil eines verblichenen Farbfotos aus den Sechzigern. In den Gewässern der Antarktis lagert sich nämlich eine feine Schicht von Diatomeen auf der Schwarte des Wals ab, mikroskopisch kleine Kieselalgen, die dem Orca seinen Retro-Look verleihen. Trotzdem sind sie nicht weniger furchterregend als ihre Verwandten aus dem Norden, und meistens jagen sie in Schulen von sieben bis zehn Tieren. Die Biologen unterscheiden bei den Killerwalen in der Antarktis drei verschiedene Typen: Die Tiere der ersten Gruppe sind am größten, sie jagen vor allem Zwergwale; eine zweite Gruppe hat sich darauf spezialisiert, entlang der Packeisgrenze zu patrouillieren und Robben zu fressen; während die dritte Untergruppe – zu der auch unser Freund zählte – sich in der Hauptsache von Fischen ernährte und nur gelegentlich auch mal eine Robbe verspeiste. Seehechte stehen normalerweise nicht auf ihrem Speisezettel, weil Orcas nicht tief genug tauchen, um die saftigen Brocken zu erwischen. Aber sie sagen auch nicht Nein, wenn sie ihnen auf einem kilometerlangen Förderband aus der Tiefe serviert werden.

Schon erschien der nächste Orca, und nur Minuten später hatte sich die gesamte Schule neben unserem Schiff versammelt. Wir konnten die Leine gar nicht so schnell einholen, wie die Wale die Fische von den Haken fraßen. Einer hatte sich einen besonders großen Seehecht geschnappt und schleuderte ihn in die Luft, als wollte er mit seiner Beute spielen, bevor er sie verschlang.

»Bastarde!«, fluchte Joaquim. »Sie klauen unsere Fische!«

Den Fischern blieb nichts anderes übrig, als die Arbeit abzubrechen und ihr Glück woanders zu versuchen. Joaquim befestigte eine Markierungsboje an der Trosse und warf sie über Bord. Wir dampften weiter, in der Hoffnung, die gefräßigen Wale abschütteln zu können. Doch als wir eine Stunde später versuchten, die Leine vom anderen Ende her einzuholen, waren sie sofort wieder da. Das Geräusch, das unser Propeller machte, wenn er durchs Wasser quirlte, war über große Entfernung zu hören und verriet den Walen unsere Position. Früher hätte die Crew die Knallkörper herausgeholt, kleine Sprengladungen, die unter Wasser einen solchen Lärm erzeugten, dass jeder noch so gierige Killerwal die Flucht ergriff. Doch diese Praxis hatte man auf der *Sudur Havid* vor ein paar Jahren nach einem schweren Zwischenfall vor der Küste Namibias aufgegeben. Grunter, der Smut, war damals dafür zuständig gewesen, die Böller zu zünden. Dabei hatte er versehentlich den Gasbrenner umgestoßen, an dem er die Zündschnüre zum Glühen brachte. Der gesamte Vorrat an Knallern war in einer großen Explosion hochgegangen. Deshalb saß die Crew nun ohne Böller da und konnte nur darauf hoffen, dass die Wale bald satt waren oder dass ihnen langweilig wurde und sie uns in Ruhe ließen.

Mir fiel es nicht schwer, die Orcas zu bewundern. Während wir auf einer Büchse aus Stahl durch die Wellen schlingerten und uns gegen die Kälte von Kopf bis Fuß in muffige Klamotten einpacken mussten, wenn wir nicht erfrieren wollten, zischten sie elegant durchs Wasser und schnappten sich mit lässiger Akkuratesse unseren Fisch vom Haken. Wenn ihnen danach war, uns ihre Überlegenheit zu demonstrieren, führten sie in Sichtweite des Schiffs ihre Kunststückchen auf: Seehecht in die Luft, auf das Maul, weg der Fisch.

13:00 Uhr, Samstag, 9. Mai 1998

Im Seegebiet der Shag Rocks fingen wir mehr Fisch als vorher, von einer Tonne am Tag rauf auf drei Tonnen, und damit ist das fertige Produkt gemeint, also ohne Kopf, ausgenommen und geputzt. Drei Tonnen Ware hieß aber auch, dass wir an die fünf Tonnen Fisch aus dem Wasser ziehen mussten; die Männer an der Winsch und in der Fabrik waren also gut ausgelastet. Die Shag Rocks schenkten uns zwar nicht das Gefühl von einem Goldrausch, wie ihn Teile der Crew vor den Kerguelen erlebt hatten, aber der Laderaum füllte sich merklich, was selbst der Pessimist Mark mit einem Lächeln quittierte.

Als die Winsch ein wenig langsamer lief, nutzte Hannes die Gelegenheit, um Little Danie in die Kunst der Arbeit mit dem Bootshaken einzuweisen. Danie hatte sich in seinem Job als Öler gemütlich eingerichtet und war kein ernsthafter Konkurrent mehr im Wettstreit um die Position des Alpha-Fischers, der die Beute an Deck brachte. Großzügig überließ Hannes ihm deshalb die lange Bambusstange mit dem Haken.

Doch Danie tat sich schwer damit, in der Aufwärtsbewegung der Leine den richtigen Moment zu erwischen, und ein Fisch nach dem anderen ging verloren, weil er unter dem eigenen Gewicht vom Haken gerissen wurde. Boetie brüllte über den Lautsprecher dazwischen: »Verdammt noch mal! Schick den Krüppel zurück in den Maschinenraum!«

Hannes machte einen Schritt nach vorn, um Danie zu helfen, doch der riss ausgerechnet in diesem Moment die Bambusstange nach oben und rammte sie seinem Kollegen ins Auge. Hannes torkelte zur Seite und griff sich mit der Hand ins Gesicht. Blut lief zwischen seinen Fingern hindurch und die Wange hinunter.

»Jesus, Danie, was zum Teufel hast du getan?«, dröhnte Boetie von der Brücke.

Die Hand auf das blutende Auge gedrückt, machte sich Hannes auf den Weg zu seinem Skipper; war er jetzt auf einem Auge blind? So musste es sich jedenfalls angefühlt haben. Boetie redete seinem besten Mann an Deck erst einmal gut zu, dann schob er sanft Hannes' zitternde Finger zur Seite, um sich die Wunde genauer anzusehen. Der Bootshaken hatte tatsächlich das Auge getroffen, doch glücklicherweise den Augapfel verfehlt. Dafür klaffte im Lid ein etwa ein Zentimeter langer Riss. Keine schwere Verletzung, aber es sah sehr dramatisch aus. Die größte Gefahr bestand wohl darin, dass sich die Wunde entzündete – wir waren etwa 700 Meilen vom nächsten Hafen und einer medizinischen Versorgung entfernt.

Boetie verschwendete keine Sekunde an den Gedanken, das Fischen einzustellen und Kurs auf die Falklandinseln zu nehmen, nur um Hannes zu einem Arzt zu bringen. Sollte sich doch Bubbles um den Verletzten kümmern. Als Sanitäter machte der zwar auch nicht viel her, aber Erste Hilfe zählte zu seinem Aufgabenbereich. Als provisorische Notaufnahme musste die Offiziersmesse herhalten; Hannes hielt tapfer still, während Bubbles die Wunde säuberte. Er deckte sie mit einer dicken Zellstoffkompresse ab und fixierte das Ganze mit Metern von Mullbinde. Weil ihm sonst nichts Besseres einfiel, gab er Hannes für den Rest des Tages frei.

Der war allerdings schnell wieder an Deck, über dem harpunierten Auge eine schwarze Klappe. Doch mit nur einem Auge funktionierte auch bei ihm die Koordination nicht mehr, ein Fisch nach dem anderen ging vom Haken. In seiner Frustration riss er sich die Augenklappe und den Verband vom Kopf; der Riss musste wohl oder übel ohne Schutz vor den Elementen verheilen.

Eine Woche später stand ich auf der Brücke und unterhielt mich mit Bubbles. Ich hatte auf dem Kommunikations-Computer gerade eine Nachricht an Corinne eingegeben. Weil ich ahnte, dass sie sich Sorgen machte, hatte ich versucht, eine fröhliche Botschaft zu komponieren. Gar nicht so einfach, witzig zu sein, wenn man an Heimweh leidet und auf der Tastatur das Ausrufezeichen fehlt. Bubbles zog eine Schachtel Zigaretten aus der Tasche. Seiner Frau zuliebe, die sich Sorgen um seine Lungen machte, kaufte er zwar Texan Plain mit Filter, aber er zwackte den verhassten Filter immer ab, bevor er sich eine Zigarette anzündete. Hannes kam zu uns auf die Brücke hoch, mit schwerem Schritt, eine Hand auf den Bauch gedrückt.

»Skipper, mir geht es miserabel. Ich glaub', ich hab' 'ne Nierenentzündung.«

Er schwenkte ein Glas, das mit Urin gefüllt war, in dem Bluttropfen schwammen.

Bubbles reagierte fast schon panisch, er hatte keine Ahnung, was er jetzt tun sollte. Hektisch schickte er ein Fax an die Reederei und fragte um Rat. Er hatte an Bord außer Schmerztabletten eigentlich keine anderen Medikamente. Das Beste, was er Hannes bieten konnte, waren ein paar freie Tage und ein sehr begrenztes Maß an Mitgefühl. Hannes verzog sich in seine Koje und ließ sich nur gelegentlich blicken; er gab ein Bild des Jammers ab, wenn er über die Korridore schlurfte. Gleich zu Beginn der Reise hatte er vom frühen Tod seines Vaters erzählt und von seiner ständigen Angst, dass sein Zwillingsbruder und er das schwache Herz ihres Alten geerbt hatten. Hannes trat immer so selbstbewusst auf, er war ein Kerl von beeindruckender Physis – und doch spukte der quälende Gedanke in seinem Kopf herum, schon in jungen Jahren sterben zu müssen. Ich hatte das ungute Gefühl, dass er möglicherweise ernsthaft krank war, und spürte plötzlich den Drang, Bubbles anzubrüllen, ihn aus seiner Ignoranz zu wecken. Wenn Hannes Blut pinkelte, dann brauchte er die professionelle Hilfe eines Arztes – Punkt.

Doch Hannes erholte sich erstaunlich schnell, plötzlich stand er wieder an Deck, als sei nichts gewesen. Die Wahrheit kam ein paar Tage später ans Licht: Auf der Suche nach Augentropfen hatte er in der Bordapotheke ein Spritzbesteck gefunden. Irgendwie war es ihm gelungen, aus einer Vene Blut zu zapfen und ein paar Tropfen davon in seine Urinprobe zu träufeln. Eine lebensbedrohliche Krankheit vorzutäuschen, war möglicherweise der einzige Weg, eine Auszeit zu begründen und wenigstens für kurze Zeit dem Knochenjob an Deck zu entkommen.

Boetie konnte über die ganze Angelegenheit nur lachen und begnügte sich mit der Drohung, für die ausgefallene Arbeitszeit die Heuer einzubehalten, aber für mich hatte die Episode etwas sehr Beunruhigendes: Erstens hatte sie mein Vertrauen in unseren Skipper erschüttert, Bubbles war einer solchen Situation nicht gewachsen, das hatte seine Hilflosigkeit im Umgang mit dem vermeintlichen medizinischen Notfall gezeigt. Und zweitens hätte es Tage gedauert, um den nächsten Hafen anzulaufen und Hannes in ein Krankenhaus zu bringen. Wir waren so weit draußen, dass uns selbst ein Hubschrauber nicht erreichen konnte. Hannes hatte mir mit seinem Schauspiel bewusst gemacht, wie isoliert wir waren. Wer würde uns denn helfen können, wenn wirklich etwas Gravierendes passierte und wir in Lebensgefahr gerieten?

LETZTER SICHTKONTAKT

07:00 Uhr, Sonntag, 24. Mai 1998

Als ich an Deck kam, sah ich den Pottwal sofort. Wie ein riesiger, blank polierter Stein lag er neben uns im Wasser und ließ sich von den Wellen im Schlaf wiegen, als hätte er schon die ganze Nacht in unserer Gesellschaft verbracht. Joaquim und Trevor fanden den Anblick weniger erfreulich als ich – sie hofften inständig, dass er verschwand, bevor wir die Leine einholten. Doch im selben Augenblick kam Leben in den Wal und er tauchte ab in die Tiefen seines Jagdreviers. Andächtig schaute ich zu, wie sich seine gigantische Fluke zu einem letzten Gruß steil aufrichtete.

Nach fast zwei Monaten auf See ging unser Vorrat an Treibstoff langsam zur Neige, während der Laderaum nur etwas mehr als halb voll war. 100 Tonnen passten rein, 55 Tonnen Fisch hatten wir gefangen. Wir waren deutlich unter dem Soll und noch Wochen entfernt von unserem ursprünglich zur Halbzeit geplanten Zwischenstopp. Doch anstatt uns nach Kapstadt zurückzuschicken, spielte die Zentrale zwei Alternativen durch: Montevideo in Uruguay? Oder Punta Arenas ganz im Süden von Chile? Alan Newman verbrachte in Kapstadt etliche Stunden, um Kosten und Nutzen eines solchen Abstechers gegeneinander aufzurechnen. Welchen Preis konnten wir mit unserer halben Ladung Seehecht erzielen? Was würden Hafengelder und Treibstoff kosten? Lagen Reparaturen an, die man gleich miterledigen konnte? Täglich bombardierte er uns mit neuen Fragen, die Bubbles geduldig im Ein-Finger-System auf der alten Tastatur unserer Satelliten-Mail-Maschine beantwortete. Die Wahl fiel schließlich auf Montevideo, das wir gegen Ende Juni anlaufen sollten.

Die *Sudur Havid* hätte es zwar bis nach Montevideo geschafft, ohne noch einmal Diesel zu bunkern, da war sich unser Chief sicher, aber bei der *Northern Pride* war offenbar nicht mehr genug in den Tanks. Wenn sie ein paar weitere Wochen auf See bleiben sollte, musste dringend Nachschub her. Alan entschied, dass wir einen Schlenker von 1400 Seemeilen machen sollten, um gemeinsam mit der *Northern Pride* die Treibstoffvorräte aufzufüllen – bei einem Tanker, der auf einer Position vor den Falklandinseln stand. Wenn beide Schiffe gleichzeitig kamen, sprang für die Zentrale ein Mengenrabatt heraus.

Die Fahrt zum Rendezvous mit der *Northern Pride* schenkte uns drei Tage Erholung von der Plackerei des Fischens, und sogar unser Nacht-Skipper Bjorgvin erschien an Deck, um beim Flicken der Leinen zu helfen. Bubbles und Boetie war es nur recht gewesen, ihn als Pro-forma-Kapitän abzutun, der von der Fischerei und der Seefahrt überhaupt nicht viel verstand, aber er war beim Spleißen des Tauwerks auch nicht langsamer als der Rest der Mannschaft – obwohl ihm ein halber Daumen fehlte. Er war damit in eine Kreissäge geraten, zu Hause beim Heimwerken. Ich hatte gerade angefangen, ihn als Gesprächspartner zu entdecken, bei gemeinsamen Mahlzeiten in der Messe, er hatte wirklich viel zu erzählen. Unsere Themen reichten von den Satanischen Versen bis zum Niedergang der Pelzfarm, die er als Manager geführt hatte; eine erstaunliche Bandbreite angesichts seines begrenzten Vokabulars in der englischen Sprache. Jetzt waren anscheinend Kinder das Thema der Stunde an Deck. Viele an Bord hatten Familie und bei einigen war weiterer Nachwuchs unterwegs.

»Wie sieht es denn bei dir aus, Matt? Hast du Kinder?«

Ich versuchte es mit der Ausrede, die man von Menschen in meinem Alter so oft zu hören bekommt: Ich bin eben noch nicht so weit, will mich noch nicht festlegen, flexibel bleiben, jede Möglichkeit nutzen können, egal wohin sie mich führt. Bjorgvin unterbrach seine Arbeit für einen Moment; meine Argumente hatten ihn offenbar nicht überzeugen können.

»Tja, irgendeinen Grund gibt es immer, das Kinderkriegen zu verschieben. Erst noch in ein neues Haus ziehen; einen anderen Job finden; das Geld reicht nicht; oder es ist einfach nicht genug Zeit. Aber eines Tages sind die Kinder da, und du wirst feststellen, dass du bereit bist. Und dass du es immer schon warst.«

Das Schiff, das wir treffen sollten, hieß *Hai Gong You #302* und war ein so genannter »Reefer« – ein Nomade der Meere, der anderen Seefahrern als Tankstelle diente. Dass es solche Schiffe überall auf den Weltmeeren gibt, ist ein Triumph der Betriebswirtschaft über die Menschlichkeit; es geht heute nur noch darum, Kosten zu senken und die Effizienz von Prozessen zu optimieren. Warum soll ein Schiff Zeit und Geld verschwenden, um in einem Hafen Diesel zu bunkern oder seine Ladung zu löschen, wenn man das problemlos schon auf See erledigen kann? Unser Reefer wartete jedenfalls knapp außerhalb der Hoheitsgewässer der Falklandinseln auf seine Kundschaft.

Die *Northern Pride* ging als Erstes längsseits, von achtern näherte sie sich dem langen, grau und weiß lackierten Tanker. Für mich war es ein Schock zu sehen, wie mitgenommen unser Schwesterschiff wirkte; die letzten Monate auf See hatten ihre Spuren hinterlassen, das war nicht zu übersehen.

Die *Northern Pride* hatte ursprünglich dieselben Farben wie die *Sudur Havid* getragen: einen roten Unterwasseranstrich, der Rumpf blau mit einem weißen Streifen, der Aufbau komplett in Weiß. Aber jetzt machten sich Rost und Abnutzungserscheinungen breit. Beulen und Schrammen zeigten, wo Anker, Gewichte und Tauwerk jeden Tag auf das Schiff einprügelten, bis der müde Stahl unter der Farbe zum Vorschein kam. Peitschende Gischt und Eispartikel fegten wie beim Sandstrahlen über das Schiff und raubten dem Lack jede Strahlkraft. Und auf den stumpfen Oberflächen wanderte in breiten Streifen der Rost; von Speigatten und Ankerklüsen, von jedem Bullauge und überhaupt jeder Schweißnaht zog sich eine braune Spur den Schiffsrumpf hinab. Wenn schon die stolze *Pride* so abgekämpft aussah, musste unser Kahn ein noch viel schlimmeres Bild abgeben.

Wir warteten, stundenlang und in sicherer Entfernung, bis der Tankvorgang abgeschlossen war. Bevor die *Northern Pride* endgültig losdampfte, sollte es eine kurze Übergabe zwischen den beiden Trawlern geben: Bei uns ging das Schmieröl zur Neige, und auf der *Pride* brauchten sie Luftfilter und ein paar Ersatzteile für die Maschine. Bug an Bug näherten wir uns, bis eine Leinenverbindung hergestellt werden konnte, an der die in Plastikfolie eingewickelten Bündel mit Ersatzteilen und das Ölfass wie auf einer Seilbahn von einem Schiff aufs andere gezogen wurden.

Es war unsere erste und – was wir nicht ahnen konnten – letzte Begegnung mit der *Northern Pride*. Noch einmal sahen wir die vertrauten Gesichter aus Kapstadt und konnten uns mit eigenen Augen überzeugen, dass es allen gut ging. Davon abgesehen war es eine Erleichterung, überhaupt einmal ein anderes Schiff vor sich zu haben und daran erinnert zu werden, dass es außerhalb unseres winzigen Universums auf der *Sudur Havid* noch menschliches Leben gab. In den zwei Monaten, die wir jetzt unterwegs waren, hatten wir nur ein paarmal andere Trawler in unserem Fanggebiet gesichtet, doch sie kreuzten unseren Kurs in großer Entfernung und waren nur mit dem Fernglas erkennbar. Magnus machte ein Foto von uns, alle an der Reling aufgereiht, die See glatt, das Schiff fast regungslos. Auch das konnte zu diesem Zeitpunkt niemand wissen, aber es war das letzte Bild, das es jemals von der *Sudur Havid* geben würde.

Nachdem der Austausch abgeschlossen und die Leinenverbindung gekappt war, drehte die *Northern Pride* auf ihren neuen Kurs, volle Fahrt voraus, dass es nur so aus dem Schornstein qualmte. Ihr Skipper wollte ein neues Fanggebiet südlich von Südgeorgien ausprobieren, das besonders ergiebig sein sollte – wenigstens lautete so das jüngste Gerücht unter den Seehechtfischern.

Jetzt waren wir an der Reihe, unsere Tanks aufzufüllen, doch die Operation machte uns mehr Mühe, als wir vermutet hatten. Denn die *Hai Gong You #302* war ein chinesisches Schiff mit einer Crew, die zum größten Teil aus Korea stammte und des Englischen nicht mächtig war. Die Aussprache der wenigen Bruchstücke, die der Kapitän und seine Crew beherrschten, war abenteuerlich und wurde über Funk zusätzlich verzerrt, sodass am Ende kaum noch etwas zu verstehen war. Der Tanker war deutlich größer als unser Schiff und hatte rund 4000 Tonnen Treibstoff geladen. Wir mussten so nahe an die hohe Bordwand herankommen, dass wir erst eine Führungsleine und dann den Tankschlauch entgegennehmen konnten. Bei mehr Seegang wäre es eine heikle Angelegenheit gewesen, aber das Wetter war dieses Mal auf unserer Seite. Trotzdem sah sich Bubbles mehrmals gezwungen, einzugreifen und Boetie das Funkgerät zu entreißen, weil der sich kaum beherrschen konnte, wenn sich die Koreaner mit ihren Anweisungen meldeten. Ihre Versuche mit der englischen Sprache klangen schon sehr schräg, aber wenn man gerade ein Manöver fährt, das absolute Konzentration erfordert, sollte man besser keinen Lachanfall haben. Als wir direkt neben dem Tanker lagen, wurde mir aufs Neue bewusst, wie winzig und alt und rostig die *Sudur Havid* wirklich war.

Während die Tanks gefüllt wurden, rannten Klaus und seine Mechaniker hektisch auf dem Schiff hin und her, öffneten hier ein Ventil, sperrten dort einen Durchlass, schalteten Pumpen ein und prüften immer wieder den Füllstandsanzeiger. Trotzdem war der erste Tank schneller voll, als sie erwartet hatten, und Diesel schäumte durch den Entlüftungsschlauch an Deck. Unser provisorischer Überlaufschutz hielt dem Druck nicht stand, und Klaus bekam einen ordentlichen Schwapp über seinen Overall. Leider waren in diesem Augenblick so viele Füße gleichzeitig unterwegs, dass der Diesel das Deck der *Sudur Havid* binnen weniger Minuten in eine glitschige und stinkende Rutschbahn verwandelte. Bald war das gesamte Schiff verseucht, drinnen wie draußen, nur die Brücke blieb verschont.

Aber es kam noch schlimmer: Die Koreaner wollten sich offensichtlich für Boeties Gelächter am Funkgerät rächen, denn sie schlugen uns einen Deal vor, der auf den ersten Blick sogar noch bedeutsamer schien als die Übernahme von Treibstoff: Für einen Sack frischen Fisch wollten sie uns »eine Kiste Wein« überlassen. Boetie ging selbstverständlich davon aus, dass damit ein Karton mit zwölf Flaschen gemeint war. Doch nachdem wir einen Sack mit Seehecht im Wert von einigen 100 Pfund per Seilbahn zum Tanker hochgeschickt hatten, kam ein mickriger Tetrapak zurück, der Boeties Meinung nach nie und nimmer die Bezeichnung »Kiste« verdient hatte. Wie wir später herausfanden, war auch der Inhalt mit dem Wort »Wein« nicht adäquat beschrieben – der Fusel schmeckte eher nach Diesel. Für uns war das eine besonders herbe Enttäuschung angesichts der schwindenden Alkoholvorräte an Bord. Bubbles hatte erst vor Kurzem eine der letzten Kisten in seinem Versteck auf der Brücke geöffnet und zu seinem Leidwesen feststellen müssen, dass der Karton statt seines geliebten Brandys nur einfachen Rotwein enthielt. So einen Frust hatte ich bei Bubbles und Boetie auf der gesamten Fahrt noch nicht gesehen.

92 Tonnen Diesel hatten wir getankt – viel mehr als die eigentlich vorgesehene Reserve für die wenigen Wochen bis zu unserem Zwischenstopp in Montevideo – und nur einen Sack Fisch ausgeladen. Insgesamt schleppten wir nun also mehr als 100 Tonnen Treibstoff mit, 60 Tonnen Fisch, außerdem noch ein paar Tonnen an Köder, Ausrüstung, Wasser und Proviant. Die *Sudur Havid* lag deutlich tiefer im Wasser als vorher.

Dass unsere Decks jetzt näher am Wasser lagen, bedeutete allerdings auch, dass mehr Wellen überkommen würden. Und mit dem größeren Gewicht veränderte sich möglicherweise auch das Verhalten des Schiffs im Seegang. Wie würde die *Sudur Havid* reagieren, wenn sie sich – seitlich von einem Brecher getroffen – weit auf die Seite legte? Mit leerem Frachtraum war sie wie eine Ente über die Wellen gehüpft, hatte sich wie ein Stehaufmännchen auch bei extremen Rollbewegungen wieder aufgerichtet. Das würde ihr mit der größeren Last deutlich schwerer fallen. Fast 40 Jahre alt war unser Schiff, immer wieder war die ursprüngliche Konstruktion verändert worden, um für neue Aufgaben hergerichtet zu werden. Und jetzt bürdeten wir ihr auch noch dieses enorme Gewicht auf.

Als es dunkel wurde, kurz vor unserer Abfahrt, entdeckte ich Big Danie und seinen schweigsamen Kumpel Eugene an der Reling neben der großen Winsch; mit einer dünnen Handleine versuchten sie, Tintenfische zu fangen. Weil ich noch nie einen lebendigen Kopffüßer gesehen hatte, blieb ich stehen und schaute zu, wie sie den leuchtenden Köder und die scharfen Haken präparierten. Eugene hob den Blinker samt Haken über

1. Kurz nach dem Stapellauf in Norwegen: die *Sudur Havid,* damals hieß sie noch *Leikur.*

2. Auf Garnelenfang: die *Sudur Havid* 1979 vor Grönland. Das Bild zeigt sie genau so, wie ich sie in Erinnerung habe.

3. Mit Eis überzogen: Vor Grönland holt die *Sudur Havid* 1979 ihr Netz ein. Der A-Mast am Heck, der uns in solche Schwierigkeiten brachte, ist deutlich zu erkennen.

4. Mit Mutter und Schwester 1997 – im Sommer vor der Fahrt ins Südpolarmeer: Schlimme Frisur, ich weiß. Und der Bart erst. Aber ich war noch jung.

5. Schneebedeckte Berge über der Cumberland Bay: Südgeorgien, im Juni 1998.

6. Alt, aber zuverlässig: Die *Isla Sofia* geht bei ihrem Schwesterschiff längsseits. Genau so haben wir die Isla Camila bei der Rettung gesehen – allerdings bei Nacht.

7. Fliegende Gischt: Der Bug der *Isla Camila* bohrt sich im Südpolarmeer durch eine Welle.

8. Auf dem Foto nie so eindrucksvoll wie in der Wirklichkeit: die *Isla Camila* in rauer See. Die Arbeit geht natürlich weiter.

9. Eleganter Begleiter: Ein Schwarzbrauenalbatros segelt neben der *Isla Camila* her. Im Hintergrund die majestätischen Berge von Südgeorgien.

10. Glück im Unglück: Ein Sturmvogel hat die Risiken der Langleinen-Fischerei entdeckt und sich beim Einholen der Leine mit dem Schnabel in einem Haken verfangen. Er konnte befreit werden.

11. Von Wind und Gischt gestreifte Dünung: Da sind an Bord der *Isla Camila* anspruchsvolle Arbeitsbedingungen garantiert.

12. Prächtiger Fang: Mit einem Bootshaken wird auf der *Isla Camila* ein Seehecht an Bord gehievt. Im Vordergrund ist die Haupttrosse zu sehen.

13. Da wartet viel Arbeit auf die Crew der *Isla Camila:* Der weiße Seehecht ganz links ist möglicherweise schon gestorben, als er Köder und Haken geschnappt hat, und nicht erst an Bord – er ist bereits verdorben.

14/15. Monster aus der Tiefe: Phil Marshall hält auf der *Isla Camila* einen riesenhaften Seehecht in die Kamera.

16. Arbeit unter Deck: Auf der *Isla Camila* werden die Fangleinen vorbereitet – an jeden Haken kommt eine Sardine. Rechts steht Jesus Pousada.

17. Räuber an Backbord: Ein Pottwal geht neben der *Isla Camila* auf Tauchstation – wahrscheinlich, um sich Fische von der Leine zu klauen. Sturmvögel und Albatrosse warten, dass ein Happen für sie übrig bleibt.

18. Kochende See: Das Bild von der *Ocean Harvest* zeigt, wie die Bedingungen für die *Sudur Havid* im Südpolarmeer waren. Unsere eigenen Fotos sind übrigens alle beim Untergang verloren gegangen.

19. Start in die Fangsaison: Phil und die Männer von der *Isla Camila* im April 1998 vor Südgeorgien. Der Mann in Orange ist Jesus Pousada.

20. Auf der Brücke der *Isla Camila:* Marco, der Erste Offizier auf dem chilenischen Trawler.

21. Tankstopp vor den Falklandinseln: Die *Sudur Havid* und ihre Crew, von der *Northern Pride* aus aufgenommen; ich stehe vorne am Bug.

die Reling und ließ die Leine schnell von der Rolle und durch seine Finger laufen. Er nahm sie zwischen Daumen und Zeigefinger und zog sie kurz an, bevor er wieder Lose gab: auf und ab, auf und ab. Ich hatte mit schnellen Resultaten gerechnet, aber die Tintenfische spielten leider nicht mit. Danie holte seine Angelleine ein, um es mit einem anderen Blinker zu probieren. Er machte einen Knoten in die Nylonschnur und versuchte vergeblich, das überschüssige Ende mit den Zähnen durchzubeißen. Er zog ein Messer aus der Hosentasche, aber anstatt die Schnur zu durchtrennen, starrte er plötzlich gedankenverloren auf die Klinge.

»Wenn es auf diesem Schiff mal Ärger gibt, Matt, musst du gut auf dich aufpassen, okay?«

Einen Moment lang dachte ich, dass ich mich verhört haben musste. Danie hatte mir schon gelegentlich nützliche Ratschläge für das Leben an Bord gegeben, doch eine derart düstere Warnung war bislang nicht darunter gewesen. Also fragte ich nach, was er damit meinte.

»Hab' ich zufällig mitbekommen, als ich mich mit ein paar Leuten unterhalten habe. Sollte es jemals dazu kommen, dass wir von Bord müssen, weil der Kahn sinkt, sagen sie, dann müsse man damit rechnen, dass im Kampf ums Überleben einige das Messer rausholen.«

Das passte so gar nicht zu meinen Vorstellungen vom Zusammenhalt im Ernstfall: Ich war fest davon ausgegangen, dass die Mannschaft bei einem wie auch immer gearteten Unglück noch fester zusammenhielt, dass wir uns selbstverständlich gegenseitig helfen würden. Der Gedanke, dass ich in Seenot zu Schaden kommen könnte, weil unser Schiff sinkt, war schon schlimm genug. Aber dass ein Mitglied der Crew mir Gewalt antun könnte, klang wie der ultimative Albtraum.

Doch Eugene nickte und sagte: »Wenn alle im Wasser sind, wird mancher schon dafür sorgen, dass es für ihn auch ja einen Platz in der Rettungsinsel gibt.«

»Pass einfach auf deine Messer auf«, fügte Danie hinzu. »Dass dir keins wegkommt.«

Er ließ den neuen, bunten Gummiköder an der Angelschnur über Bord. Wie sollte ich mit seiner Warnung umgehen? Einfach ignorieren konnte man eine solch böse Prophezeiung wohl kaum. Die beiden Männer zupften weiter an den Leinen und warteten auf den kleinen Ruck, der ihnen signalisierte, dass sie Beute gemacht hatten. Danie zeigte auf das Wasser, das unter dem Metallgitter vor seinen Füßen gurgelte. »Komisch, normalerweise steht das Wasser hier nicht so hoch.«

Zurück im Fanggebiet machten wir uns – nach der kurzen Pause erholt und hoch motiviert – wieder an die Arbeit. Wir legten eine ertragreiche Serie hin, jeder Hol an die dreieinhalb Tonnen, und hatten schnell weitere 20 Tonnen Fisch im Laderaum. Nach Joaquims Berechnungen würde der Köder für weitere zehn Tage ausreichen, was uns noch einmal 30 Tonnen Seehecht bringen sollte. Und das bedeutete, dass wir wohl recht bald zu unserem Zwischenstopp nach Montevideo dampfen würden. Jeder an Bord rechnete insgeheim damit; nach den frustrierenden Wochen ohne anständige Erträge waren alle froh, dass wir zur Halbzeit eine volle Ladung abliefern konnten. Für die *Northern Pride* war es in den Tagen nach dem Tankstopp hingegen weniger gut gelaufen – Orcas hatten immer wieder die Leine geplündert. Obwohl die Ausbeute entsprechend miserabel war, würde die *Northern Pride* mit uns zusammen nach Montevideo kommen, weil sie erneut Ersatzteile brauchte und wichtige Reparaturen nicht länger aufzuschieben waren.

Für mich persönlich war wichtiger, dass ich endlich ein Fax von Corinne bekommen hatte. Meine letzten Schreiben müssen fast schon verzweifelt geklungen haben, weil seit meinem ersten Fax drei Wochen ohne Antwort vergangen waren – hatte sie vielleicht längst einen anderen? Doch dann stellte sich heraus, dass eine Sekretärin in Kapstadt lediglich vergessen hatte, Corinnes Nachrichten an die *Sudur Havid* weiterzuleiten.

Hi Matt! Ich bin gesund und munter, keine Sorge. Ich habe dir regelmäßig geschrieben, aber meine Faxe sind offensichtlich nicht zu dir durchgekommen. Also fasse ich mich dieses Mal kurz und hoffe, dass dich meine Botschaft endlich erreicht. Halte durch! Ich denke jeden Tag an dich und vermisse dich wahnsinnig.

Alles Liebe – Corinne

Am 3. Juni schaute ich in der Morgendämmerung von der Brücke aus zu, wie Hannes und Trevor von der Reling und diversen Decksbeschlägen mit einem Holzhammer Eis abschlugen. Die scharfe Kälte der Nacht hatte die Gischt überall auf dem Schiff gefrieren lassen. Zu viel Eis hoch über der Wasserlinie, und die *Sudur Havid* drohte kopflastig zu werden, was ihre Manövrierfähigkeit in schwerem Seegang noch einmal verschlechtern würde.

Später am Morgen ging ich raus aufs Deck, um ein wenig frische Luft zu schnappen. Ich guckte Hannes bei der Arbeit mit dem Bootshaken zu, als ein toter Seevogel mit der Leine hochkam. Carlos, der die Winsch bediente, hatte offenbar nicht mitbekommen, dass ich von oben zuschaute. Mit einer routinierten Handbewegung riss er den toten Vogel vom Haken und schmiss ihn über Bord. Ich kochte vor Wut. Hielten mich die beiden für einen absoluten Idioten? Natürlich erwischten wir als Beifang ab und zu auch einen Vogel; mir war schon klar, dass sich das nicht völlig vermeiden ließ. Aber sie hätten mich verständigen müssen, damit ich die Spezies bestimmen kann. Trotzdem bemühte ich mich, meinen Ärger im Zaum zu halten, als ich den Zwischenfall in der Messe ansprach. In den vielen Wochen, die wir nun auf See waren, hatten wir nur einige wenige Sturmvögel am Haken gehabt. Ich versuchte, die Szene an der Reling vor meinem geistigen Auge noch einmal abspielen zu lassen, vielleicht gelang es mir, die Spezies anhand der Merkmale zu identifizieren, die mir im Gedächtnis geblieben waren. Auf der Suche nach möglichen Kandidaten fuhr ich mit dem Finger über die Fotos in meinem Bestimmungsbuch. Ganz sicher war ich mir nicht, dazu waren die Vögel auf den Bildern zu ähnlich, aber den Namen der Familie, zu der unser ertrunkener Vogel gehörte, hatte ich wenigstens. Einen Namen und die untrennbar mit ihm verbundene Legende: Jeder weiß, dass es Unheil bringt, einen Albatros zu töten.

IN SEENOT

Teil 2

SAMSTAG, 6. JUNI 1998

Um 10:00 Uhr stand ich an Deck und starrte auf die Berge, die sich vor dem Schiff auftürmten. Die Wellenkämme waren so hoch, dass sie die Sonne verdeckten und einen Schatten auf die *Sudur Havid* warfen. Mir war klar, dass wir nicht am Äquator fischten und dass auf der Südhalbkugel Winter herrschte – natürlich stand die Sonne nicht besonders hoch über dem Horizont. Aber dass die Wellen uns das Licht nahmen, schien mir sehr suspekt. Obwohl sie wirklich gigantisch waren, kamen sie mir nicht besonders steil vor; nur wenige rauschten als Brecher über das Schiff und störten die Arbeit an Deck. Wahrscheinlich weil der Wind mit einer solchen Macht blies, so mein Versuch einer Erklärung, dass er die Wellenkämme wegriss, bevor sie sich auf uns stürzen konnten. Die See war jedenfalls weiß von Gischt und Schaum. Wie hatte mir die Crew die Entstehung dieser chaotischen Formationen noch mal erklärt? Wenn man Pech hat, treffen in einem Sturm zwei Wellensysteme aufeinander: mächtige Wogen, die irgendwo in großer Entfernung entstanden sind und als regelmäßige Dünung bei dir ankommen, und eine kurze und steile Windsee, die der Sturm unmittelbar über dir aufpeitscht. Kommen beide aus unterschiedlichen Richtungen, hast du es mit gefährlichen Kreuzseen zu tun, die für einen Steuermann nur schwer auszurechnen sind und sich bei einer unglücklichen Überlagerung zu einer noch größeren Wellenhöhe aufschaukeln können. Es waren die schlimmsten Bedingungen, die wir auf unserer Fahrt bislang erlebt hatten; die Crew hatte echte Probleme, sich überhaupt aufrecht über Deck zu bewegen. Trotzdem wurde gefischt wie an jedem anderen Tag auch.

Ich hatte an diesem Morgen alles angezogen, was ging: Thermounterwäsche, drei Paar Socken, Jeans, Wollpullover, den gefütterten Kälteschutz, eine warme Weste, Mütze und Ölzeug. Gegen 07:30 Uhr stolperte ich über das schwankende Deck zu meinem Posten und brüllte jedem, dem ich begegnete, einen Gruß zu. Sven war wie immer mit seinen Leinen beschäftigt, Trevor hievte mit dem Haken Fische an Deck, und Walu Walu bediente die große Winsch, mit der die Haupttrosse eingeholt wurde.

Ich verkeilte mich in meiner Ecke über der Winde für die Langleine und lachte gemeinsam mit Trevor über die irrwitzigen Bedingungen, unter denen wir zu arbeiten hatten. Die *Sudur Havid* bockte in den Wogen wie ein Rodeo-Bulle. Steil ging es die Wellen hoch, für einen Augenblick nur verharrte sie auf dem Kamm, dann stürzte sie tief in das folgende Tal. Gelegentlich bohrte sich das Schiff mit dem Bug durch einen heranrasenden Brecher, um dahinter im freien Fall ins Nichts zu kippen. Der dumpfe Aufschlag im Wellental war so hart, dass der gesamte Rumpf erzitterte.

Einen Fuß gegen einen Beschlag gestemmt und den Rücken gegen die Reling gepresst, versuchte ich es mir so bequem zu machen, wie es unter diesen Umständen möglich war. Eine Stunde musste ich den Frontalangriff auf die Sinne hier draußen aushalten, so lautete die Anweisung für den wissenschaftlichen Beobachter. Und es war nicht allein das gespenstische Heulen des Winds, das einem buchstäblich auf die Nerven ging: Die Winschen dröhnten, die Maschinen grollten, dazu die Flüche der Fischer und das hungrige Kreischen der Seevögel – die schrille Begleitmusik zu unserem Job wäre kaum auszuhalten gewesen, hätte ich meine dicke Wollmütze unter der Kapuze nicht weit über die Ohren gezogen.

Grausame Arbeitsbedingungen, die ich unbedingt in meinem täglichen Logbuch festhalten musste. Der Wind pfiff mit einer solchen Kraft über Deck, dass meine Kapuze stramm wie eine Badekappe am Kopf klebte. Windstärke 7 oder 8, schrieb ich in mein Notizbuch, laut Beaufortskala »steifer Wind« oder »stürmischer Wind«, was noch nicht so dramatisch klingt. Doch im Südpolarmeer bekommt man gleich zehn Meter hohe Wellen dazu. Wenn wir in einem Wellental steckten, guckte nicht einmal unsere Brücke über die Kämme hinaus. Die Sicht war dabei erstaunlich gut, trotz der tief fliegenden Gischt und dem gelegentlichen Schneeregen. Klaus hatte mir berichtet, dass die Temperatur am Kühlwassereinlass derzeit minus ein Grad Celsius betrug – nur knapp über dem Gefrierpunkt für Salzwasser, so kalt war es auf der ganzen Reise noch nicht gewesen.

Die Wetterstation in King Edward Point auf Südgeorgien, etwa 200 Seemeilen von uns entfernt, registrierte zu diesem Zeitpunkt eine Lufttemperatur von vier Grad und Wind aus Südost mit einer Geschwindigkeit von rund 25 Knoten. Der Luftdruck war innerhalb eines Tages von 992,5 auf 972,7 Millibar gefallen – ein klares Zeichen, dass ein Sturmtief im Anzug war. Eiskalte Luft fegte aus der Antarktis gen Norden über das relativ warme Wasser des Südpolarmeers und stieg dabei in größere Höhen auf, was das Wettergeschehen in der Atmosphäre durcheinanderwirbelte. Für uns und alle anderen, die jetzt draußen auf See waren, hieß das: Wir mussten mit heftigen Niederschlägen rechnen – und mit einem besonders schweren Sturm.

Normalerweise funktionierte mein improvisierter Spritzschutz recht gut: Mein Notizbrett samt Papier steckte in einer durchsichtigen Plastiktüte, die ich mit einer Schnur über meinem Arm zusammengezurrt hatte. Ich konnte schreiben, ohne dass Gischt und Regen meinen Block durchweichten. Doch an diesem Tag prügelten die Wellen mit einer solchen Wucht auf uns ein, dass meine Tüte dem Druck des Wassers nicht standhalten konnte. Ich versuchte, die widrigen Umstände zu ignorieren und unseren Fang zu protokollieren wie sonst auch – Seehecht, Rochen, Seehecht, leerer Haken. Aber es ging einfach nicht mehr. Wie gebannt verfolgte ich unseren irren Ritt: Vom Kamm einer Welle rutschte die *Sudur Havid* erst langsam und dann immer schneller bergab, wie ein Surfer, der vor seiner Welle ins Gleiten kommt. Nur dass unser Schiff nicht zur Seite ausweichen konnte, sondern sich im Tal mit dem Bug in den folgenden Brecher bohrte. Eine brutale Bremsung, bei der wir jedes Mal die Sekunden zählten, bis die *Sudur Havid* die Wassermassen wieder abgeschüttelt hatte. Was, wenn sie es nicht rechtzeitig schaffte, bis die nächste Welle uns erwischte? Diesen Gedanken wurde ich nicht mehr los. Ich konnte mich auch nicht umdrehen, um der Gefahr ins Auge zu sehen, ohne mich selbst der Wucht des Wassers auszusetzen.

Doch der Bug befreite sich jedes Mal von seiner Last, bevor er erneut unter einer Welle begraben wurde. Die Wassermassen rauschten über Deck, und alle Mann versuchten, sich irgendwie festzuklammern, Halt zu finden. Wer auf dem Vorschiff arbeitete, wurde zuerst von den Füßen gerissen, gefolgt von denen, die in der Schiffsmitte postiert waren, bevor das Wasser schließlich durch den schmalen Korridor zwischen den Kisten auf dem Achterdeck gurgelte. Wenn wir eine Welle nicht genau frontal erwischten, konnte ich ihren Weg verfolgen: wie sie über die Reling einstieg und in einer Explosion von Gischt auf den Aufbau mit der Brücke knallte. Die größten Wogen liefen ungebremst und ungebrochen über das Deck – »grünes Wasser« sagen die Seeleute dazu, nicht luftdurchsetzt wie das Weiß der Brecher, sondern die pure Wucht der See. So, wie ich mich an meinem Posten festgekeilt hatte, erwischten mich die grünen Wellen von hinten, und ich spannte jede Faser meines Körpers an, wenn ich das Rauschen hinter mir hörte. Trevor, der mir gegenüberstand, bekam das eiskalte Wasser immer direkt ins Gesicht, dann lief es ihm die Ärmel hoch, in die Kapuze seines Ölzeugs und den Rücken hinunter. Noch hielt ihn die Plackerei mit dem Fisch warm, aber während ich nur eine Stunde an Deck sein musste, stand ihm ein ganzer Tag in der Kälte bevor. Immerhin hatte er seinen Frühstückskaffee in weiser Voraussicht mit einem Schuss Whisky verlängert.

Joaquim hatte es noch schlimmer getroffen: Sein Arbeitsplatz lag ja eine Etage tiefer, auf dem kleinen »Balkon«, den man aus dem Rumpf geschnitten hatte, um beim Einholen der Leine näher am Wasser zu sein. Wie ich stand er mit dem Rücken zur Fahrtrichtung, aber selbst wenn er über die Schulter schaute, konnte er das anbrandende Wasser nicht sehen – die stählerne Wand hinter ihm nahm ihm jede Sicht. Als er sich gerade über seine Winsch beugte, um einen eingeklemmten Haken zu befreien, schlug eine besonders große Welle über ihm zusammen. Der Brecher hatte das Schiff an der Seite getroffen und Joaquims Plattform geflutet. Für einen Moment blieb er verschwunden – bis er panisch nach Luft schnappend wieder aus dem eisigen Wasser zum Vorschein kam.

Mit lautem Gebrüll und einer Kanonade der gröbsten portugiesischen Flüche kämpfte er gegen den Schock an.

Sven war schon seit Tagesanbruch bei der Arbeit. Zum ersten Mal seit Beginn unserer Reise hatte ihn Boetie aufgefordert, die Tür zu schließen, die an Steuerbord von der Fabrik zu den Quartieren der Mannschaft führte – eine wichtige Vorsichtsmaßnahme in schwerer See, denn ein außergewöhnlich großer Brecher konnte auch dieses Schott erreichen. Zu Svens Aufgaben zählte es, die Markierungsbojen aus dem Wasser zu fischen, wenn wir die Langleine einholten. Bei seinem Weg aufs Vorschiff geriet er gleich beim ersten Schritt in Lebensgefahr, denn das Deck war höllisch glatt, eine Mischung aus Eis und Hydraulikflüssigkeit, die aus der Hauptwinde leckte. Er hörte noch das Quietschen seiner Gummistiefel auf dem glitschigen Stahl – und schon segelte er auf die Reling zu. Wenn ihn Hannes nicht im letzten Augenblick am Kragen gepackt hätte, wäre er wahrscheinlich über Bord gegangen.

Zeit für ein richtiges Frühstück war danach nicht mehr – Gideon brachte Sven eine Tasse Kaffee mit einem Schuss Brandy aus der Kombüse, um den Geschmack des Salzwassers zu neutralisieren. Auch Hannes war an diesem Morgen schon einmal baden gegangen: Eine Welle hatte ihn von den Füßen geholt und einmal quer über das Vorschiff gespült.

Die Bedingungen an Deck waren jetzt so hart, dass Sven seinen Job nur machen konnte, wenn er sich mit aller Kraft gegen die Reling stemmte oder sich fest in einer der Boxen für das Tauwerk verkeilte. Meter für Meter holte er die Nylonleine ein, sehr langsam, aber er kam voran. Er war zwar den Wellen nicht ausgesetzt wie die Leute an den Winschen, doch er bekam ebenfalls regelmäßig eine Dusche ab. Zum Glück hatte er gute Sicht auf die Brecher, die auf das Schiff knallten, und konnte sich rechtzeitig ducken, wenn ein Schwall auf ihn zukam. Er drückte sich mit den Beinen noch fester gegen die Rückwand seiner hölzernen Kiste und arbeitete einfach weiter – die Leine musste ja ordentlich in offene Schlingen gelegt werden, wenn sie sich beim nächsten Einsatz nicht verheddern sollte. Er wird dabei vielleicht an den toten Sturmvogel gedacht haben, den er vor ein paar Wochen auf seinem Stapel mit den Leinen gefunden hatte, und wie Hannes ihn angebrüllt hatte: »Die bringen nichts als Unglück, Mann. Schmeiß das Viech sofort über Bord!« Sven war nicht abergläubisch genug, um dem armen Vogel die Schuld dafür zu geben, doch das schlechte Wetter war jetzt tatsächlich über uns hereingebrochen, das war nicht zu leugnen.

Meine zweite Schicht an Deck war so etwas wie eine persönliche Herausforderung: Die Fischer hatten keine Wahl, sie mussten raus, egal wie hart es gerade zuging. Da konnte ich mich kaum um die eine Stunde auf meinem Beobachtungsposten drücken, die von mir erwartet wurde. Als ich mich an den Männern auf Deck vorbeischlängelte, hörte ich Boeties Stimme in Afrikaans über die Lautsprecher. Trevor dolmetschte für mich: »Er sagt: ›Super, jetzt fangen wir überhaupt keinen Fisch mehr.‹«

Trotz des verfluchten – weil gesetzlich vorgeschriebenen – Beobachters an Deck, vom grausamen Wetter einmal abgesehen, hingen weiter reichlich Fische am Haken. Es waren allesamt Exemplare von ordentlichem Gewicht; viele in der 10- oder 15-Kilo-Klasse, und Trevor hatte mit seinem langen Bootshaken ganz schön zu tun, einen nach dem anderen an Bord zu wuchten.

Ein dumpfer Schlag war das Alarmsignal, dass wir mit dem Bug wieder in einen besonders mächtigen Brecher gekracht waren – und dass ich Sekunden später eine Ladung Eiswasser abbekommen würde. Ich brauchte mich nicht mal umzusehen, wenn ich wissen wollte, wie heftig der Schwall sein würde – das konnte ich von Trevors Gesicht ablesen: Wenn eine größere Welle auf uns zurauschte, weiteten sich seine Augen kurz, bevor er sie zusammenkniff und sich mit der freien Hand fest an die Reling klammerte.

Ich war heilfroh, dass ich der permanenten Attacke durch Wind und Wellen nach Ende meiner kurzen Schicht entkommen konnte. Nachdem ich mein Ölzeug ausgezogen hatte, linste ich vorsichtig aus der Tür, ob gerade eine Welle im Anmarsch war, und passte den richtigen Augenblick ab, um trockenen Fußes den Maschinenraumschacht an Backbord zu erreichen. Ein kleiner Umweg, der sich später auszahlen würde; denn wenn ich meine Schlechtwettermontur neben den heißen Abgasrohren aufhängte, würde sie schön warm und trocken sein, bis ich wieder rausmusste. Ich vergewisserte mich zweimal, dass ich die Riegel der soliden, wasserdichten Tür fest verschlossen hatte, bevor ich mich auf den Weg zur Brücke machte.

Boetie saß in seinem Sessel auf der Steuerbordseite. Um auch bei den wildesten Bewegungen des Schiffs nicht den Halt zu verlieren, stemmte er sich mit den Füßen gegen die schmale, hölzerne Bank unter den Fenstern und mit den Ellbogen gegen die Armlehnen seines Sessels.

»Na, Matt, wie läuft's?«

Ohne die Leine und die Fische am Haken aus den Augen zu verlieren, erkundigte er sich weiter: »Was hältst du vom Wetter heute? Bisschen kabbelig da draußen, oder?«

Ungewöhnlich war, dass auch Bubbles auf der Brücke stand. Auf der schmalen Bank zu dösen, wie er es sonst immer tat, war unter diesen Umständen wohl zu unbequem. Er starrte aus dem Fenster oder tigerte auf und ab, soweit ihm das der Seegang erlaubte. Zwischen zwei Zügen an seiner Texan Plain brummte er mir einen Gruß zu. Er wirkte unruhig, und die Runzeln auf seiner Stirn schienen mir noch tiefer als sonst. Als ich neben ihm stand, gab er ein angestrengtes Ächzen von sich.

Der Radarbildschirm war übersät von kleinen Punkten – alles Wellenkämme, die für einen Augenblick wie ein festes Objekt erschienen, bis sie bei der nächsten Aktualisierung der Ansicht ausgelöscht wurden. Ich wusste, dass sich die Einstellungen am Radar so verändern ließen, dass die Echos der Wellen ausgeblendet wurden, aber gleichzeitig wollte man in einem solchen Seegang auch nicht riskieren, etwas wirklich Großes zu übersehen.

Von Backbord nach Steuerbord reihten sich auf der Brücke Fenster aus gehärtetem Sicherheitsglas. Ein paar Meter über Deck und perfekt von den Elementen abgeschirmt, schaute ich direkt auf das Chaos der tosenden Wellen. Ein fürchterliches und doch spektakuläres Panorama: Die Brecher, die auf uns einschlugen, waren bestimmt acht bis zehn Meter hoch, aber selbst die Kämme dieser Riesen wurden von den Sturmböen einfach zerfetzt und davongetragen. Der Blick reichte nie viel weiter als bis zur nächsten Welle – im Tal kam es einem sogar vor, als würde man in eine Wand aus Wasser fahren. Der Bug verschwand, ein paar

Sekunden lang schienen wir in einem Berg aus Gischt und Schaum festzustecken, doch dann gewann der Auftrieb den Kampf gegen die Wassermassen, und das Vorschiff tauchte wieder auf, bevor es sich trotzig in den nächsten Brecher warf.

Kurz dachte ich an den Abend, als ich in den Brüllenden Vierzigern zu Hannes und seinen Freunden aufs Peildeck geklettert war – da war es noch ein großer Spaß gewesen, die Wellen abzureiten. Wir hatten nichts Besseres zu tun, und das Schiff, ohne schwere Ladung im Bauch, tanzte über die Wogen. Jetzt hingen wir an einer viele Meilen langen Trosse, die uns wie ein Anker an einen festen Punkt im Ozean fesselte. Die *Sudur Havid* war gefangen, konnte dem Rhythmus der See nicht mehr folgen. Drehen konnten wir uns, aber nur um den Fixpunkt der Trosse; ansonsten waren wir der Wucht der Wellen hilflos ausgeliefert. Die Zeit für Spiel und Tanz war vorbei. Hannes und Sven waren heute nur knapp einer Katastrophe entgangen; das Südpolarmeer hatte uns erstmals seinen wahren Charakter gezeigt.

14:00 UHR

Samstag, 6. Juni 1998

Ich stieg die Treppe zur Fabrik hinunter und machte mich bereit für meine nächste Schicht: zwei Stunden Probenentnahme, was bei diesen Bedingungen kein Spaß sein würde. Stephan, Eugene und ein paar Leute aus der Ovambo-Truppe waren schon bei der Arbeit: Sie hatten sich hinter der Arbeitsbank der Leinencrew verkeilt und entwirrten mit bloßen Händen verhedderte Haken und verknotete Schnüre. Mit den Füßen krallten sie sich an den rostigen Beinen ihrer Werktische fest, die Oberschenkel unter die Arbeitsplatten geklemmt. Nur ihre Oberkörper waren in Bewegung und pendelten im Rhythmus, den der Seegang und die Krängung des Schiffs vorgaben. Melvin, der Elektriker, probierte sich an einem besonders schwierigen Balanceakt: Er hatte die Steuerbordpumpe auseinandergenommen, die wieder einmal streikte, und versuchte nun, ein Ersatzaggregat anzuschließen.

Ohne Fenster und Sicht nach draußen fehlte uns der Horizont als Fixpunkt, an dem wir uns orientieren konnten; wir mussten uns allein auf unseren Gleichgewichtssinn verlassen, um die Einschläge der Brecher und die Reaktion des Schiffs zu antizipieren. Es war nicht ganz unwichtig zu wissen, wann man unfallfrei ein paar Schritte gehen konnte – und wann man besser damit wartete. Mit dem glitschigen 20-Kilo-Brocken von einem Seehecht zum Schockfroster – oder doch erst noch mal hinsetzen? Das waren die Fragen, auf die es wirklich ankam. Denn wenn wir nicht aufpassten, wurden wir mit der nächsten heftigen Schiffsbewegung aus der Bahn geworfen. Mit ein wenig Glück knallte man vielleicht nur auf einen Stahlträger; wenn es nicht so gut lief, landete man auf einer der Winschen oder stürzte gar in das Messer eines Kollegen. Von Big Danie stammte der wertvolle Tipp, auf einem schrägen Deck niemals abwärtszugehen, sondern lieber zu warten, bis es aufwärtsging. Bergauf hatte ich selbst unter Kontrolle, wie schnell ich vorwärtskam, und wenn ich doch mal auf die Schnauze fiel, war es bis zum Aufprall nicht so weit.

Hannes lachte sich schlapp, als er sah, wie ich auf der Suche nach Halt durch die Fabrik torkelte: »Haha, unser Wissenschaftler wird heute noch baden gehen, garantiert!« Seinem breiten Grinsen nach zu urteilen, schien ihm die Vorstellung durchaus zu gefallen.

»Pass bloß auf, Hannes, sonst fängst du dir eine. *Voetsek!*«, versuchte ich, einen der wenigen Brocken Afrikaans an den Mann zu bringen, die ich gelernt hatte – Verzieh dich! Natürlich lag mir nichts ferner, als handgreiflich zu werden, aber die Drohung gehörte mit zum Spiel.

Ich breitete mein Notizbrett und meine Messinstrumente auf der großen Stahlluke über der Treppe zum Frachtraum aus; da hatte ich eine ebene Unterlage und kam den anderen nicht in die Quere. Mark hatte sich ebenfalls in meine Ecke der Fabrik zurückgezogen. Normalerweise stand er direkt neben der Öffnung des Schachts, durch den der Fisch unten ankam. Doch mit der Beute rauschte jedes Mal auch ein großer Schwall Wasser durch die Röhre. Mark wirkte schon sonst immer leicht angefressen – heute war er richtig sauer. »Wie zum Teufel sollen wir unter solchen Bedingungen arbeiten, Matt? Ich bin klitschnass«, fluchte er.

Er säbelte den Kopf eines Seehechts ab und warf ihn in eine Plastikkiste, die schon randvoll mit Fischköpfen war; ein klares Zeichen, dass es heute besonders gut lief. Mark machte sich lang und reichte mir den Wetzstahl, den er hinter die Rohre unter der Decke gesteckt hatte. Kaum hatte ich mein großes Schlachtermesser ein paarmal über den Stahl gezogen, da platschte eine unerwartet große Ladung Seewasser mit einem solchen Donnern durch den Fischschacht, dass ich zusammenzuckte. Das Wasser spritzte bis an die Deckenleuchte über mir und lief mir von oben in den Kragen.

Während einer normalen Schicht stand ich mir oft genug die Füße in den Bauch, bis die ersten 30 Fische in der Fabrik landeten. Heute kam einer nach dem anderen, so schnell wie sonst nie, und weil sie allesamt von ordentlicher Größe waren und das Schiff wie irre stampfte und rollte, schaffte ich kaum mehr, als die Seehechte einen Moment festzuhalten, um ihre Länge zu messen. Zu meinen Füßen gurgelte ein eiskalter und klarer Schwall Wasser von einer Seite der Fabrik zur anderen, laut schmatzend, wo er über die geriffelten Bodenbleche schwappte. Eigentlich sollte überkommendes Wasser sofort wieder durch die Speigatten abfließen oder von den Pumpen nach außenbords befördert werden. Aber inzwischen hatte sich so viel Wasser angesammelt, dass es sogar meine Wahrnehmung beeinträchtigte: An das Stampfen und Rollen hatte ich mich gewöhnt, aber jetzt sah ich aus dem Augenwinkel ständig Bewegung, obwohl ich fest an meinem Platz stand, was sich sehr merkwürdig anfühlte.

Unter normalen Umständen war es mir ein Leichtes, meine Probefische zu wiegen. An einem Stahlträger der Decke baumelte eine große Federwaage; ich musste den Fisch nur kurz anheben und an die Waage hängen. Doch heute hatte ich schon meine Probleme, überhaupt nur aufrecht zu stehen. Mit beiden Händen hatte ich den Fleischerhaken im Unterkiefer eines stattlichen Seehechts gepackt, um ihn nach oben zu wuchten. Doch im selben Augenblick machte das Schiff eine heftige Rollbewegung, ich verlor mein Gleichgewicht, verpasste die Waage – und krachte stattdessen auf meinen Nachbar.

»Hey, pass auf!«, schimpfte Mark. »Du hast mich beinahe mit deinem verdammten Haken aufgespießt.«

Verlegen murmelte ich eine Entschuldigung, als er mir auf die Füße half.

»Alles gut. Solange du hier nicht mit deinem Messer in der Hand durch die Gegend fliegst.«

Am anderen Ende der Fabrik kämpfte Melvin noch immer mit den Anschlüssen seiner Ersatzpumpe. Im Vergleich zu den Aggregaten, die normalerweise in der Wanne unter dem Boden ihren Dienst versahen, kam mir die neue Pumpe eher klein vor – blieb nur zu hoffen, dass ihre zusätzliche Leistung ausreichte, um die Defizite der anderen wettzumachen.

Obwohl die große Luke zum Winschenstand geschlossen war, platschten mit jedem Fisch, der durch den Schacht nach unten kam, beträchtliche Mengen Wasser in die Fabrik. Wenn wir jetzt mit dem Fischen aufhören würden, könnten wir den Zustrom weitestgehend eindämmen. Doch Boetie dachte gar nicht daran, wegen des Seegangs eine Pause einzulegen. Es wurde weitergefischt, und dabei standen viele Luken eben offen; das war anders nicht zu machen.

Wenig später gellte hinter mir ein lauter Schrei. Ich drehte mich um und blickte in Grants Gesicht: Die Augen im Schock weit aufgerissen, schüttelte er hektisch das eisige Wasser aus seiner Kapuze und seinen Ärmeln. Eine gewaltige Welle hatte das Schiff seitlich getroffen und einen Schwall Wasser durch eine der Öffnungen gedrückt. Sein Pech, dass er genau drunter stand. Fluchend wischte er sich durchs nasse Gesicht. Bei Big Danie, einen Arbeitsplatz weiter, schwappte Wasser aus dem Edelstahlbecken, in dem er die Fische ausnahm – auch das hatte ich vorher noch nie gesehen.

Selbst die kleinste Handreichung geriet unter diesen Umständen zur Slapstick-Einlage. Ich hatte keine Vorrichtung, um mein Arbeitsgerät auf der Luke über dem Frachtraum zu sichern, also spülte das Wasser jedes Mal alles weg, wenn wir in einen größeren Brecher knallten. Gleichzeitig musste ich aber irgendwie die durchaus anspruchsvolle Operation bewältigen, bei meinen Probefischen die Gehörsteinchen herauszusezieren, winzige Knöchelchen, die in einer geleeartigen Substanz am Gehirn eingelagert sind. Kein leichter Job bei einem 20 Kilo schweren Fisch, der einem mit jeder Bewegung des Schiffs wegflutschen will. Ich hielt die Köpfe meiner Probanden fest, indem ich ihnen Zeigefinger und Daumen der linken Hand in die Augenhöhle steckte. Mit dem Messer in der anderen Hand musste ich dann einen tiefen Schnitt in den Schädel machen, wobei ich den Fingern der linken Hand gefährlich nahe kam, wenn das Schiff besonders wild bockte. Manchmal waren die Fische noch gar nicht richtig tot und wehrten sich mit heftigen Schlägen ihrer Schwanzflosse, wenn sie mein Messer spürten. Wenn ich Pech hatte und die *Sudur Havid* gerade hart in einem Wellental aufschlug, versetzte sie dieses letzte verzweifelte Aufbäumen in eine wilde Pirouette, und ich hatte meine liebe Mühe, sie wieder einzufangen, ohne mich dabei mit dem eigenen Messer zu verletzen. Erst wenn meine scharfe Klinge den weichen Knochen über ihren Augen durchdrungen hatte, war endgültig Ruhe. Ich brauchte nur noch den Kopf zu öffnen und konnte die mandelförmigen Otolithen mit einer Pinzette entfernen. Gleichzeitig stieg der Wasserspiegel in der Fabrik, die Pumpen kamen gegen den stetigen Zustrom nicht mehr an.

Sven und der restlichen Crew an Deck erging es nicht viel besser: Wenn die *Sudur Havid* das Tal zwischen zwei Zehn-Meter-Brechern erreicht hatte, brausten die Wellen über Deck und spülten alles in ihrer Bahn einfach weg – auch die Leinen, die gerade erst ordentlich zusammengelegt worden waren. Sven kletterte aus seiner Tauwerk-Box, um eine Nylonschnur zu befreien, die sich verheddert hatte. Die Reling fest gepackt, hangelte er sich an Deck entlang, bis er das Nylonknäuel erreicht hatte. Doch als er sich gerade danach bücken wollte, kippte das Schiff plötzlich nach Steuerbord weg.

»Halt dich fest, Sven!«, brüllte Trevor noch, aber die Warnung kam zu spät: Eine Welle rauschte über Deck, fegte Sven von den Füßen und schleuderte ihn zur gegenüberliegenden Reling. Er packte zu, und dieser Reflex rettet ihm wohl das Leben, denn er hing schon halb über der tosenden See und konnte mit eigenen Augen sehen, wo er seinen letzten Atemzug getan hätte. Bei solchen Brechern wäre er binnen weniger Sekunden unter Wasser gedrückt oder weit vom Schiff abgetrieben worden. Wir hätten ihm nicht mehr helfen können.

Immerhin hatte er es geschafft, dass die Leine wieder frei war. Er kletterte zurück in seine Box und verkeilte sich unter dem bereits aufgestapelten Tauwerk, so gut er nur konnte. Sich frei an Deck zu bewegen, war einfach zu gefährlich.

Bei ihrem Ritt über die gnadenlosen Wellen ging es mit der *Sudur Havid* gelegentlich so steil bergab, dass Sven vom Achterschiff über die Brücke und den Bug hinwegsehen konnte. Er starrte direkt auf die nächsten Monster, die auf uns zugerast kamen – Berge aus aufgepeitschtem Wasser, grau und weiß, mit hunderten Tonnen Druck dahinter.

Sven rechnete nicht damit, dass sich die Bedingungen schnell bessern würden. Die Wellen waren seit Stunden so hoch, der Wind heulte schon ewig mit derselben Stärke, und die Wolken schienen dunkler und bedrohlicher als je zuvor. Wenn es nach ihm ginge, hätte er die Arbeit längst eingestellt, um besseres Wetter abzuwarten. Aber er wusste, was der Skipper antworten würde, wenn er ihm sagte, dass er so nicht mehr weitermachen wollte: Mehr als ein *»Fuck off!«* würde er von Boetie nicht zu hören bekommen.

Als ich meine Schicht begonnen hatte, waren es nur ein paar Zentimeter klares Wasser, die in der Fabrik hin und her schwappten. Jetzt rauschte mit jeder Schiffsbewegung eine trübe und graue Brühe von Steuerbord nach Backbord. Die Wassermassen hatten sämtliche Wannen mit Abfall umgekippt; Fischinnereien und Flossen, der ganze Müll und Dreck aus allen Ecken der Fabrik trieben umher. Auch der Stapel mit auftauendem Köderfisch begann sich aufzulösen; silberne Sardinen schlossen sich der traurigen Flut unter unseren Arbeitstischen an. Little Danie befreite die Ansaugstutzen der Pumpen von Schmutz und Abfall, so gut er konnte, doch der Wasserpegel stieg unablässig weiter an.

Wenn das Schiff rollte, schwappte das Wasser über meine Füße, was lange gutging. Doch dann kam der Moment, an dem die Flut auf meiner Seite der Fabrik so hoch aufgelaufen war, dass die Brühe in meine Stiefel suppte. Verblüfft schaute ich auf meine Füße herab; es dauerte ein paar Sekunden, bis das eisige Wasser meine drei Lagen Socken durchdrungen hatte und ich endlich kapierte, was passiert war.

»Jetzt reicht's aber!«, verkündete ich. »Ich stelle hiermit die Arbeit ein. So geht das nicht.«

Ich kletterte auf meine Luke, um der unappetitlichen Brühe zu entgehen, und setzte mich auf den Rand einer Spülwanne. Wie reagierten die anderen, musste ich mir ernsthafte Sorgen machen? Ich warf einen kurzen Blick in die Runde und stellte fest, dass sie seelenruhig weiterarbeiteten. Mark und Alfie köpften Fische und rissen ihnen die Gedärme aus dem Bauch, und Joaquim hatte sogar seine Videokamera herausgeholt, um seiner Familie später zeigen zu können, wie heftig es bei Sturm auf der *Sudur Havid* zuging. Mit so vielen erfahrenen Seeleuten an Bord dürfte es nicht lange dauern, bis wir das Problem mit den Pumpen im Griff hatten und der Wasserpegel wieder fallen würde. Oder?

⚓

KAPITEL 11

15:00 UHR

Samstag, 6. Juni 1998

Joaquim und Carlos kletterten die Treppe zur Brücke hinauf. Sie waren beide schon einmal oben gewesen, unabhängig voneinander, um sich beim Skipper zu beschweren. Doch die Lage in der Fabrik hatte einen Punkt erreicht, den man nur noch als Notstand bezeichnen konnte. Charlie Baron, der Bootsmann aus der Reihe der Kap-Farbigen, folgte ihnen dicht auf den Fersen. Dass diese drei Männer falschen Alarm schlagen würden, konnte man getrost ausschließen. Sie waren dafür verantwortlich, dass es an Deck und in der Fabrik rundlief; sie hatten selbst ein Interesse daran, dass so lange gefischt wurde, wie es nur möglich war. Wenn sie gemeinsam auftraten, hörte man ihnen vielleicht zu.

Aber Bubbles und Boetie dachten nicht daran. Aus ihrer Perspektive, hoch auf der Brücke, sahen die Wellen nicht schlimmer aus, als sie es schon 100-mal erlebt hatten. »Auf den anderen Schiffen fischen sie auch noch«, grollte Bubbles. »Glaube nicht, dass es bei denen irgendwelche Beschwerden gibt.«

Doch da lag er falsch. Wie sich später herausstellte, war von den elf Trawlern im Seegebiet vor Südgeorgien nur noch einer dabei, seine Leine einzuholen. Alle anderen hatten sich entweder in den Schutz der Insel verzogen oder entschieden, den Sturm auf offener See abzuwettern.

Trotz wiederholter Aufforderungen an den Skipper, die Arbeit einzustellen, lief unsere Winsch also weiter, und es kamen weiter Fische an Bord. Die Wellen versetzten der Crew an Deck wie in der Fabrik eine Klatsche nach der anderen. Melvin gab seine Bemühungen auf, die Ersatzpumpe zu installieren; er musste sich erst mal wieder warme und trockene Kleidung anziehen.

Joaquim war sichtlich verärgert, als er in die Fabrik zurückkehrte, und ließ seinem Verdruss freien Lauf: »Boetie will partout weiterfischen. Er sagt, dass wir sowieso fast das Ende der Leine erreicht haben.« Wütend deutete er auf die Feuerlöschpumpe, die in einer Halterung an der Wand befestigt war. »Hannes, Danie! Holt das Ding runter und seht zu, dass ihr es zum Laufen bringt!«

Hannes und Big Danie lösten die Bolzen, an denen die Pumpe hing, und stellten sie neben den Waschwannen auf. Das Ding sah aus wie eines dieser Notstromaggregate, die man im Baumarkt kaufen kann: ein kleiner Dieselmotor in einem rostigen Metallrahmen. Beruhigend zu wissen, dass wir einen solchen Apparat für den Notfall hatten. Er machte zwar nicht besonders viel her, sah aber im Prinzip genauso aus wie die Aggregate, mit denen die Feuerwehr einen vollgelaufenen Keller leer pumpt – nur eben viel kleiner. Ich half Eugene und Danie dabei, einen Schlauch am Auslass des Geräts anzuschließen und quer durch die Fabrik zur nächsten Luke zu verlegen. *Wenn wir das Ding zum Laufen kriegen, dachte ich, ist unser größtes Problem schon mal gelöst.*

Hannes riss am Seilzugstarter des Dieselmotors. Aber es tat sich nichts. Er reichte den Griff an Big Danie weiter, der noch kräftiger daran zerrte. Wieder nichts. Mark van Vuuren sah nach, ob überhaupt genug Sprit drin war, und prüfte die Ventile; ich hielt den Schlauch nach außenbords. Mit zunehmender Verzweiflung wurde an dem Seil gezogen, aber der Motor sprang nicht an. Danie kontrollierte, ob alle wichtigen Komponenten sauber und trocken waren – er ging noch einmal alles durch, was sich ein Laie als Fehlerquelle vorstellen konnte. Aber es nützte nichts, wir brauchten einen Fachmann. Melvin war gerade in seine Kabine runter, um sich trockene Klamotten zu holen; Klaus hatte noch frei und lag in seiner Koje; Glen hielt die Stellung im Maschinenraum; und Alfius hatte sich schon lange nicht mehr blicken lassen.

Ich versuchte mich nützlich zu machen und schöpfte Innereien und anderen Abfall aus dem Gitter vor dem Ansaugstutzen der Pumpe.

Mit den Armen fischte ich aus dem Wasser, was ich zu fassen bekam. Um das eigentliche Pumpengehäuse machte ich dabei vorsichtig einen Bogen, denn ich wollte nicht mit den Fingern in einen rotierenden Impeller geraten. Mit einem Besenstiel bewaffnet stocherte und rührte ich schließlich in der fischigen Brühe, um größere Brocken von der Pumpe fernzuhalten, aber meine Bemühungen waren kaum von Erfolg gekrönt.

»Danie, hol doch endlich den Chief!«, brüllte ich. »Allein kriegst du das Ding nicht zum Laufen!«

Little Danie humpelte zum Maschinenraum, die Kälte ließ ihn noch stärker hinken als sonst. Wachhabender Ingenieur war Glen, doch Danie kam unverrichteter Dinge wieder zurück und zuckte nur mit den Schultern: »Der Chief sagt, dass er anderweitig beschäftigt ist. Hat keine Zeit.«

»Was macht er denn?«

»Muss die Maschine checken, sagt er.«

»Na, das wollen wir doch mal sehen.«

Ich quetschte mich an den Ovambo von der Leinencrew vorbei, die im Korridor vor der Fabrik standen. Auch sie konnten unter den herrschenden Bedingungen nicht arbeiten, wussten aber nicht so recht, was sie sonst anstellen sollten. Vom oberen Ende der Leiter brüllte ich in den Maschinenraum: »Glen! Wir brauchen deine Hilfe in der Fabrik!«

Doch dort unten war es offenbar so laut, dass meine Rufe nicht zu Glen durchdrangen. Keine Antwort. Ich brachte es nicht über mich, in meinem nassen Ölzeug die Leiter hinabzuklettern: Selbst wenn sich hier vielleicht eine Katastrophe anbahnte – Regeln sind dazu da, dass man sie einhält. Lächerlich, aber wahr. Ich kehrte zur Fabrik zurück und versuchte, Danie zu bewegen, sein Ölzeug auszuziehen und in den Maschinenraum runterzuklettern.

»Nee, du musst selbst mit dem Chief reden«, sagte er. »Auf mich hört er nicht.«

Meine Suche nach einem kompetenten Mechaniker wurde von Charlie Baron aufgehalten. Er schaute mir direkt in die Augen und sprach betont langsam, als müsste er mir beweisen, dass er die Ruhe in Person war: »Matt, ich war gerade noch einmal oben bei Bubbles und Boetie, aber sie wollen von unseren Problemen nichts wissen. Vielleicht hilft es ja, wenn sie von dir hören, was los ist.«

Es war nur ein Sprung zur Brücke, zwei Treppen, aber heute kam es mir vor, als würde ich völlig unbekanntes Terrain betreten. Ich blieb in der Tür stehen, fast schon verlegen, weil ich wieder Hemmungen hatte, mit meinem triefenden Ölzeug einfach auf die Brücke zu spazieren. Bubbles und Boetie reagierten nicht, beide starrten in die Wellen vor unserem Bug.

»War Charlie eben hier, um mit euch zu reden?«, fragte ich.

Keine Antwort. Die Spannung zwischen den beiden Skippern war spürbar, ich war offensichtlich in einen Streit hineingeplatzt. Boetie hatte sein Kinn auf die verschränkten Finger gestützt und schaute gleichgültig zu, wie sich die Crew an Deck abmühte, zwei ineinander verschlungene Leinen zu entwirren. Und auch Bubbles drehte sich nicht zu mir um. Dabei mussten mich beide gehört haben, irgendeine Reaktion konnte ich wohl erwarten, oder?

»Dann wisst ihr ja, dass wir in der Fabrik ein Problem mit dem Wasser haben.«

»Ja, Matt«, antwortete Bubbles, ohne mich auch nur eine Sekunde anzuschauen. Er kratzte sich am unrasierten Kinn und fischte sich die nächste Zigarette aus der Schachtel. »Und mach die Tür hinter dir zu.«

Ich war fassungslos. Was sollte ich dazu noch sagen? Auf der Treppe nach unten fragte ich mich, ob ich eine solche Gleichgültigkeit oder Sturheit schon mal erlebt hatte. Wie konnten ausgerechnet die beiden Männer mit der größten Erfahrung an Bord einfach ignorieren, was nur ein Deck tiefer vor sich ging?

Mein Kojennachbar Glen und ich waren in letzter Zeit nicht mehr so gut miteinander ausgekommen; die Kameraderie aus den Tagen des Aufbruchs war längst einer gegenseitigen Abneigung gewichen, was wahrscheinlich nicht ungewöhnlich war, wenn man gezwungen ist, sich mit einem völlig fremden Menschen auf engstem Raum einzurichten. Ich war also ein wenig nervös, wie er reagieren würde, wenn ich in meiner nassen Montur im Maschinenraum erschien, doch es gab keinen anderen Weg. Ich holte noch einmal Luft und ließ mich die Luke hinab. Kaum hatte Glen meine Stiefel gesehen, rief er mir etwas zu, von dem ich aber kein Wort verstand, und gab mir ein Zeichen, dass ich sofort wieder umdrehen sollte. Immerhin machte er Anstalten, mir nach oben zu folgen.

Ich lehnte mich nach unten, um ihm direkt ins Ohr zu sprechen. Selbst auf der Leiter war es schwer, gegen das Getöse aus dem Maschinenraum anzukommen: »WIR KOMMEN … MIT DER DIESELPUMPE … NICHT KLAR … KRIEGEN SIE NICHT ZUM LAUFEN«, brüllte ich.

Er wich zurück und starrte mich wütend an. Ich versuchte, ihm klarzumachen, wie dringend wir seine Hilfe benötigten, aber er wirkte einfach nur genervt.

»WIR BRAUCHEN EINEN MECHANIKER … DANIE KRIEGT ES NICHT HIN … KENNT SICH MIT MOTOREN NICHT AUS …«

»Und warum brüllst du mich deswegen so an?«, entgegnete er und verschwand ohne ein weiteres Wort wieder in den Tiefen des warmen und trockenen Maschinenraums. Zum ersten Mal spürte ich, wie Angst in mir aufstieg. Kapierte denn außer mir niemand, dass die *Sudur Havid* ernsthaft in Gefahr war? Egal wen ich um Hilfe bat – ich begegnete überall derselben Gleichgültigkeit. Also zurück in die Fabrik und zu meinem selbst gewählten Job, die Pumpen von Schmutz freizuhalten. Die Ovambo hatten sich komplett verdrückt. Wie sollten sie auch arbeiten, wenn ihre Arbeitstische unter Wasser standen? Die anderen mühten sich weiter mit dem Starterzug der Feuerlöschpumpe ab. Danie brüllte mir quer durch die Fabrik zu: »Hey, Engländer! Kann ich eins von deinen Messern haben?«

Ich turnte über die große Luke zum Laderaum und bückte mich nach meinem Werkzeug. Im selben Moment schwappte wieder von irgendwoher ein großer Schwall Wasser in die Fabrik, und ich bekam eine eiskalte Dusche ab. Meine Wahl fiel auf ein rasiermesserscharfes Filettiermesser, das ich – Griff voran – an Danie weiterreichte. Ich hatte gedacht, dass er das Messer für die Reparatur der Pumpe brauchte, doch er nahm es in die Faust und rammte es mit großer Wucht in ein dickes Schneidebrett aus Holz. Er nahm seine Mütze ab und hielt sie in den Händen; Schweiß stand auf seiner Stirn, so sehr hatte er sich mit dem Seilzug des Motors abgemüht. Das Messer stand aufrecht vor ihm, als würde es auf eine Fortsetzung der Handlung warten.

»So, alles bereit.«

Er warf mir einen Blick zu, und ich hatte verstanden. Wie eine Signalflagge stand das Messer zwischen uns. Es war Danies Zeichen, acht Zoll feinster chromveredelter Klingenstahl, dass es jetzt richtig zur Sache gehen würde.

Ich nahm meine anderen beiden Messer zur Hand: Mit seiner 30 Zentimeter langen Schneide war das große Fleischermesser viel zu unhandlich. Besser geeignet schien mir das kleinere Messer mit der scharfen Spitze, es war im Nahkampf bestimmt die effektivere Waffe und auch leichter unter meinem Ölzeug zu verstecken.

Aber halt – wohin sollte dieser irre Gedanke eigentlich führen? Wollte ich ernsthaft mit dem Messer um meinen Platz in einer Rettungsinsel kämpfen? Mich wirklich auf dieses Niveau herablassen? Und überhaupt: Wenn ich in Panik das Messer zückte, würde ich mich damit wahrscheinlich nur selbst verletzen. Ich steckte beide Messer wieder weg. Unter keinen Umständen würde ich so um mein Leben kämpfen wollen.

Obwohl ich auf einer Stufe mit den Offizieren stand, hatte ich es als Außenseiter an Bord bisher vermieden, die Crew herumzukommandieren. Doch die Zeit für Diplomatie und Rücksicht war vorbei. In der Mannschaftsmesse stöberte ich zwei unserer Mechaniker auf: Alfius schlürfte seinen Kaffee, Melvin hockte träge daneben. »Wir brauchen eure Hilfe. Die Feuerlöschpumpe springt nicht an«, sagte ich.

»Nix da«, erwiderte Alfius. »Ist nicht meine Wache.«

»Und ich hab' keine Stiefel«, lautete Melvins Versuch einer Ausrede.

Ich schnappte mir das nächstbeste Paar Stiefel und drückte sie ihm in die Hände: »Dann zieh eben diese an. Und zwar sofort!« Als er sich immer noch weigerte, griff ich mir seinen Arm und zerrte ihn über den Korridor raus in die Fabrik. Er versuchte noch, über die Arbeitsbänke zu balancieren, weil er sah, wie den anderen das Wasser inzwischen bis zum Oberschenkel stand, aber damit kam er bei mir nicht durch: »Ins Wasser mit dir, los, jetzt!«

Melvin warf nur einen kurzen Blick auf die Pumpe. »Der Einzige, der weiß, wie man das Ding zum Laufen bringt, ist Alfius.«

Hinter mir hörte ich ein Platschen, und als ich mich umdrehte, sah ich, wie Alfius auf uns zugewatet kam, ohne Ölzeug, nur im Overall. Im selben Augenblick steckte Bubbles den Kopf durch die Tür: »Wo zum Teufel sind die Chiefs?!«, brüllte er. »Verdammt, wo stecken die?!«

»Wir können sie auch nicht finden.«

Die Matrosen machten Platz für Alfius, und Hoffnung keimte auf, als er sich endlich mit der Pumpe befasste. Keiner an Bord kannte sich so gut mit der technischen Ausrüstung der *Sudur Havid* aus wie er, keiner war so vertraut mit ihren Macken und Eigenheiten. Und diese Pumpe konnte uns retten.

Alfius zog ein paarmal am Seilzug, guckte sich die Ventile an und sah nach, ob auch genug Diesel im Tank war. Doch auch er konnte das Ding nicht starten.

Er murmelte etwas Unverständliches in seinen Bart und verschwand wieder vom Fabrikdeck.

»Wohin geht er denn jetzt?«, fragte Big Danie verblüfft.

»Vielleicht holt er das passende Werkzeug«, meinte Hannes. Wie er hatten wir alle darauf gehofft, dass die kleine Dieselmaschine nun mit einem lauten Husten zum Leben erwachte, aber nichts da. Das verfluchte Ding blieb so still, dass es fast wehtat. Was hatten wir nicht unternommen, um Alfius ranzuholen. Und jetzt war er nach gerade einmal zwei Minuten wieder verschwunden. Ich machte mich erneut auf den Weg, irgendwo musste doch einer der Chiefs aufzutreiben sein.

Klaus hatte sich inzwischen tatsächlich dazu bequemt, seine Koje zu verlassen – und war direkt in das Riesenchaos der gefluteten Fabrik spaziert. Als Erstes hatte er ein neues Kabel quer über das Deck ziehen lassen, um das Ersatzaggregat für die Steuerbordpumpe mit Strom zu versorgen. Gemeinsam mit Glen fummelte er jetzt an einem Sicherungskasten, um die Leitung anzuschließen. Was für ein Bild: Es brauchte zwei Ingenieure, also zusammengenommen an die 60 Jahre Berufserfahrung, um eine simple Kabelverbindung herzustellen.

»Klaus, wir schaffen es nicht, die Feuerlöschpumpe anzuschmeißen.«

Für einen Augenblick wandte er mir seine Aufmerksamkeit zu und peilte mich über die Gläser seiner Lesebrille an: »Ich versuch' gerade fertigzu … das hier fertigzukriegen«, verhaspelte er sich mit seiner Antwort. Englisch war für ihn immer noch eine fremde Sprache.

Aber auch dazu kam es nicht, denn er wurde auf die Brücke gerufen, wo Boetie ihn anwies, Treibstoff aus dem Tank an Steuerbord nach Backbord zu pumpen, um den Trimm des Schiffs zu verbessern. Eine lachhafte Maßnahme, fand Klaus. Denn selbst wenn die Pumpen mit maximaler Kapazität liefen, konnten sie nicht mehr als acht Tonnen pro Stunde von einer Seite auf die andere bewegen. Und uns blieb keine Stunde mehr.

Aber von der Brücke kam schon das nächste Kommando: »Schaltet die Hydraulik ab!«, verlangte Bubbles.

Glen sauste die Leiter runter in den Maschinenraum, und kurz darauf hatten die Winschen an Deck und die Winde für die Langleine keinen Saft mehr. Endlich, nachdem wir stundenlang viel Wasser übergenommen hatten, stellten wir die Fischerei ein. Ich watete den überschwemmten Korridor entlang zurück in Richtung Fabrikdeck.

Die Winsch an Deck drehte sich nicht mehr, die Leine hing bewegungslos über Bord. Sven nutzte die Gelegenheit und zündete sich eine Zigarette an – mit feuchten Fingern ohne Schutz im Wind kein leichtes Unterfangen. Mit den Füßen gegen einen Stapel Tauwerk gestemmt, setzte er sich auf den Rand einer der großen Kisten auf dem Achterschiff. Joaquim brüllte etwas zur Brücke hoch, und Boetie erschien in der Tür auf der Rückseite des Aufbaus. Obwohl der Wind heulte und die Wellen weiter auf das Schiff einprügelten, trug Joaquims dröhnende Stimme weit genug, dass sogar Sven mitbekam, was die beiden besprachen. Joaquim wies seinen Skipper noch einmal darauf hin, dass unser Fabrikdeck komplett unter Wasser stand und dass wir die Leine ohne weitere Verzögerung kappen sollten. Bubbles sah das offenbar genauso, aber Boetie wollte weiterfischen. Die Leine war fast komplett an Bord, schätzungsweise ein Kilometer fehlte noch, dann wären wir mit allem durch gewesen. Doch nun, da die Arbeit ruhte, konnte selbst Sven sehen, dass die *Sudur Havid* anders durch die Wellen ging als sonst. Wir rollten zwar noch von einer Seite auf die andere – aber wir sackten dabei deutlich weiter nach Steuerbord weg.

Joaquim querte das Deck und setzte sein Messer dicht neben der Winsch an der Haupttrosse an. Sie stand unter einer solchen Spannung, dass es kaum Kraft erforderte, das schwere Tau zu durchtrennen. Das befreite Ende zischte durch den Umlenkblock und peitschte neben dem Schiff ins Wasser. Es war noch nicht oft vorgekommen, dass die Crew ihre Leine kappte, aber wenn es doch einmal sein musste, wurde das freie Ende erst mit einer Markierungsboje versehen, bevor man es über Bord gehen ließ. Umso mehr wunderte sich Sven, als er sah, wie die Trosse auf Nimmerwiedersehen in den Wellen versank.

Die *Sudur Havid* wälzte sich schwerfällig im Takt der Wellen, sie lag nun deutlich tiefer im Wasser, und weil sie stärker nach Steuerbord krängte, ergoss sich mit jedem Brecher noch mehr Wasser durch die Luke hinter dem Winschenstand. Inzwischen schwappten solche Mengen auf dem Fabrikdeck hin und her, dass auch die letzte Tonne mit Abfällen umgekippt war. Hunderte Kilo Innereien, Flossen und sonstige Fischreste hatten sich mit den Trümmern vermischt, die bereits in der Fabrik zirkulierten.

Von Gischt und Salzwasser überwältigt, brannte eine Neonröhre nach der anderen durch. Manche waren schon erloschen, andere blinkten noch einen letzten ominösen Gruß. Ihr kalter Blitz warf ein flackerndes Licht auf die graue Brühe, die um unsere Beine strudelte. Ich schaute mich um: Von den 38 Leuten an Bord waren nur acht auf dem Fabrikdeck. Wo war bloß der Rest der Mannschaft? Was könnte denn wichtiger sein, als hier zu helfen? Die Männer, die sonst an Deck arbeiteten, waren hier – und ich. Von den anderen keine Spur.

Endlich erschien Glen auf der Bildfläche, er hatte Gummistiefel angezogen und die Hosenbeine seines Ölzeugs mit kräftigen Gummibändern festgezurrt, damit ihm ja nichts in die Stiefel lief. Hastig versuchte ich zu erklären, was alles schiefgelaufen war: »Die Steuerbordpumpe ist ausgefallen. Melvin kriegt den Ersatz nicht zum Laufen. Die Pumpe an Backbord ist verstopft, und die Feuerlöschpumpe will nicht anspringen.«

Glen drückte den Schlauch am Ausgang der Pumpe mit der Hand zusammen – kein Druck zu spüren. Er kniete sich hin und langte mit der Hand tief in die Wanne vor dem Ansaugstutzen, um den Schmutz zu entfernen, der den Einlass blockierte. Doch ausgerechnet in diesem Moment erwischten wir an Steuerbord einen mächtigen Brecher und rollten nach Backbord. Eine schmutzige Flut rauschte quer übers Fabrikdeck – und Glen verschwand komplett unter Wasser. Blindlings griff ich ins Wasser und bekam ihn am Kragen zu fassen. Als ich ihm wieder auf die Füße geholfen hatte, schnappte er prustend nach Luft.

»Was soll ich machen?«, fragte ich ihn. »Sag mir, was ich tun kann!«

»Am unteren Ende der Pumpe ist ein Sieb. Kratz mit deinen Händen den Dreck weg. Du merkst sofort, wenn die Pumpe wieder zieht, dann wird der Schlauch, der nach außenbords führt, wieder hart.«

Wenn ich vorher gewusst hätte, dass es da noch ein Schutzgitter gab, dann hätte ich mir das vorsichtige Stochern mit dem Besenstiel sparen können. Ich steckte meinen Arm ins Wasser und tastete mit den Fingern nach dem Sieb. Wirklich effektiv waren meine Bemühungen aber nur, wenn das Schiff nach Steuerbord rollte. Schwappte das Wasser nach Backbord, kam ich mit meinem Arm nicht mehr tief genug runter, um den Schmutz rauszuholen. Also kurz abwarten, bis sich das Wasser zurückzog, dann schnell Dreck kratzen, was das Zeug hielt. Leider blieb der Schlauch weiter schlapp, meine Mühe hatte noch nicht gefruchtet. Ein weiterer Versuch – und endlich war das Sieb frei und Druck auf dem Schlauch. Ich konnte zusehen, wie der Pegel in der Wanne vor der Pumpe fiel, und gratulierte mir selbst zu meinem Erfolg. Super, jetzt funktionierte wenigstens eine Pumpe.

Leider hatten wir genau in dem Moment, als ich auf dem Boden des Fabrikdecks kniete und nach Schmutz fischte, einen Punkt überschritten, von dem es kein Zurück mehr gab. Dieser entscheidende Moment hatte sich nicht angekündigt und er verstrich unbemerkt, doch ein paar Minuten später war uns allen klar, was passiert war. Das Schiff hatte eine Weile lang mehr Wasser übergenommen, als wieder ablief – und jetzt hatte sich dieser Prozess noch einmal beschleunigt.

Endlich ging mir ein Licht auf: Ich war in den letzten Minuten nicht mehr nass geworden, und die Wanne vor der Pumpe hatte sich auch nicht mehr mit Wasser gefüllt. Der Grund war mir jetzt klar, und mit

Grauen schaute ich hinüber zur Steuerbordseite der Fabrik, wo die dicke, schmutzig-graue Brühe fast zwei Meter hoch stand. Das Wasser reichte beinahe bis zur Decke, und sein Gewicht drückte die *Sudur Havid* gnadenlos auf die Seite.

Ein Vogel würde aus seiner Perspektive genau sehen können, dass sich unser Schiff außerdem mit dem Bug schon etwas tiefer in die Wellen bohrte und das Heck weiter aus dem Wasser hervorragte. Die *Sudur Havid* lag auf ihrer rechten Seite, wie verwundet. An Backbord schien die Bordwand um vier Meter höher, steuerbords war die Reling schon nicht mehr zu sehen. Wellen knallten aufs Deck und rauschten über das gesamte Schiff. Die *Sudur Havid* rollte auch nicht mehr – sie hatte schwere Schlagseite und kam nicht mehr hoch.

⚓

15:40 UHR

Samstag, 6. Juni 1998

Das Wasser hatte die *Sudur Havid* fest im Griff: Die gewaltigen Brecher droschen auf uns ein wie auf einen Boxer, der von seinem Gegner an den Seilen gestellt wird. Bubbles und Boetie gaben alles, um den Bug des Trawlers in die Wellen zu halten, aber es war kaum noch möglich. Und jede Abweichung von diesem Kurs wurde sofort und erbarmungslos bestraft. Wenn uns die Wellen seitlich erwischten, waren die undichten Luken an Steuerbord dem vollen Druck der See ausgesetzt. Schlimmer noch: Sollte das Schiff einen harten Wirkungstreffer auf die Seite abbekommen, drohte sogar eine Kenterung.

Die Lage unter Deck war düster und bedrückend. Fast alle Lichter waren durchgebrannt, nur einige wenige gaben ein letztes Flackern von sich. Das Geschnatter und Gelächter, das hier im normalen Betrieb herrschte, war verstummt. Stattdessen war nur noch das tiefe Stöhnen des Rumpfs zu hören und der Donner der Wellen, die oben aufs Deck knallten. Die rechte Seite des Fabrikdecks war komplett abgesoffen, und das Wasser reichte sogar bis zur Decke, wenn die *Sudur Havid* noch ein Stückchen weiter nach Steuerbord rollte.

Wieder krachte es, ein mächtiger Brecher. Mit einem Knall wie von einem Pistolenschuss flog die schwere Tür, die von der Fabrik aufs Deck führte, nach innen auf. Morné und Big Danie warfen sich mit ihrem vereinten Gewicht dagegen, um das Schott wieder zu schließen. Als das Schiff ein wenig nach Backbord rollte und der Wasserdruck nachließ, schoben sie mit aller Macht – und schafften es tatsächlich, die Tür zuzuschmeißen. Morné versuchte, die schweren Riegel, mit denen die Stahltür gesichert wurde, einrasten zu lassen – aber sie fanden keinen Halt. Was wie ein Pistolenschuss geklungen hatte, war das Wegbrechen der Metallriegel gewesen. Morné und Danie konnten dem Druck der folgenden Wellen schon nicht mehr standhalten. Die Tür klappte auf – damit hatten wir unsere letzte Barriere gegen das eindringende Wasser verloren.

Ich rappelte mich von meiner Position neben der Pumpe auf, und als ich mich umdrehte, sah ich seltsame orangefarbene Figuren über das Fabrikdeck purzeln. Weil sie das Vorhängeschloss am Schrank mit den Schwimmwesten nicht öffnen konnten, hatten Sven und Hannes mit einer Axt nachgeholfen. Jetzt warfen sie die Westen die Treppe hinunter, wo sie von Little Danie auf die verbliebenen Männer verteilt wurden. Mark und Brian zogen ihre Rettungsweste sofort über den Kopf. Es waren ganz simple Dinger: Blöcke aus festem Schaumstoff für den Auftrieb, lange Strippen, um sie ordentlich festzuzurren. Für Glen und mich waren keine mehr übrig, doch es blieb keine Zeit, nach weiteren Westen zu suchen. Das Fabrikdeck war verloren, wir mussten raus hier.

Ich wusste zu diesem Zeitpunkt nicht, ob schon der Moment gekommen war, das Schiff aufzugeben, oder ob es einen Plan B gab, wie der Trawler noch zu retten war. Aber was auch immer passierte, ich wollte nicht unter Deck sein, wenn der Kahn kenterte oder sank. Und wenn ich eine Rettungsweste haben wollte, musste ich sie mir wohl selbst suchen.

Ich überließ Morné, Hannes und Big Danie ihren letzten verzweifelten Versuchen, an den Pumpen noch etwas ausrichten zu können. Mein einziger möglicher Fluchtweg war der Korridor nach achtern, aber der lag an Steuerbord, wo das Wasser hüfthoch stand. Nachdem ich schon so lange in eiskaltem Wasser herumgewatet war, konnte mich das auch nicht mehr schrecken. Die ständige Zufuhr an Adrenalin sorgte außerdem dafür, dass ich eh kaum merkte, wie kalt das Wasser tatsächlich war.

Ich kletterte auf die Bänke der Leinencrew und suchte an den Stahlträgern über mir nach Halt. Glen, ein paar Meter vor mir, hatte dieselbe Route gewählt; mit geduckten Köpfen tasteten wir uns unter der schrägen Decke entlang. Es war ein gefährlicher Hindernisparcours:

Im Wasser trieben heimtückisch verschlungene Nylonschnüre, versehen mit tausenden Haken, von oben baumelte Melvins nie vollendetes Kabelwerk, bei Kontakt mit dem Wasser zischend und Funken sprühend, dass ich vor Schreck zusammenzuckte. Aber schließlich war es geschafft: Kurz vor der Stahltür, die ins Quartier der Crew führte, stieg ich vorsichtig von den Bänken ins Wasser und dann über die hohe Schwelle ins Trockene.

Nach dem Chaos auf dem gefluteten Fabrikdeck war es hier fast schon gespenstisch ruhig, als ob nichts passiert wäre – abgesehen von dem grotesken Winkel, den die Wände bildeten, und dem wilden Durcheinander von Stiefeln, Jacken und Handtüchern, die aus irgendwelchen Schränken gefallen waren. Zwei Mann aus der Leinencrew quetschten sich an uns vorbei auf dem Weg nach oben, und Grunter stand gegen die Tür zur Kombüse gelehnt, ein Handtuch über der Schulter und einen verdutzten Ausdruck im Gesicht, als würde er ein Spektakel mit ansehen, das ihn nicht im Geringsten betraf.

Mark und ich inspizierten die untere Hälfte der Stahltür, durch die wir gekommen waren, und fragten uns, ob es überhaupt noch Sinn hatte, sie hinter uns zu verriegeln. Vor Jahren war sie einmal als wasserdichter Abschluss zum Fabrikdeck gedacht gewesen – bis jemand einen Schneidbrenner genommen und die Tür auf halber Höher durchgeschnitten hatte. Ihre Schutzfunktion war damit zwar verloren, doch dafür konnte man den Männern mal schnell eine Anweisung zurufen oder ihnen bei schlechtem Wetter einen Becher Kaffee reichen. Solange noch Leute auf dem Fabrikdeck waren, konnten wir die Tür aber sowieso nicht verrammeln.

»Lass doch beide Hälften offen«, sagte Mark. »Dann kann sich das Wasser besser verteilen.«

»Nee, ich denke, wir sollten wenigstens die untere Hälfte dicht halten, damit nichts reinschwappt. Das verschafft uns etwas Zeit, und vielleicht kommt ja doch noch einer der Mechaniker mit einer funktionsfähigen Pumpe.«

Morné schob sich an uns vorbei, einer der Letzten, die noch auf dem Fabrikdeck waren. Von draußen hörte man ein lautes Fluchen. Ich steckte meinen Kopf durch die Tür und sah Hannes, wie er Big Danie mit seinem Messer aus einem Gewirr von Schnüren und Fischhaken befreite. Auch die beiden schlängelten sich an uns vorbei, und wir verrammelten die untere Hälfte der Stahltür, so gut es ging.

Ich folgte Mark auf das nächsthöhere Deck und war erstaunt, wie leicht es mir fiel, mich am Geländer nach oben zu hangeln. Die Treppe war nicht mehr so steil wie vorher, auch das eine Folge der schweren Schlagseite. Oben angekommen stießen wir auf einen Haufen Rettungswesten, die jemand aus dem Schrank gerissen hatte. Ich schnappte mir eine und hastete weiter, an meiner Kabine vorbei und durch die Tür an Backbord raus. An Deck stand schon ein Großteil der Crew, alle hektisch beschäftigt, ihre Schwimmwesten anzulegen und festzuzurren.

»Was ist denn los?«, fragte ich Trevor, und es klang fast schon flapsig. »Gehen wir jetzt von Bord oder was?«

»Ja, Matt, das tun wir«, erwiderte er betont kurz und sachlich.

So schonungslos mit der bitteren Wahrheit konfrontiert zu werden, verschlug mir die Sprache. Ich versuchte, mir meine bisherigen Seereisen auf Forschungsschiffen ins Gedächtnis zu rufen. Sollte es im Seenotfall nicht einen Sirenenalarm geben oder wenigstens eine Ansage über Lautsprecher? Ich war bis zu diesem Zeitpunkt davon ausgegangen, dass wir die Katastrophe noch abwenden konnten. Hatten wir denn schon alles getan, um das Schiff vor dem Untergang zu retten?

Peinge erschien in der Tür neben Morné, in seinen Armen eine große Reisetasche.

»Was zum Teufel soll das denn werden?«, fragte Hannes.

»Ich gehe jetzt. Ich will nach Hause.«

Ich war zu lange unter Deck gewesen, von hier oben sah alles noch einmal bedrohlicher aus. Gigantische Wellen, die von Sturmböen aufgepeitscht wurden, und gelegentlich ein Blick auf den Horizont, der klarstellte, wie es um die *Sudur Havid* wirklich stand: Sie hatte anscheinend bereits 30 Grad Schlagseite.

Oh Gott, wir gehen tatsächlich von Bord! Wir geben das Schiff auf! Ich merkte, wie mein Atem schneller ging, und versuchte, gegen die aufkommende Panik anzukämpfen. Was tun?

Erst mal zurück in meine Kabine und überlegen, was ich brauchte. Ich erkannte meine gewohnte Umgebung kaum wieder – was an den Wänden gehangen hatte, lag jetzt auf dem Fußboden, dazwischen Klamotten, die aus den Schränken gefallen waren. Ich musste mir schnell eine Strategie zurechtlegen. Während wir noch mit den Pumpen beschäftigt waren, hatten sich die anderen bereits auf den Ernstfall vorbereitet. Wenn die Crew in den nächsten Minuten von Bord ging, saß ich alleine auf dem Kahn. Was brauchte ich? Schnell, schnell!

Mein Hab und Gut konnte ich vergessen, ich hatte eh nichts von bleibendem Wert mit auf die Reise genommen. Den wasserdichten Overall brauchte ich, aber den hatte ich ja im Abluftschacht der Maschine zum Trocknen aufgehängt. Plötzlich waren sie wieder da, die finsteren Gedanken: Danie hatte gesagt, dass die anderen bis zum Äußersten gehen würden, um einen Platz in einer Rettungsinsel zu erobern – was würden meine Kollegen für einen solchen Anzug geben, wenn es um ihr Leben ging? Alle hatten mich in der Montur gesehen und Witze über meinen »Überlebensanzug« gemacht. Würde ich eine Panik auslösen, wenn ich jetzt damit auftauchte? Dann lieber ohne das Ding und mit denselben Chancen wie der Rest der Mannschaft. Andererseits war der Overall vielleicht meine einzige Hoffnung, diese Katastrophe zu überleben.

So unauffällig wie möglich drückte ich mich an den Leuten vorbei, die schon an Deck standen, und kletterte die Stufen hoch zu der schweren Stahltür, die in den Abluftschacht der Maschine führte. Ich schob mich hinein und verriegelte die Tür hinter mir. Wenn ich den Anzug anziehen wollte, dann nicht vor den Augen der anderen, sondern ohne großes Aufsehen. Die Schlagseite des Schiffs machte es noch einmal schwieriger, sich in dem engen und nahezu finsteren Schacht zu orientieren. Das Stahlgitter unter meinen Füßen war extrem glitschig, und ich musste mich mit dem Rücken gegen die Wand stemmen, um Halt zu finden. Dazu das Getöse aus dem Maschinenraum und der Gestank von Abgasen – ich fühlte fast einen Anflug von Platzangst. Nur aufrecht zu stehen war schon schwierig genug, vom Anlegen der steifen Überlebensmontur ganz zu schweigen. Ich hatte so viele Lagen Kleidung an, dass sich alles zu einem großen Wulst zusammenschob. Ich bekam den

Overall nur halb über die Schulter gezogen, und der Reißverschluss ging auch nicht zu. Egal, den Rest musste ich draußen sortieren.

Doch nur Sekunden später fokussierten sich meine Gedanken auf das nächste Problem: Warum hatte ich bloß die schwere Stahltür hinter mir geschlossen? Weil das Schiff so stark krängte, musste ich von innen das volle Gewicht der Tür aufstemmen, und das war ohne Halt auf dem schrägen und rutschigen Untergrund gar nicht so einfach. Ich verkeilte meine Füße hinter einem Stahlträger und drückte mit aller Kraft gegen die Tür. Aber sie gab nicht nach, keinen Millimeter.

Vielleicht hatte sich ja einer der Riegel davorgeschoben? Ich prüfte den Verschluss, um ganz sicherzugehen, und warf mich wieder mit voller Wucht gegen die Tür. Nichts, ich bekam sie nicht auf. Es gab noch eine Tür an Steuerbord, aber die war hoffnungslos verklemmt, wie ich in der Woche zuvor bereits feststellen musste. Ich steckte also fest, auf einem sinkenden Schiff.

Ein grauenhaftes Gefühl stieg in mir auf: Wenn ich hier nicht mehr rauskam? Sollte ich mit diesem Kahn untergehen, weil ich noch versucht hatte, meinen Overall zu holen?

15:45 UHR

Samstag, 6. Juni 1998

Draußen schaute Stephan verwundert zu, wie die Ovambo an Deck umherspazierten. Ziellos, teilnahmslos und munter miteinander quatschend wirkten sie eher, als würden sie auf den Bus warten und nicht vor der schweren Entscheidung stehen, ihr Schiff aufzugeben und von Bord zu gehen. Grunter und Simon waren jetzt auch an Deck gekommen; sie trugen noch die Arbeitskleidung, die sie in der Kombüse anhatten – T-Shirt, Kochhose, Schürze und Sandalen. Auch sie wirkten komplett fehl am Platz zwischen den anderen Figuren, die mit Ölzeug, Wollmütze und Rettungsweste auf ein Signal des Skippers warteten.

Stephan konnte sich noch genau erinnern, wie er vor Jahren einmal vor der südafrikanischen Küste ins Wasser gefallen war. Mit dem schweren Ölzeug und den Seestiefeln war an Schwimmen nicht zu denken gewesen; das Gewicht hatte ihn erbarmungslos in die Tiefe gezogen. Wenn er heute über Bord gehen sollte, würde es schon schwierig genug sein, in diesen Wellen auch nur den Kopf über Wasser zu halten. Also stieg er aus seinen Stiefeln, pellte sich das Ölzeug vom Leib, und weil er schon mal dabei war, zog er auch seinen wattierten Kälteschutzanzug aus. Auch der würde sich bloß vollsaugen, dachte er, und ihn beim Schwimmen behindern. Doch kaum hatte er sich des Ballasts entledigt, spürte er, wie ihm die Wärme förmlich aus dem Körper gesaugt wurde – obwohl er auf der geschützten Seite des Schiffs stand. Socken, Trainingshose und ein Pullover, mehr hatte er nicht an. In Südafrika war das

Wasser damals kühl und kristallklar gewesen. Wenn er sich jetzt umsah, blickte er auf düstere, graue, vom Sturm mit weißer Gischt überzogene Wellenberge. Und er wusste, dass dieses Wasser viel kälter sein würde.

Als er seine Rettungsweste überstreifen wollte, merkte er plötzlich, dass einige Männer aus der Leinencrew so ein Ding offenbar noch nie in der Hand gehabt hatten. Ein Namibier namens Haimbodi versuchte gerade, seine Weste umzukrempeln, kam aber überhaupt nicht mit den Schnüren und Schnallen zurecht. Stephan zeigte ihm, wie man es richtig macht, rief auch den anderen auf Afrikaans zu, wie sie ihre Schwimmweste anlegen sollten. »Über den Kopf damit, Bänder einmal hintenrum und vorne verknoten, fertig.«

Er konnte in ihren Gesichtern sehen, dass sie den Ernst der Lage noch nicht begriffen hatten. Sie wussten nicht, dass unser Schiff nicht mehr zu retten war.

Sven rechnete damit, dass der Kahn jetzt jederzeit komplett kentern und alle mit in die Tiefe reißen könnte. Die *Sudur Havid* lag inzwischen so tief und mit einer solchen Krängung im Wasser, dass er vielleicht sogar recht hatte mit seiner Einschätzung.

»Macht das Schlauchboot klar!«, brüllte Boetie.

Sven hangelte sich nach vorn, gefolgt von Big Danie und Hannes, um das Beiboot aus seiner Halterung zu befreien und ins Wasser zu hieven. Wegen der extremen Krängung war es unmöglich, aufrecht zu gehen, die Männer mussten buchstäblich auf dem schiefen Deck robben, wenn sie nicht den Halt verlieren wollten. Normalerweise hatte das Schiff ein Freibord von gut zwei Metern, der Abstand zwischen Wasseroberfläche und der oberen Kante des Rumpfs war also mehr als mannshoch. Doch nun fiel das Deck schräg ab, und die Wellen klatschten auf den Stahl wie die Brandung an den Strand.

Die Männer klammerten sich an die Reling, so gut es ging, und säbelten die Gurte und Leinen durch, mit denen das Schlauchboot festgelascht war. Als sie jedoch versuchten, das schwere Boot aus der Halterung zu heben, wurde ihnen klar, dass sie es nicht über die Reling wuchten und auf der windabgewandten Seite zu Wasser lassen konnten.

Ein heikles Manöver, bei dem jederzeit Gefahr bestand, selbst abzurutschen und ins Wasser zu fallen. Also blieb das Beiboot in seiner Halterung. »Wenigstens schwimmt es jetzt auf, wenn uns das Schiff unter dem Hintern wegsackt.«

Sven hatte sich selbst in seinem schlimmsten Albtraum nicht vorstellen können, dass er auf dieser Fahrt einmal einen solchen Satz formulieren würde. Aber nun kroch er auf allen vieren am Aufbau vorbei zurück in Richtung Achterdeck, wo sich der Rest der Crew versammelt hatte, und wartete auf die nächsten Anweisungen. Wie Stephan zog er Stiefel und Ölzeug aus; wenn er schon schwimmen musste, wollte er sich frei bewegen können. Im selben Moment wurde ihm klar, dass er so damit beschäftigt war, anderen in die Rettungsweste zu helfen, dass für ihn selbst keine mehr übrig geblieben war. Aber nun war es zu spät, sich darüber den Kopf zu zerbrechen.

Ich steckte immer noch im Schacht über der Maschine fest, aber ich hatte mir eine Strategie zurechtgelegt. Wenn eine besonders große Welle das Schiff traf, rollte es in eine annähernd aufrechte Lage zurück. Ich musste einen solchen Moment genau abpassen und mich gegen die Tür stemmen, wenn sie nicht mehr mit dem gesamten Gewicht auf ihrem Rahmen lag. Beim ersten Versuch bekam ich sie einen kleinen Spalt weit auf, beim nächsten Mal waren es schon ein paar Zentimeter mehr. Noch einmal mit aller Kraft: Ich spürte, wie sich das Schiff bewegte, und warf mich erneut gegen die verdammte Tür – bis sie mit einem lauten Krachen aufschlug und ich von meinem eigenen Schwung getragen nach draußen auf den Gang purzelte. Mein Anzug hing immer noch auf halbmast, und ich hatte offenbar einen Handschuh verloren. Aber ich hatte es geschafft, ich war raus aus dem Loch.

Ich lehnte mich an die Stahlwand, hinter der ich eben noch eingesperrt war, und schnappte erst mal nach Luft. Wie kann man nur so blöd sein? Beinahe hätte ich mich beim Versuch, meinen Overall zu besorgen, selbst umgebracht. Hoffentlich hatte niemand gesehen, wie panisch ich durch die Tür gesegelt war. Für einen kurzen Moment spürte ich etwas wie Erleichterung, doch das Gefühl hielt nicht lange an.

Ich zog mir meine Rettungsweste über den Kopf und fischte mit beiden Händen nach den Gurten, um die Schwimmhilfe zu verzurren. Erst waren die zusammengeschobenen Ärmel im Weg, dann die klobigen Gummihandschuhe; ich bekam die dünnen Strippen kaum zu fassen. An ordentliche Seemannsknoten war nicht zu denken, einfach zusammenbinden das Gewirr, den Rest konnte ich später noch sortieren.

Ein Deck tiefer sah ich ein einziges Durcheinander von Wollmützen, nassglänzendem Ölzeug und orangefarbenen Rettungswesten. Offenbar war die Crew bereit, ihr Schiff aufzugeben. Verglichen mit dem halbwegs organisierten Aufzug meiner Kollegen muss ich nach meinen hastigen Vorbereitungen wohl eher einen zerzausten Eindruck gemacht haben. Ich war einfach zu lange auf dem Fabrikdeck geblieben.

Bubbles stand ein paar Meter neben mir, in der Tür zur Brücke, noch in seiner normalen Montur; ein Wollpullover war sein wärmstes Kleidungsstück. Trotz der tiefen Falten auf seiner Stirn wirkte er auf eine seltsame Weise gelassen, als würde es ihn nicht im Geringsten erschüttern, dass seine Crew sich bereit machte, das Schiff zu verlassen. Hinter Bubbles konnte ich Boetie mit irgendetwas hantieren sehen, offenbar war er mit Vorbereitungen beschäftigt.

Zwischen Bubbles und mir hingen zwei weiße Plastikcontainer in ihren Halterungen, beide etwa so groß wie ein typisches Ölfass. Darin verpackt waren unsere Rettungsinseln – eine bot Platz für zwölf Mann, in die andere passten 20. Dasselbe Arrangement gab es an Steuerbord noch einmal; wir hatten also theoretisch Platz für 64 Leute. Wenn man am Auslöser zieht, strömt aus einer Gasflasche Druckluft in die schlauchartigen Kammern der Insel – ein Vorgang, der weniger als eine Minute dauert. Vollständig aufgeblasen misst das Floß im Durchmesser drei oder vier Meter, und bei manchen Modellen entfaltet sich sogar automatisch eine Plane über der gesamten Insel.

Unbeabsichtigt hatte mich mein Abstecher zum Abluftschacht genau an die richtige Position geführt, um die Rettungsinseln zu Wasser zu lassen, nur hatte ich leider nicht die geringste Ahnung, wie man dabei vorging. Natürlich hatte ich gelegentlich in Spielfilmen gesehen, wie Schiffe umkippen und sinken und wie praktischerweise direkt neben dem Havaristen in ausreichender Zahl die Rettungsinseln aufploppen. Schön, wenn so eine Automatik installiert war, die das im Ernstfall übernahm, aber wir brauchten die Rettungsflöße jetzt sofort. Und ich wusste eben nicht, wie man die Dinger auslöste – und danach sicherte, damit sie einem nicht gleich wegtrieben. Zum Glück war ich ja von erfahrenen Seeleuten umgeben, redete ich mir ein, die den Ablauf bestimmt oft genug für den Notfall geübt hatten. Joaquim zum Beispiel, der gerade hinter mir die Treppe hochkam, kannte sich mit Sicherheit besser aus als ich.

Unter Bubbles' Aufsicht lösten Joaquim und ich die Gurtbänder, mit denen die Rettungsinseln in den Halterungen befestigt waren. Joaquim zückte sein Messer und durchtrennte auch die Plastikbänder rund um die Container. Ganz sicher war er sich nicht, ob die vorher entfernt werden mussten, aber war ja schnell gemacht. Ich reichte eine der Fangleinen, mit denen die aufgeblasenen Rettungsinseln am Schiff gesichert werden sollten, an Carlos weiter, damit er sie ein Deck tiefer an der Reling vertäute. Jetzt waren wir im Prinzip bereit, die erste Insel zu Wasser zu lassen. Wegen der starken Krängung des Schiffs würde der Container einen ordentlichen Schubs benötigen. Wir schauten Bubbles an und warteten auf sein Kommando.

»Sollen wir …?«

»Nee, Moment noch …«, erwiderte er und zog kräftig an seiner Zigarette. Er schnipste die Kippe über Bord, und meine Augen folgten den Pirouetten des kleinen Stummels, der vom Wind erfasst und davongetragen wurde. Dann kam der Befehl: »Los, raus damit!«

Wir gaben dem Container einen kräftigen Stoß, und wie vorgesehen rollte er aus seiner Halterung und stürzte ins Wasser, ohne noch einmal auf Deck oder der Reling aufzuschlagen. Carlos zerrte an der Reißleine. Aber nichts passierte, die Rettungsinsel blies sich nicht auf. Nutzlos tanzte sie in ihrem weißen Behälter auf den Wellen neben dem Schiff. Hatten wir etwas falsch gemacht? Würde uns das jetzt bei jeder Rettungsinsel so ergehen? Wir hatten keine Zeit, lange darüber nachzudenken, und lösten die Gurte des nächsten Containers – ein Floß, das zwölf Leuten Platz bieten sollte. Sobald Carlos die Reißleine gesichert hatte, stemmten wir uns gegen den Container. Nur hatten wir dieses Mal einen ungünstigen Moment erwischt: Die *Sudur Havid* sackte gerade noch weiter nach Steuerbord weg, und der schwere Behälter landete nicht im Wasser, sondern krachte eine Etage tiefer auf das Deck, wo er in zwei Hälften zerbrach. Ob die Insel das überlebt hatte? Hannes und Brian hievten sie über die Reling und gaben der Reißleine einen kräftigen Ruck. Mit einem lauten Zischen strömte Gas in die Schwimmkammern. Gott sei Dank, wenigstens eins von den Dingern funktionierte, wie es sollte.

»Und jetzt die Rettungsinseln an Steuerbord?«, fragte ich.

»Zeitverschwendung«, sagte Bubbles. »Mit denen können wir eh nichts anfangen.«

Was für ein Irrsinn! Zugegeben: Die anderen Rettungsinseln waren auf der Luvseite des Schiffs, bekamen also die ungebremste Kraft des Sturms ab, was ihren Einsatz deutlich schwieriger machte, doch wir hatten bis jetzt nur ein Floß im Wasser für 38 Mann an Bord. Welche Begründung mochte Bubbles dafür haben, in unserer Lage auf die anderen Inseln zu verzichten? Er wendete sich ab und ging zurück auf die Brücke.

Joaquim packte mich an der Schulter: »Wir lassen die anderen auch zu Wasser, Matt. Los geht's.«

Er hastete die Treppe an Backbord runter, um das Deck zu überqueren und auf der anderen Seite wieder nach oben zu kommen. Kürzer war natürlich der Weg über die Brücke, dachte ich mir. Bubbles war gerade dabei, eine kleine, schwarze Sporttasche zu packen. Ich konnte nicht genau sehen, was er verstaute, aber mir schien es naheliegend, dass er Seenotraketen und vielleicht ein Handfunkgerät mitnehmen wollte. Nach den Rettungsflößen fragte ich ihn lieber nicht noch einmal, aber er machte auch keine Anstalten, mich auf meinem Weg zu den Containern an Steuerbord aufzuhalten.

Als ich an Bubbles vorbeistolperte, hörte ich hektisch quakende Stimmen aus dem UKW-Funkgerät: *Isla Sofia, Isla Sofia … bitte kommen!* Es klang nach Kapitän Andreas von der *Northern Pride*, und der Anspannung in seiner Stimme nach zu urteilen, wussten sie auf unserem

Schwesterschiff, dass wir in Seenot waren. Wir hatten also Mayday gefunkt, das war doch schon mal etwas.

Dann entdeckte ich, dass die roten Funkbaken noch in ihren Halterungen an der Wand hingen. Ich wusste, dass wir die Markierungsbojen mit Sendern versahen, damit wir sie besser anpeilen konnten, wenn wir die Langleine einholen wollten, aber wir hatten außerdem sogenannte Notfunkbaken an Bord, *Emergency Position Indicating Radio Beacon* auf Englisch oder kurz EPIRB. Wie ich gehört hatte, wurde ein Teil dieser Notsender auf der Brücke gelagert und der Rest in einem speziellen Ständer auf dem Peildeck. Wenn das Schiff unterging, sollten die Baken von selbst aufschwimmen und automatisch ein Notsignal senden.

Eine EPIRB war ungefähr so groß wie eine Weinflasche und schwimmfähig. Einmal ausgelöst, sendeten die Funkbaken via Satellit die Kennung des Schiffs und seine Position an die Rettungsleitzentralen. Solange sie allerdings in einem Regal auf der Brücke steckten, halfen sie uns überhaupt nicht. Wenn wir sie aber mit in die Rettungsinseln nahmen oder gleich jetzt ins Wasser warfen, würden sie unsere Chance deutlich verbessern, von anderen Schiffen gefunden zu werden. Ich meinte, mich erinnern zu können, dass man die Notsender auch manuell auslösen konnte, indem man zwei Knöpfe am Gerät gleichzeitig ein paar Sekunden lang gedrückt hielt. Wer auch immer das Signal dieser EPIRBs auffing, wusste sofort, dass wir in Not waren und dringend Hilfe brauchten. Nur konnte ich mich nicht darum kümmern; ich musste mich darauf verlassen, dass unsere Skipper alles in ihrer Macht Stehende tun würden, um uns zu retten; für mich hatten jetzt die anderen Rettungsinseln Vorrang.

Ich traf Joaquim auf dem schmalen Deck hinter der Brücke, das wegen der starken Schlagseite schon weit über das Wasser hinausragte. Unter uns knallten die Wellen auf das schräge Deck und die Reling. Wenn das Schiff im Wellental lag, guckten wir direkt in die steile Wand des nächsten Brechers. Der Wind wirbelte die Gischt auf, und die Luft schien nur noch aus Schaum und aufgepeitschtem Seewasser zu bestehen. Mark und Charlie nahmen die Reißleinen entgegen, und wir brauchten nur wenige Sekunden, um die Container von Gurten und Leinen zu befreien.

Weil das Schiff so stark krängte, reichte bereits ein leichter Schubs, um die Rettungsinseln aus ihrer Halterung zu lösen. Sie platschten ins Wasser, ein kurzer Ruck, und schon hörten wir das vertraute Fauchen und Knacken. Die Gummischläuche füllten sich mit Luft. Kaum waren sie komplett aufgeblasen, machten sich Wind und Wellen daran, die Rettungsflöße zurück aufs Schiff zu werfen; bei der großen Angriffsfläche kein Wunder. Mark und Charlie nahmen die Inseln an den Reißleinen ins Schlepptau und zogen sie am Rumpf entlang in Richtung Heck, wo man sowieso besser übersteigen konnte.

Ich klammerte mich immer noch an die Hoffnung, dass die *Sudur Havid* irgendwie zu retten war oder dass wenigstens ein anderes Schiff auftauchte, um uns abzubergen. Doch bis ein solcher Schutzengel auf der Bildfläche erschien, mussten wir uns eben darauf vorbereiten, in die Rettungsinseln zu gehen. Von vier Flößen, die wir zu Wasser gelassen hatten, schwammen jetzt drei. Wir waren 38 Mann an Bord, das musste eigentlich reichen: Zwei der Rettungsinseln konnten jeweils zwölf Leute aufnehmen, eine sogar 20. Selbst ohne das vierte Floß hatten wir also 44 Plätze.

Die Treppe runter aufs Arbeitsdeck war eine Herausforderung: Steil und schmal war sie immer schon gewesen, aber jetzt hing das Schiff so schräg, dass ich beim Klettern halb über der tosenden See hing – und die Stufen unter meinen Füßen einen seltsamen Winkel bildeten. Sollte ich den Halt verlieren, würde ich entweder auf die Reling knallen oder gleich ins Wasser fallen, je nachdem in welche Richtung das Schiff gerade rollte. Von den Seevögeln, die sonst so zahlreich über der *Sudur Havid* flatterten, wenn wir die Fische an Bord zogen, war nichts mehr zu sehen. Ich schaffte auch die restlichen Stufen unfallfrei und machte mich auf den Weg zum Heck.

Auf der Höhe des Schornsteins hielt ich kurz inne und starrte auf das Wasser, das um meine Füße gurgelte. Jetzt erst wurde mir bewusst, wie ernst unsere Lage wirklich war, und ein düsterer Gedanke ließ sich nicht mehr verdrängen: *Das könnte es gewesen sein, aus der Nummer kommst du womöglich nicht mehr raus.* Um keine Panik aufkommen zu lassen, konzentrierte ich mich darauf, ruhig zu atmen. Ich zog die Handschuhe aus, jetzt war die beste Gelegenheit, endlich die Schwimmweste ordentlich festzubinden. Zwei Knoten, geht doch.

Den Mahlstrom des Gedränges an Deck versuchte ich zu ignorieren. Stattdessen spielte ich vor meinem geistigen Auge die Szene aus einem Film ab, den ich kurz vor meiner Abreise gesehen hatte: Robinson Crusoe. Nichts war in diesem Moment weiter entfernt als Daniel Defoes Tropenparadies, aber ich sah dieses Bild vor mir, wie Crusoe und Freitag in den Kampf mit ihren Feinden gehen. Es sah nicht gut aus für die beiden, sie waren in akuter Lebensgefahr, da sagte Freitag: »Jeder muss sterben. Es kommt darauf an, *wie* du stirbst.«

Ein kitschiges Motto, schon klar, aber es half mir, die Angst zu besiegen. Denn in diesem Moment fasste ich einen simplen Vorsatz: Wenn ich tatsächlich sterben sollte, dann aufrecht. Ich würde mein Bestes geben, bis zum letzten Atemzug, und anderen helfen, so gut ich konnte. Ich schwor mir, nicht in Panik zu verfallen und unter keinen Umständen aufzugeben. Ich würde nicht in eine Rettungsinsel klettern, ohne mich vergewissert zu haben, dass die Mannschaft in Sicherheit war. Mit diesem hehren Ziel machte ich mich wieder auf den Weg über das geflutete Deck.

15:55 UHR

Samstag, 6. Juni 1998

Wo waren eigentlich die Offiziere der *Sudur Havid*, während wir uns darauf vorbereiteten, in die Rettungsinseln zu gehen? Ich hätte erwartet, dass jemand das Kommando übernahm und mit klarer Stimme Aufgaben verteilte, dass jemand den sprichwörtlichen Fels in der Brandung spielte und uns Halt gab in der Katastrophe. Ich war außerdem davon ausgegangen, dass jedem Offizier eine bestimmte Aufgabe zugewiesen war: Einer hatte seinen Platz am Funkgerät, ein zweiter koordinierte das Geschehen an einem bestimmten Sammelplatz für die Crew, ein dritter packte eine Tasche mit Seenotraketen und Funkgerät. Aber da hatte ich mich offensichtlich getäuscht.

Wenn es tatsächlich einen Befehl gegeben haben sollte, das Schiff zu verlassen und in die Rettungsinseln zu gehen, dann hat ihn jedenfalls niemand gehört. Das für den Notfall vorgesehene Signal der Schiffssirene war ebenfalls nicht erklungen. Wäre noch jemand unter Deck gewesen, hätten wir ihn bei der Evakuierung des Schiffs möglicherweise vergessen. Bubbles schaute zwar zu, als wir die Rettungsinseln klarmachten, doch er schien in Gedanken versunken und war überhaupt nicht präsent. Boetie hingegen war von der Brücke verschwunden; niemand wusste, wo er war. Joaquim und Carlos hatten sich immerhin noch um die Rettungsflöße gekümmert, bevor sie sich in Richtung Heck aufgemacht hatten. Klaus und Glen, zwei der am besten bezahlten Offiziere an Bord, hatten sich unter die Crew auf dem Achterschiff gemischt;

bei ihnen war keinerlei Neigung zu erkennen, sich um die Führung der Mannschaft zu bemühen. Und wo war eigentlich Bjorgvin?

Die drei Rettungsinseln waren jetzt alle am Heck vertäut, drei leuchtende Kleckse in Orange vor einem stürmischen Hintergrund schwarzer Wolken und bleigrauer See. Eine Stunde blieb uns noch, dann wurde es dunkel; binnen zweier Stunden würde es stockfinster sein. Wenn Retter auf dem Weg zu uns waren, mussten sie sich beeilen. Ich stand auf dem Achterdeck, zwischen den großen Kästen für die Leinen und dem Abluftschacht, und kontrollierte die Leute um mich herum. Bloß keine negativen Gedanken aufkommen lassen, ich brauchte etwas zu tun. Manche hatten es immer noch nicht geschafft, ihre Rettungswesten ordnungsgemäß zuzubinden, nur waren diese leider völlig nutzlos, wenn sie nicht richtig saßen und gesichert waren. Trevor hatte seine perfekt angelegt, deshalb führte ich ihn als Musterbeispiel vor: »Guck mal, Kanime, genau so: über den Kopf ziehen, die Gurte um den Rücken führen, vorne verknoten.«

Ich versuchte, der allgemeinen Verunsicherung mit Zuspruch zu begegnen: »Das wird schon, macht euch keine Sorgen«, lautete mein Mantra, und die Botschaft war genauso an mich selbst gerichtet wie an den Rest der Mannschaft.

Charlie Baron tauchte neben mir auf und sagte, dass ich unbedingt meine Stiefel ausziehen müsse, sollten wir wirklich von Bord gehen. Nicht nur weil sie beim Schwimmen im Weg waren, sondern vor allem weil wir uns bei der Arbeit an Deck vielleicht Fischhaken in die Sohlen getreten hatten, mit denen wir die Gummischläuche der Rettungsinsel beschädigen könnten. Mir schien das nicht wirklich plausibel: Weit schwimmen musste ich wohl kaum, und wenn wir erst mal in der Rettungsinsel saßen, brauchten wir nichts dringender als Schutz vor der Kälte. Doch den Luxus langer Debatten konnten wir uns nicht leisten: Ich zog die Stiefel aus und spürte sofort, wie sich die Socken mit Wasser vollsaugten und das eiskalte Stahldeck meinen Füßen die Wärme raubte. Ich machte weiter mit meinen Kontrollen, prüfte den Sitz von Rettungswesten, vergewisserte mich, dass sich alle ihrer Stiefel entledigt hatten.

Eugene und Brian lehnten sich mit dem Rücken gegen die Reling und hoben einen Fuß nach dem anderen an, damit ich ihnen die Stiefel ausziehen konnte. Mit ihren voluminösen Rettungswesten konnten sie sich kaum bewegen und kamen nicht an ihre Füße heran. Bei Big Danie saßen die Stiefel so eng, dass er beim Versuch, sie mit einem kräftigen Ruck loszuwerden, den Reißverschluss eingeklemmt hatte. »Lass sie einfach an, Danie, das geht auch so.«

Dann war Alfius an der Reihe, unser Öler mit der Qualifikation eines Zweiten Ingenieurs. Mit beiden Armen hielt er eine braune Ledertasche umklammert. Es würde auch so schon eng genug werden auf den Rettungsflößen, für persönliches Reisegepäck war nun wirklich kein Platz. Ich wollte ihm gerade sagen, dass er sich von seinen Besitztümern trennen musste, da sah ich, dass er die Tasche unter den Gurten seiner Schwimmweste festgeschnallt hatte. Er starrte mich mit weit aufgerissenen Augen an und stotterte etwas Unverständliches in seinen Bart, ein Opfer seiner eigenen Panik. Mit oder ohne Tasche – die Frage schien mir in diesem Augenblick belanglos, ich hatte Wichtigeres zu tun. Sollte er das Ding eben mitnehmen. Weiter, der Nächste, schnell!

Mark hatte sich einen der großen, festen Rettungsringe unter den Arm geklemmt, es schien ihm nur plausibel, einen solchen Lebensretter im Seenotfall nicht an Bord zu lassen. »Ich nehme ihn mit aufs Floß«, erklärte er gelassen.

»Besser, du schmeißt ihn jetzt gleich ins Wasser«, entgegnete ich. Der Rettungsring war sperrig, er würde uns später nur im Weg sein. »Vielleicht braucht ihn jemand, wenn wir in die Inseln springen.« Ich sah ihm zu, wie er den Ring über Bord warf. Der Wind schnappte ihn sich, und schon war er davongetrieben.

Ein paar der Matrosen hatten sich bereits am Heck versammelt, wo die Rettungsinseln festgebunden waren. Die meisten jedoch standen in einer Reihe vor mir und warteten auf Anweisungen, was zu tun war. Warum sollten wir noch einen Moment zögern? Weil sonst keiner da war, der Befehle erteilen wollte, begann ich eben selbst damit, die Leute in die Rettungsinseln zu beordern. »Alle zum Heck! Da kommt ihr am besten vom Schiff runter.«

Die Schlagseite der *Sudur Havid* betrug jetzt etwa 45 Grad nach Steuerbord, und der steile Winkel des Decks machte es einem schwer, auch nur aufrecht zu stehen. Morné verlor prompt den Halt und rutschte das Deck hinunter, bis er die Reling auf der anderen Seite zu greifen bekam. Er zuckte zurück und ließ das Stahlrohr mit einem Schrei wieder los: »Scheiße, ich hab' mir einen elektrischen Schlag geholt an dem Ding!«

Vor Jahren hatte ich an der Schule einen Kurs in Erster Hilfe gemacht, wo sie uns eingetrichtert hatten, einem Unfallopfer immer gut zuzureden: »Keine Panik, ruhig bleiben!« Damals hatte ich noch gedacht: *Wer will das in einer echten Notsituation hören? Ich wette, das sagt im richtigen Leben kein Mensch.* Jetzt steckte ich selbst in einer Notlage und griff auf das zurück, was ich gelernt hatte. Die Leute setzten sich langsam in Bewegung, einer nach dem anderen schlängelte sich an mir vorbei, und ich brüllte, bis meine Stimme heiser war: »Keine Panik, alles wird gut!«

Es schien zu funktionieren: Keiner drängelte, keiner schrie, keiner drehte durch. Und niemand fuchtelte mit einem Messer herum.

Über die großen Kästen auf dem Achterdeck hinweg konnte ich unsere drei Rettungsinseln sehen. Zwei waren dicht am Heck festgebunden und konnten sofort bestiegen werden. Das dritte Floß hing am äußersten Ende seiner Reißleine, bestimmt 15 Meter vom Schiff entfernt. Seine orangefarbene Plane leuchtete besonders grell, es schwamm höher auf und wirkte insgesamt neuer als die anderen. Im Einstieg kauerten zwei Männer, die ich auch von meiner Position aus gleich erkannte: Joaquim und Carlos. Kurz zuckte ein Gedanke durch meinen Kopf: Diese Rettungsinsel musste ich erwischen; dort waren meine Chancen am besten, diese Katastrophe zu überleben. Zwei der Fischer mit der größten Erfahrung hockten schon drin; die wussten bestimmt, was zu tun war. Damit war mein Entschluss gefasst: Wenn ich an der Reihe war, das Schiff zu verlassen, dann wollte ich in dieser Rettungsinsel sitzen.

Ein Stau hatte sich gebildet, auf dem Gang zwischen den Kästen mit dem Tauwerk quetschten sich die Leute dicht an dicht. Ich kletterte auf eine der Boxen, um mir einen Überblick zu verschaffen, warum der Einstieg in die Inseln ins Stocken geraten war: »Kommt, Leute, weiter, weiter, weiter!«, brüllte ich.

An der Heckreling drängten sich die Männer, aber es ging nicht weiter. Melvin saß an Steuerbord rittlings auf dem Stahlrohr und wartete darauf, dass die Rettungsinsel wieder dichter herankam. Big Danie hatte sich in der Mitte aufgebaut und versuchte, die Bewegungen des Schiffs auszubalancieren. Und ganz an Backbord hing Eugene, schon außerhalb der Reling, zum Sprung bereit. Der Seegang ließ die Flöße hinter der *Sudur Havid* tanzen: in der Mitte die Insel für 20 Mann, ein wenig nach Steuerbord versetzt die kleinere für zwölf Mann. Einen Moment lang waren sie auf einer Höhe mit dem Deck, dann sausten sie ins Wellental, vier Meter tiefer. Die Falttüren im Verdeck standen weit offen – das Versprechen auf Rettung. Die Ersten hatten es noch recht gut geschafft, auf die Inseln zu klettern oder zu springen. Aber mit zunehmendem Gewicht war es nicht mehr so einfach, die Gummiflöße in einer Position zu halten, die ein sicheres Übersteigen garantierte. Wer als Nächstes von Bord ging, musste damit rechnen, dass er möglicherweise erst einmal im eisigen Wasser landete. Eugene war jetzt dran, aber er konnte sich nicht dazu überwinden, die Reling loszulassen. Seine Augen waren weit aufgerissen, die pure Angst.

»Was ist los, Mann?«, fragte ich ihn.

»Der Propeller … er dreht sich noch!«

Er schaute ins graue Wasser unter seinen Füßen, wo er die Schiffsschraube erkennen konnte. Die schweren Blätter des Propellers, fast zwei Meter im Durchmesser, wühlten sich durch die See. Die Maschine lief weiter, mit langsamer Kraft voraus.

»Jetzt spring einfach, Mann, spring!«

Eugene zog sich noch einmal an die Reling heran, spannte seine Muskeln an – und sprang. Die Beine noch in der Vorwärtsbewegung, die Arme vor der Brust verschränkt, klatschte er ins Wasser und versank in einer Wolke aus Luftblasen. Prustend und nach Luft schnappend kam er wieder an die Oberfläche und schwamm auf das größere der beiden Flöße zu.

Stephan war an Steuerbord über die Reling geklettert, wo der Höhenunterschied zwischen Schiff und Rettungsinsel nicht gar so groß war. Ein Großteil der Ovambo hatte sich in die aufgewühlte See gestürzt – einige versuchten zu schwimmen, andere drückten sich in panischer Umklammerung gegenseitig unter Wasser.

»Mein Gott«, rief Stephan, »sie können doch nicht richtig schwimmen!« In den langen Unterhaltungen bei der Arbeit auf dem Fabrikdeck war das immer wieder ein Thema gewesen: Die meisten der Ovambo und der Kap-Farbigen hatten es tatsächlich nie gelernt. Selbst in dem Dorf, wo Stephan zu Hause war, konnten nur die wenigsten schwimmen, obwohl viele Männer als Fischer arbeiteten.

Hannes drehte sich zu Stephan um: »Was kümmert es dich? Ab jetzt gilt: Jeder ist sich selbst der Nächste!«

Es blieb keine Zeit, groß zu überlegen, in welches Floß er wollte; in diesem Moment war das kleinere näher dran. Stephan wollte so dicht wie möglich am Eingang landen, um sich gleich festhalten zu können – bloß nicht komplett untergehen wie Eugene. Seine Rettungsweste hatte er sich nur über den Arm gestreift, weil er noch keine Gelegenheit gehabt hatte, sie vorschriftsmäßig anzulegen. Er stieß sich von der Bordkante ab, die Augen zugekniffen, und schlug direkt neben dem Floß im Wasser auf. Wie geplant erwischte er mit seinem freien Arm einen Gummiwulst. Er spürte die Kälte an den Beinen wie einen akuten Schmerz, aber er konnte den Reflex unterdrücken, den Mund weit aufzureißen. Nachdem er einmal tief durchgeatmet hatte, zog er sich über den Rand und ließ sich drinnen auf den Gummiboden fallen.

Der Stau hatte sich aufgelöst, der Exodus von der *Sudur Havid* verlief wieder in geordneten Bahnen. Ich riskierte einen kurzen Blick zum Floß meiner Wahl – und konnte nicht glauben, was ich sah: Joaquim und Carlos hatten die Reißleine gekappt und trieben davon. Sie winkten uns sogar zu. Während wir uns jetzt mit noch mehr Leuten in die verbleibenden Rettungsinseln quetschen mussten, saßen die beiden allein auf einem Floß, das eigentlich für zwölf gedacht war.

Dreckskerle.

Angewidert wandte ich mich ab.

Auch Sven hatte jetzt das Heck erreicht, er war einfach auf dem Rumpf an Backbord gegangen, was inzwischen leichter fiel, als sich auf dem schrägen Deck zu bewegen. Auf seinem Weg sah er Seepocken, schleimige Algen, Rost und den Antifoulinganstrich – was normalerweise alles deutlich unterhalb der Wasserlinie lag. Brian und Grant Forbes standen aneinandergeklammert neben ihm. »Wie geht es jetzt weiter, Papa?«, fragte Grant. »Was passiert mit uns?«

Ein Vater tut alles, um die Ängste seines Kindes zu beschwichtigen, auch wenn es schon fast erwachsen ist. Aber was sollte Brian in diesem Augenblick sagen? Wie sollte er seinem Sohn Mut zusprechen, wo er doch selbst keinen Ausweg sah?

Sven starrte vom Heck nach unten. Es waren jetzt schon sehr viele Männer im Wasser. Einige versuchten, schwimmend die Rettungsflöße zu erreichen, andere ruderten wild mit den Armen, um den Kopf über Wasser zu halten. Sven peilte die nächstgelegene Insel an, sammelte sich noch einmal und sprang. Er klatschte neben Grant ins Wasser. Die Kälte hatte seinen wattierten Schutzanzug sofort durchdrungen, es fühlte sich an, als hätten tausend eisige Nadeln seine Haut durchbohrt. Ihm war bewusst, dass er keine Schwimmweste trug, doch er musste sich regelrecht zwingen, die paar Züge zu tun, um die nächste Rettungsinsel zu erreichen. Er konnte das Mahlen der Schiffsschraube hinter sich spüren, aber glücklicherweise geriet er nicht in ihren Strudel. An der Insel angekommen, streckte er seine Arme aus, um sich über den Gummiwulst am Eingang zu ziehen. Charlie, der schon drinnen saß, packte ihn mit beiden Händen und hievte ihn aus dem Wasser. Stephan, Grunter und Gideon waren da, und auch Alfius hatte es geschafft. Die Rettungsinsel lag tief im Wasser, und mit jedem Mann, der sich über den Rand wälzte, ergoss sich erneut ein Schwall ins Innere, bis schließlich sogar die ersten Wellen über den Rand liefen.

Irgendjemand reichte Mark ein kleines Taschenmesser, und er kappte damit die Reißleine, die das Floß mit der *Sudur Havid* verband. Sie gingen sofort auf Drift. Um nicht unter das Schiff zu geraten, begannen alle, hektisch mit den Händen zu paddeln. Bloß weg von der Schraube, weg vom Rumpf, der unberechenbar in den Wellen rollte.

Von seiner Position am Einstieg hatte Sven freie Sicht auf die *Sudur Havid*. Ihre Schlagseite war extrem, und die Brecher hämmerten auf sie ein, doch noch bewahrte sie der restliche Auftrieb vor dem Untergang. Grant hing draußen vor dem Floß im Wasser, verzweifelt krallte er sich an einen Gurt, der von der Plane herunterhing, und brüllte um Hilfe. Aber drinnen herrschte noch ein großes Durcheinander, alle hatten sich irgendwie in die Rettungsinsel gestürzt und suchten jetzt ihren Platz. »Moment noch, Grant«, rief Sven, »wir holen dich gleich!« Doch als er sich wieder umdrehte, war Grant verschwunden.

Gelähmt vom Schock der Kälte saß Stephan auf dem Rand der Rettungsinsel. Sein Körper war wie eingefroren, er war schlicht nicht in der Lage zu reagieren. Hilflos sah er zu, wie Grant fortgetrieben wurde. Der Junge war nur ein paar Meter entfernt, aber schon außer Reichweite. Und dann versank Grant einfach, die Arme ausgestreckt, weiter nach der Rettungsinsel greifend. Nur einen kurzen Moment noch war sein leuchtend grünes Ölzeug in der Tiefe zu sehen.

KAPITEL 15

16:00 UHR

Samstag, 6. Juni 1998

Aus der Perspektive eines Albatros, also der Seele eines toten Seemanns, sah die *Sudur Havid* aus, als hätte sie sich schwer verletzt auf die Seite gelegt. Die Maschinen liefen noch und aus dem Schornstein qualmte es, aber der Bug und die gesamte Steuerbordseite waren komplett unter Wasser. Wellen klatschten auf das steil abfallende Deck und gegen den Aufbau mit der Brücke und ließen Wolken aus Gischt aufsteigen. Aber irgendwie hatte sich ihre Lage verändert. Hatte Boetie das Schiff noch auf einen neuen Kurs gebracht? Vielleicht hatte er einen letzten Versuch unternommen, die gefährdeten Luken vor den Brechern zu schützen. Es war aber auch durchaus möglich, dass sich das Schiff dem Druck von Wind und Wellen gebeugt und von selbst gedreht hatte. Jedenfalls trieb die *Sudur Havid* nun vor dem Wind.

Mir war klar, dass auch ich mich langsam um einen Platz auf einer Rettungsinsel kümmern musste, aber ich machte mir Sorgen, dass womöglich noch Leute unter Deck waren. Ich wäre meines Lebens nicht mehr froh geworden, wenn wir auch nur einen Mann an Bord vergessen hätten. Über mir, an der Backbordreling, waren die Anker für unsere Langleine befestigt, jeder ein 45-Kilo-Brocken aus rostigem, grob geschmiedetem Eisen. Das Schiff ruckte nach Steuerbord, und einer der Anker rutschte aus seiner Halterung. Er rumpelte quer übers Deck, direkt auf mich zu, und versetzte meinem Schienbein einen ordentlichen Schlag, bevor er gegen die Stahlplatten des Aufbaus knallte. Mein Bein passte gerade knapp in den schmalen Spalt zwischen dem Schaft des Ankers und der Wand. Wir hatten auch ohne ein gebrochenes Bein schon genug Probleme. Aber ich hatte Glück im Unglück, nichts weiter passiert.

Ich kletterte zurück auf die großen Kisten mit dem Tauwerk, wo ich mich relativ sicher fühlte, und hielt mich mit einer Hand am großen Heckkran fest. Schon aus dieser Höhe hatte man einen guten Blick über das gesamte Schiff mit seiner schlimmen Schlagseite, das so endgültig aus dem Gleichgewicht geworfen schien. Das Deck war komplett leer, kein Mann mehr zu sehen, auch das ein unheimliches Bild. Aber da hörte ich links hinter mir ein Geräusch – es war Bjorgvin, der über das schiefe Deck gestolpert kam. Er hatte tatsächlich bis eben geschlafen, Bubbles hatte ihn wecken müssen. »Bjorgvin!«, hatte der Skipper in die Kabine gebrüllt. »Komm raus, Mensch, jetzt sofort!«

Niemand der anderen hatte daran gedacht, den Isländer zu wecken. An schweres Wetter und den Lärm auf einem Fischtrawler war er gewöhnt, davon wachte er nicht auf. Selbst als es hektisch wurde und wir uns mit den streikenden Pumpen abmühten, ließ er sich nicht stören. Das Fußgetrampel und Geschrei, als wir die Rettungsinseln klarmachten, oder die extreme Schlagseite – von all dem hatte er rein gar nichts mitbekommen.

Beim Anziehen hat er dann verstanden, wie ernst die Lage war. Da war die *Sudur Havid* noch ein Stück weiter nach Steuerbord weggesackt. Er schnappte sich seinen orangefarbenen Overall, der meinem »Überlebensanzug« sehr ähnlich sah, und es gelang ihm, das unhandliche Kleidungsstück wenigstens zur Hälfte überzuziehen. Als er aus seiner Kabine kam, fiel ihm als Erstes auf, dass auf dem gesamten Schiff fast keine Leute mehr zu sehen waren. Und dann sah er, dass unsere Steuerbordreling bereits von den Wellen überspült wurde.

»Matt! Was ist denn hier los? Was ist passiert?«

Seine Haare, normalerweise von einem Kamm gebändigt, standen ihm wild zu Berge. Der Schreck, das Schiff in dieser Lage zu sehen, war ihm ins Gesicht geschrieben. Ich drückte ihm eine Rettungsweste in die Hand und versuchte, mich bei der Zusammenfassung der Ereignisse kurz zu fassen. Für ausführliche Erklärungen war jetzt keine Zeit: »Wir haben über das Fabrikdeck viel Wasser ins Schiff bekommen, und der Kahn säuft ab. Wir gehen von Bord.«

Ich stieg von den Kisten runter auf Deck und hangelte mich an der Reling in Richtung Heck. Streckenweise machte ich es wie Sven und ging auf dem Rumpf – die starke Schlagseite machte es möglich. Am großen A-Mast drehte ich mich noch einmal um und schaute zurück: So sieht also ein Schiff aus, das dem Untergang geweiht ist.

Bjorgvin war zur Reling an Steuerbord hinuntergeklettert, nach vorne gebeugt schien er mit einem großen Gewicht zu hantieren. Eine Tasche? Hatte auch er persönliche Dinge, die unbedingt mit in die Rettungsinsel mussten? Was machte er da bloß? »Bjorgvin, jetzt komm schon! Los!«, schrie ich ihm zu. »Wir müssen von diesem verdammten Schiff runter.«

»Nein, nein, nein …«, hörte ich ihn rufen – den Rest verschluckte der Wind. Ich kehrte um und ließ mich zu ihm hinunterrutschen. Jetzt konnte ich verstehen, was er sagte: »Ich muss doch … Bubbles retten.«

Außerhalb meines Sichtfelds, durch die Tauwerkkästen verdeckt, war Bubbles kollabiert und auf das von eiskaltem Wasser überspülte Deck gestürzt. Irgendwie hatte er sich an der Reling hochgezogen, doch nun war er schutzlos den Brechern ausgeliefert. Bjorgvin versuchte, ihn zu stützen, nur war Bubbles zu schwach, das schräge Deck hochzuklettern. Mit einem Seil gelang es Bjorgvin schließlich, den Skipper aus dem Wasser hinter die Aufbauten zu ziehen. Auf dem Weg zu den Rettungsflößen hielt sich Bubbles an meiner Schulter fest, während Bjorgvin endlich den Reißverschluss an seinem Schutzanzug zubekam. Seine Schwimmweste zog er wieder aus und reichte sie Bubbles, der nur eine Jogginghose und einen Pullover anhatte. Ohne die Weste hätte er im Wasser erst recht keine Chance gehabt.

Ich half Bubbles, die Gurte zu verknoten, und Bjorgvin turnte als Erster über die Heckreling, wo nur noch eine Rettungsinsel festgebunden war. Er ließ sich so weit am Rumpf hinunter wie möglich, weil er unter keinen Umständen im Wasser landen wollte. Er war sich nicht sicher, ob er mit seinen 60 Jahren genug Kraft hatte, im eiskalten Wasser zu schwimmen und sich über den Rand der Insel zu wuchten. Als das

Gummifloß fast genau unter seinen Füßen war, ließ er sich fallen. Er rutschte an der Dachplane hinunter und durch den Eingang. Geschafft.

Ich hielt Bubbles mit beiden Armen fest, als er erst ein Bein und dann das andere über die Reling schwang. Langsam ließ ich ihn hinab, bis er mit dem Hintern auf der obersten Kante des Rumpfs saß. Ich packte seinen dicken Wollpullover, um ihn in dieser Position zu stabilisieren. Seine Gesicht war aschgrau, und er wartete regungslos, bis die Rettungsinsel von den Wellen wieder ans Heck geschoben wurde.

Unter uns hatte sich Morné auf dem Rand der Insel postiert, in der einen Hand schon das Messer, um die Reißleine durchschneiden zu können, sobald wir an Bord waren. »Morné, pass auf mit dem Messer! Nicht, dass du den Skipper damit verletzt!«, brüllte ich, und er steckte das Messer weg. Bubbles war ungefähr doppelt so schwer wie ich – ich konnte ihn nicht einfach auf das Floß heben. Nur, fallen lassen und das Ziel verfehlen war auch keine Option. Aber die Rettungsinsel sackte gerade wieder weit nach unten weg, verdammt!

Ich schaute zu Bubbles runter und sah ihm zum ersten Mal richtig ins Gesicht. Es war nur ein flüchtiger Moment, aber in dieser Sekunde erkannte ich, dass er ernsthafte Probleme hatte. Das war nicht der kraftstrotzende und selbstbewusste Bubbles, den ich kannte. Er wirkte blass, wie ein Geist seiner selbst.

Die See hob die Rettungsinsel wieder an. Morné und Hannes hatten sich im Eingang aufgebaut, die Arme weit ausgestreckt. Näher als jetzt würde uns die Insel nicht entgegenkommen. Ich lockerte meinen Griff und ließ Bubbles die letzten zwei Meter in die Arme seiner Leute fallen.

Ein letzter Blick über das Deck, nur zur Sicherheit. Alle anderen waren von Bord, ich war allein auf dem Schiff. Die *Sudur Havid* hätte ein würdigeres Ende verdient gehabt als dieses, aber sie war dem Untergang geweiht, und von Bord zu gehen, war die richtige Entscheidung gewesen. Das Floß mit Joaquim und Carlos war schon ein gutes Stück weggetrieben, sie waren gut 30 Meter vom Schiff entfernt und damit außer Reichweite. Joaquim lehnte sich gerade aus dem Floß, um jemanden unter den Armen zu packen. Wen hatte er da erwischt – Albert vielleicht? Ein großer Wellenberg schob sich davor, und sie verschwanden aus meinem Blickfeld. Die zweite Rettungsinsel war noch nicht ganz so weit weg, dicht an der Bordwand in Höhe des A-Masts, aber für mich ebenfalls nur schwer zu erreichen.

Die dritte und letzte Insel war auch die größte – und sie lag direkt am Heck, ich würde nicht einmal schwimmen müssen. Eine Hand an der Reling, brachte ich meine Füße in eine Position, aus der ich mich gut von der Bordkante abstoßen konnte. Ich wartete auf den Moment, da die Wellen das Rettungsfloß wieder anhoben, bis es nur wenige Meter unter meinen Füßen lag. Der Eingang stand weit offen. Ich ließ die Reling los und sprang. Ich landete auf dem Rücken, in einem Knäuel von Armen und Beinen, ohne auch nur einen Tropfen Wasser abzubekommen. Adrenalin pumpte durch meinen Körper: Ich verspürte keine Angst, im Gegenteil, ich war wie im Rausch. Was auch immer passieren würde, wir hatten es geschafft, rechtzeitig von dem sinkenden Kahn runterzukommen. Und ich war der letzte Mann, der von Bord gegangen war.

AUF DRIFT

Teil 3

16:04 UHR

Samstag, 6. Juni 1998

Hannes, Bubbles, Simon, Brian, Jerimia, Morné, Bjorgvin, Boetie, Haimbodi, Big Danie, Eugene, Kenny, Kanime, Trevor, David und ich. Das schwache Winterlicht drang zwar durch die Plane unserer Rettungsinsel, aber es herrschte ein derartiges Chaos und Geschiebe, dass nicht leicht auszumachen war, wen das Schicksal da zusammengewürfelt hatte.

Ich kannte die Schauergeschichten über Schiffbrüchige, die von ihrem sinkenden Kahn in die Tiefe gezogen wurden. Aber ich hatte von Seeleuten auch immer wieder gehört, dass eine Crew so lange wie möglich bei ihrem Schiff bleiben sollte, weil das ihre Überlebenschance deutlich erhöhte. Je größer das Ziel, desto leichter war es für etwaige Retter zu finden. Eine schwierige Entscheidung: Wenn wir eine Leinenverbindung zur *Sudur Havid* behielten, riskierten wir, mit dem Wrack in die Tiefe gezogen zu werden. Kappten wir die Leine, gaben wir die Chance auf, schnell gefunden zu werden. Aber während wir noch die verschiedenen Optionen durchgingen, warfen uns die Wellen zurück auf die *Sudur Havid*. Mit Wucht knallten wir gegen den Stahl des Schiffsrumpfs. Damit war unsere Entscheidung gefallen: Wir mussten weg von dem Wrack, und zwar so schnell wie möglich.

Da ich Morné gebeten hatte, sein Messer wegzustecken, war es jetzt nirgends zu finden – und auch sonst kein einziges Messer. Alle durchsuchten hektisch ihre Taschen, während die Wellen uns immer wieder gegen den Rumpf schleuderten. Ich kauerte direkt am Eingang und duckte mich jedes Mal, wenn sich die Stahlwand näherte. Das Gewicht des gefluteten Fabrikdecks zog die *Sudur Havid* über den Bug nach unten, und das dunkelblaue Heck ragte weit aus dem Wasser. Unsere Lage war heikel: Der Wind schob uns nicht einfach gegen die Bordwand, sondern unter das nun frei liegende Heck. Gleichzeitig ging es im Seegang um mehrere Meter rauf und runter. Unser kleines Rettungsfloß drohte unter dem Rumpf zerdrückt zu werden. Bevor ich mich auf die neue Situation einstellen konnte, wurden wir erneut gegen das Schiff geworfen. Ich knallte mit dem Kopf gegen den Rumpf und wurde am Schiffsboden entlanggeschleift, solange die Wellen uns vorwärtstrugen. Wie ein Schraubstock quetschte der zernarbte Stahl mit einer ungeheuren Kraft meinen Rücken. Es fühlte sich an, als würde mein Körper im nächsten Augenblick zerplatzen. Was hatte ich gekämpft, um das Schiff zu retten, um die verdammten Pumpen zum Laufen zu bringen – und zum Dank wurde ich jetzt von dem Kahn erdrückt? In meiner Verzweiflung hämmerte ich mit den Fäusten gegen die Stahlplatten.

Neben mir kämpften Hannes und Boetie denselben ausweglosen Kampf. Wie Ameisen, die sich gegen die Schuhsohle aufbäumten, die sie zu zerquetschen drohte, versuchten sie den Rumpf der *Sudur Havid* auf Abstand zu halten. Doch mit vollen Treibstofftanks und unserem gesamten Fang wog sie mehr als 700 Tonnen. Gegen eine solche Übermacht konnten wir rein gar nichts ausrichten.

Dann ließ der Druck einen Moment lang nach, ein Wellental verschaffte uns vorübergehend Erleichterung. Aber unsere Freiheit währte nur ein paar Meter, dann waren wir mit einem Ruck am Ende der Reißleine angelangt und der Wind pustete uns wieder unter das Schiff. Ich kauerte im Eingang der Rettungsinsel und konnte wenigstens sehen, was auf uns zukam. Mir taten die anderen leid, die das Ganze blind ertragen mussten. Sie konnten nur ahnen, wann sie sich ducken oder gegen den Schiffsrumpf stemmen mussten.

Es war, als hätte das Schiff es darauf abgesehen, uns umzubringen. Der Rumpf wollte uns zerquetschen, und die eigentlich zu unserer Sicherheit angebrachte Reling versuchte, mit scharfen Ecken und Kanten die Rettungsinsel aufzuschlitzen. Denn jetzt schrappten wir zur Abwechslung an der Steuerbordseite entlang, mit vereinten Kräften zerrten Wind und Wellen uns in Richtung Bug. Gleichzeitig rollte das Schiff im Seegang auf uns zu, und der Schornstein neigte sich gefährlich in unsere Richtung, bis die Auspuffrohre nur noch wenige Meter über unseren Köpfen waren; noch immer spuckte die Maschine dunklen Qualm. Die Rohre waren heiß genug, um die Gummischläuche der Insel zu schmelzen. Mit Grauen sah ich, dass wir von einer Welle angehoben wurden und dem heißen Auspuff immer näher kamen. Würden wir mitten auf einem eiskalten Meer durch glühende Hitze zu Tode kommen?

Zum Glück waren nicht alle Wellen darauf aus, uns den Garaus zu machen. Gleich die nächste schob uns mit einem kräftigen Schwung aus der unmittelbaren Gefahrenzone. Aber schon mit der übernächsten segelten wir wieder auf das Schiff zu. Dieses Mal war der Aufprall so heftig, dass Hannes den Halt verlor. Eben saß er noch neben mir – und nun klammerte er sich an eine der großen Boxen auf dem Achterschiff.

»Was machst du denn?!«, brüllte ich. »Komm sofort wieder rüber!«

Doch im selben Augenblick riss uns eine Welle in die andere Richtung. Wir mussten endlich loskommen vom Wrack, aber nicht bevor wir Hannes wieder eingesammelt hatten. Ich überlegte noch fieberhaft, wie wir das anstellen sollten, da bugsierte uns der nächste Wellenkamm in eine optimale Position. Hannes sprang und landete sicher auf dem Rettungsfloß.

Morné hatte endlich etwas zum Schneiden gefunden, ein Sicherheitsmesser aus Plastik von der Größe einer Kreditkarte, das offenbar zur Überlebensausrüstung der Rettungsinsel gehörte. Er reichte das Notwerkzeug mit der gezackten Klinge an Big Danie weiter, der ohne Zögern die Reißleine kappte. Wir stemmten uns mit aller Kraft gegen den Rumpf, um unser Floß wegzudrücken, doch der Wind hielt uns an der Bordwand fest. Auf die Schnelle konnten wir nichts finden, was sich als Paddel eignete, deshalb fingen wir alle an, mit den Händen Wasser zu schaufeln, was gegen den Wind wie zu erwarten überhaupt nichts bewirkte. Doch dann wurden wir erneut kräftig gegen den Rumpf geschubst, wir prallten ab und kamen frei.

Als wir dachten, wir hätten es endlich geschafft, veränderte das Schiff plötzlich seine Lage, und der mächtige A-Mast am Heck neigte sich in unsere Richtung. Die massive Stahlbrücke hatte einmal dazu gedient, schwere Stahltrossen einzuholen, als der Trawler noch mit Schleppnetzen arbeitete. Doch nun sausten die Träger ungebremst auf unser Floß nieder, falteten es in der Mitte zusammen und drückten uns unter Wasser. Ich bekam einen Schlag am Kopf ab, spürte den kalten Stahl an meiner Wange und wollte schreien, doch ich wurde mit einer solchen Macht gequetscht, dass mir die Luft wegblieb. Die Rettungsinsel war komplett vollgelaufen, und ich lag bis zum Hals im eiskalten Wasser. Rechts neben mir war Morné nur knapp dem Tod entgangen – jemand hatte seinen Kopf im letzten Moment unter Wasser gedrückt und so verhindert, dass ihn der Stahlträger des A-Mastes erschlug. Er schnappte nach Luft, als wäre er aus großer Tiefe wieder an die Oberfläche gelangt.

Dann ließ uns die *Sudur Havid* endlich los. Eine kleine Veränderung der Lage, und der A-Mast richtete sich wieder auf. Unser Floß lag tief im Wasser, aber es schwamm noch, und die Wellen trugen uns weg vom Schiff. Nach der Kollision mit dem Mast war unsere Rettungsinsel randvoll mit eisigem Seewasser, nur der oberste Schlauch ragte noch heraus, der Rest der »Bordwand« lag unter Wasser. Unter dem vereinten Gewicht der Besatzung und tausenden Litern Wasser hing der Boden tief nach unten durch, was es uns fast unmöglich machte, aufrecht zu stehen. Bis zur Brust reichte uns das minus ein Grad kalte Wasser, doch das Wrack hatten wir endgültig hinter uns gelassen. Gott sei Dank.

Gleichzeitig war die *Sudur Havid* der einzige Fixpunkt im Sturm, den wir hatten. Es war kein Land in Sicht, das uns Orientierung geben konnte, wir hatten ja nicht einmal den Horizont, um uns festzuhalten, nur die aufgewühlte See und den wilden Sturmhimmel. In welche Richtung mussten wir denn eigentlich, wenn wir gerettet werden wollten? Doch wir hatten sowieso keine Paddel, um selbst zu bestimmen, wohin die Reise ging. Wir trieben weiter und schauten zurück zu unserem Schiff. Die Schlagseite war noch extremer geworden, und vom Vorschiff war fast nichts mehr zu sehen. Die Maschine lief immer noch, ihr gleichmäßiges Grummeln war selbst gegen das Getöse des Sturms zu hören.

Dann plötzlich nichts mehr, die Maschine war aus, und auch wenn man nicht wirklich von Stille reden konnte, es fühlte sich wenigstens so an. Der Wind heulte natürlich weiter und die Wellen brachen mit demselben mächtigen Rauschen wie seit Tagen schon, doch das Wummern der Maschine und das Blubbern des Auspuffs, seit zwei Monaten die Taktgeber unseres Alltags auf See, waren nun verstummt.

Ich habe nicht gesehen, wie sie gesunken ist, den letzten Moment habe ich verpasst, und das war vielleicht auch besser so. Denn ich bin mir nicht sicher, ob ich das ertragen hätte. Morné hat tatsächlich hingesehen. Wie der Bug immer tiefer in den Wellen verschwand. Wie sich die *Sudur Havid* plötzlich aufrichtete und für einen kurzen Moment in der Horizontalen verharrte, ein letztes Aufbäumen, so kann man das sagen. Und dann sackte sie still über das Heck weg. War das der Moment, der ihr Schicksal besiegelte? Als der Maschinenraum geflutet wurde und der Motor den Dienst aufgab? Wir werden es nie erfahren. Nichts blieb zurück von der *Sudur Havid*, auch von den losen Gegenständen an Deck war kaum etwas zu sehen. Um uns herum war jetzt nichts als sturmgepeitschte See.

Ein paar Minuten später stellte ich fest, dass Hannes einen Mann in den Armen hielt, der draußen am Floß hing. Es war Peinge. Wo zum Teufel war der jetzt hergekommen? Ich hatte gedacht, dass alle längst in den Rettungsinseln waren.

»Schnell, Hannes. Rein mit ihm!«

»Wie denn? Das geht doch nicht.«

Das Floß war voll, klar. Mit sehr vielen Leuten und noch mehr Wasser.

»Quatsch, rein mit ihm!«

Wir packten Peinge am Ölzeug und zerrten ihn aus dem Wasser, aber wir bekamen ihn nicht ganz in die Rettungsinsel, weil sich seine Beine draußen in irgendwelchen Gurten oder Leinen verheddert hatten. Hannes lehnte sich weit aus dem Eingang und langte mit den Armen tief ins Wasser, um Peinge von den Strippen zu befreien. Als er wieder auftauchte, hievte ich Peinge mit aller Kraft an und fiel mit ihm zusammen rücklings ins Wasser, das noch immer unser Floß bis an den Rand füllte.

Peinge ließ es geschehen, er lag nur da, leblos auf mir ausgestreckt, den Kopf im Wasser. Seine tiefschwarzen Augen waren halb geschlossen, sein dunkles Gesicht eingerahmt von den grellen Farben seiner Schwimmweste und seiner Mütze. Das kalte Wasser hatte seinem Körper einen Schock versetzt, und jetzt schaltete sein Kreislauf einfach ab. Ich stemmte seinen Kopf und seine Schultern aus dem Wasser und schüttelte ihn mit aller Macht.

»Atme! Kämpf um dein Leben!«

Als ob so ein Befehl etwas bewirken konnte. Es war die verzweifelte Order eines völlig Überforderten. Doch da schnappte er nach Luft. Seine Augen öffneten sich. Hannes befreite ihn von den letzten Gurten, die an seinen Beinen hingen, und dann gelang es uns, Peinge umzudrehen. Er rührte sich immer noch nicht, ließ sich vom Auftrieb seiner Schwimmweste tragen. Wenigstens war er jetzt nicht mehr allein.

Die Knoten, mit denen die Plane über dem Eingang festgebunden war, saßen unglaublich fest. Brian und ich mühten uns mit aufgeweichten Fingern, die Gurte zu lösen, aber unsere Hände waren so kalt, dass es ein paar Minuten dauerte, bis es uns gelang, die Plane endlich zuzuklappen. Damit hatten wir schon mal Schutz vor dem Wind und konnten uns endlich mit dem Wasser in der Rettungsinsel befassen. Ich hatte mal einen Tauchschein gemacht und erinnerte mich vage daran, dass kaltes Wasser dem Körper 25-mal schneller Wärme entzieht als Luft. Unsere Überlebenschancen würden sich deutlich verbessern, wenn wir nicht ständig im Wasser saßen. Noch einmal durchsuchte ich die gesamte Rettungsinsel nach brauchbarer Ausrüstung, doch Paddel oder Gefäße zum Schöpfen gab es einfach nicht. Wir mussten improvisieren: »Danie, gib mir mal einen von deinen Stiefeln!«

Weil er im Wasser selbst nicht herankam, streckte er mir wortlos seinen Fuß entgegen. Ich zog ihm den Stiefel aus und schwenkte ihn wie eine Trophäe über dem Kopf: »Mein lieber Schwan! Mit den Botten könntest du sogar die *Titanic* leer schöpfen!« Alle brachen in lautes Gelächter aus, dankbar für jede Ablenkung, die sie für einen Moment die Zumutungen der Realität vergessen ließ. Meine Suche hatte außerdem ein leeres Nescafé-Glas zutage gefördert – ein Gegenstand, der sonst eher selten in den Survival-Handbüchern Erwähnung findet, aber trotzdem brauchbar war. Wenn wir alle Gefäße an Bord zusammenzählten, die sich zum Schöpfen eigneten, kamen wir auf fünf Gummistiefel und besagtes Kaffeeglas.

Morné, Brian und ich hockten uns neben eine der Öffnungen in der Plane und fingen an, Wasser zu schaufeln. Hannes und Big Danie machten sich am gegenüberliegenden Eingang ans Werk. Während ich so schnell schöpfte, wie es meine erstarrten Hände erlaubten, wanderten meine Gedanken zurück zu Bubbles. Er hatte wirklich schlecht ausgesehen, als ich ihn in die Rettungsinsel gewuchtet hatte. Ich wurde das Gefühl nicht los, dass er möglicherweise einen Herzinfarkt erlitten hatte. Leider war meine Sicht durch die Plane verdeckt, und ich konnte ihn nicht sehen. Hoffentlich war er nicht tiefer ins Wasser gerutscht. Zum Glück tauchte im selben Moment Kenny an meiner Seite auf, mit seinem strahlenden Goldzahn. Er hatte eigentlich zu den wenigen Leuten an Bord der *Sudur Havid* gehört, die niemals schlechte Laune schoben. Aber jetzt wirkte auch er mitgenommen. Er starrte hinaus auf die endlosen Wellenberge, ohne die schmerzlich vermisste Orientierung zu finden. Er brauchte dringend eine Aufgabe.

»Kenny, kannst du mir einen Gefallen tun und nachsehen, ob Bubbles okay ist? Ob er sicher liegt und nicht ins Wasser abrutscht?«

Kenny tauchte unter der Plane durch und verschwand im Inneren. Eine Minute später war er wieder da. »Alles in Ordnung, Matt. Bubbles ist da. Und er scheint so weit okay zu sein.«

In der Rettungsinsel stand das Wasser einen Meter hoch. Bei einem Durchmesser von drei Metern kamen da ein paar 1000 Liter zusammen. Unsere Stiefel eigneten sich leider überhaupt nicht zum Schöpfen: Ihr Gummischaft war schlicht nicht steif genug und wurde gleich zusammengedrückt, wenn man ihn ins Wasser tauchte. Und unsere Finger waren zu steif von der Eiseskälte, um die Öffnung jedes Mal auseinanderzuziehen. Ich merkte schnell, dass wir pro Arbeitsgang nicht mehr als einen Liter schafften.

Anfangs schöpften wir in zwei Teams aus beiden Eingängen, aber auf der Seite, die dem Wetter ausgesetzt war, schwappten immer wieder Wellen durch die Öffnung und machten unsere Mühen zunichte. Also hielten Hannes und Big Danie den Eingang in Luv geschlossen, und Morné und ich schaufelten das Wasser in Lee aus der Insel, so schnell wir konnten. Nur drehte sich unser Floß unmerklich, und bevor wir reagieren konnten, kam der nächste Schwall auf unserer Seite über die Kante. Wir versuchten, beide Öffnungen dicht zu halten und das Wasser nur durch einen schmalen Spalt nach draußen zu befördern. Aber die Menge, die sich so schöpfen ließ, war natürlich mehr als kläglich.

Den Eingang weiter zu öffnen, bedeutete allerdings auch, dass die Wärme verloren ging, die wir im Innern aufgebaut hatten. Wir mussten wohl darauf hoffen, dass wir das Wasser mit unserer Körperwärme auf eine erträglichere Temperatur brachten – und dass unsere Retter kamen, bevor wir völlig ausgekühlt waren. Vielleicht hatte der A-Mast unser Floß nicht nur geflutet; es war gut möglich, dass die scharfen Kanten und rauen Oberflächen die Schläuche oder den Boden beschädigt hatten. Aber wir konnten leider nicht feststellen, ob es irgendwo ein Leck gab. Im schnell schwindenden Licht des antarktischen Winters erschien das mehr als hüfthoch stehende Wasser pechschwarz.

Brian hatte seinen Sohn Grant zuletzt gesehen, als er im Wasser strampelnd versuchte, eine der anderen Rettungsinseln zu erreichen. Er konnte nicht wissen, wovon Sven und Stephan Zeuge geworden waren, und machte sich große Sorgen, ob Grant in Sicherheit war. Brian war sich schmerzlich bewusst, dass sein Sohn nicht schwimmen konnte, er selbst hatte es ja auch nie gelernt. Doch er klammerte sich an die Hoffnung, dass Grant es geschafft hatte und jetzt in einem Floß saß wie er.

Wir suchten unsere Rettungsinsel erneut systematisch ab: Gab es Proviant für den Notfall? Was hatten wir an Ausrüstung dabei, um Hilfe zu alarmieren? Morné öffnete die Tasche, die Bubbles auf der Brücke gepackt hatte, und fand lediglich unsere Reisepässe, Joaquims Videokamera und eine Flasche mit südafrikanischem Brandy. Was für eine Enttäuschung! Wo zum Teufel waren die EPIRBs, die Handfunkgeräte und die Seenotraketen?

Hannes fischte zwei schwarze Beutel aus dem dunklen Wasser, aber wir konnten die außen angebrachten Hinweise zum Inhalt im schummrigen Licht nicht lesen. Da kein Messer zur Hand war, rissen wir die

Beutel mit unseren Zähnen auf. Päckchen mit Notproviant und Wasser – beides schien uns zu diesem Zeitpunkt nicht besonders wichtig.

»Über Bord damit, ist doch nur Ballast«, fluchte Hannes.

»Nein, bloß nicht. Keine Lebensmittel wegschmeißen, die werden wir noch brauchen«, protestierte Boetie.

Normalerweise waren Rettungsinseln mit einer umfangreichen Überlebensausrüstung ausgestattet – Taschenlampe, Messer, Erste-Hilfe-Kasten, Signalpfeifen und Notproviant. Vielleicht war das alles gleich zu Beginn verloren gegangen, als wir immer wieder gegen den Rumpf der *Sudur Havid* gedonnert waren, oder später bei der unheimlichen Begegnung mit dem A-Mast. Jetzt war davon jedenfalls nichts mehr zu finden. Wir hatten also weder eine Möglichkeit, Kontakt zur Außenwelt aufzunehmen, noch konnten wir auf uns aufmerksam machen, wenn tatsächlich ein Suchschiff am Horizont erscheinen sollte. Außerdem hatten wir keine Paddel und keine anständigen Handschöpfer, von einem Seeanker ganz zu schweigen. Und das war möglicherweise das größte Manko: In den Wellen ausgebracht, wirkte so ein Seeanker wie ein Bremsfallschirm; er hätte unsere Drift verlangsamt und vor allem dafür gesorgt, dass wir uns nicht ständig im Kreis drehten. Stattdessen blieben wir ein Spielball der Wellen, und wenn wir Pech hatten, pustete uns der Wind vielleicht sogar aus dem Suchgebiet, das unsere potenziellen Retter abgesteckt hatten. Mit einem Seeanker hätte unsere Rettungsinsel gleich viel ruhiger im Wasser gelegen, was auch die Schöpferei einfacher gemacht hätte. So waren wir zur Achterbahnfahrt durch die wilde See verdammt, und das bekam einigen nicht so gut. Bjorgvin etwa hatte bei der Kollision mit dem Mast eine große Menge Seewasser geschluckt; im ewigen Auf und Ab und dem unablässigen Kreiseln der Rettungsinsel kotzte er sich nun die Seele aus dem Leib.

Eugene war fest entschlossen, eine letzte Zigarette zu rauchen. Er hatte die Packung mit seinem Notvorrat in eine Plastiktüte gesteckt und trocken ins Rettungsfloß gerettet. Großzügig reichte er auch Big Danie und Morné eine Zigarette weiter, und alle drei versuchten sich daran, sie anzuzünden. Doch das Feuerzeug versagte seinen Dienst, selbst Eugenes bewährter Trick, das Rädchen an der Wollmütze trocken zu reiben, funktionierte dieses Mal nicht. Morné saß noch da, Zigarette zwischen den Lippen, und wartete auf den erlösenden Funken, als uns eine große Welle traf, die einmal quer durch die Rettungsinsel rauschte. Das Wasser klatschte ihm ins Gesicht und spülte den Stängel, der nicht glimmen wollte, einfach weg. Auch Eugenes Schachtel war verloren, ein Opfer des Ozeans.

Wir mussten die Öffnungen unbedingt besser verschließen, um uns vor Wind und Wellen zu schützen. Bis jetzt hatten wir uns allein auf den eingenähten Gummizug in dem Stück Plane vor dem Eingang verlassen, aber die Konstruktion war nicht stark genug, um einer kräftigen Bö oder einem Brecher zu widerstehen. Auf der Innenseite der Türöffnung entdeckten Morné und ich extra dafür vorgesehene Klettverschlüsse, stabile Gurte, ein Zoll breit. Man musste sie nur durch die entsprechenden Ösen in der Plane fädeln und dann an einem Ring auf dem oberen Gummischlauch der Insel befestigen. Leichter gesagt als getan – mit steif gefrorenen Fingern eine echte Herausforderung.

Es war zum Verrücktwerden: Jedes Mal, wenn ich den Klettverschluss gerade so weit hatte, dass ich ihn zusammendrücken konnte, klatschte eine Welle mit einer solchen Macht gegen die Plane, dass mir die Gurte aus den Händen gerissen wurden und wir die volle Wucht des Wassers abbekamen. Meine bloßen Finger waren komplett erstarrt. Ich kniete im Wasser, die Plane zwischen den Zähnen, damit sie mir nicht wegflatterte, und fummelte die Gurte ein weiteres Mal durch die Ösen. Schließlich hatte ich auch den letzten Klettverschluss gesichert und lehnte mich zufrieden zurück, um mein Werk zu betrachten. Es hielt nur wenige Sekunden, dann rauschte die nächste Welle durch den Eingang.

Danach gaben wir alle Anstrengungen auf, unsere Rettungsinsel leerzuschöpfen. Jeder versuchte, einen sicheren Platz zu finden, möglichst am Rand, weg vom tiefen Wasser in der Mitte. Ich quetschte mich in eine schmale Lücke, einen Arm um das Halteseil geschlungen, das auf der Innenseite des obersten Gummischlauchs entlanglief. Um nicht wieder zurück ins Zentrum der Insel zu sacken, schob ich mich mit den Füßen in einer langsamen, aber regelmäßigen Bewegung nach außen. Wie auf einem Laufband schlurfte ich in meinen Socken auf dem geneigten Boden, immer rückwärts. Ich lief einen seltsamen Marathon: Unermüdlich schwang ich im Sitzen meine Beine, ohne je irgendwo anzukommen.

Plötzlich richtete sich Boetie neben mir auf und riss die Plane über dem Eingang zur Seite.

»Hey, Boetie«, protestierte ich, »komm wieder rein.«

Schwankend stand er auf, offensichtlich von Panik und Platzangst geplagt, und suchte mit irrem Blick den Horizont ab. »Wir müssen doch alle Luken offen halten«, schrie er, »damit wir sehen können, was die anderen Rettungsinseln machen!«

22. Eine moderne Rettungsinsel. Unsere sah ganz ähnlich aus – mit schwarzen Luftschläuchen und einer orangefarbenen Dachplane. Der Eingang auf unserer Insel war größer, und wir hatten ständig Probleme, die Abdeckung festzuzurren. Auch fehlte bei unserer Insel eine Einstiegshilfe, wie sie hier zu sehen ist.

23. Extraschicht: Dieser Overall hat mein Leben gerettet. Es ist zwar kein echter Überlebensanzug, weil an Füßen, Händen und am Hals offen, aber er hat mich ein bisschen wärmer gehalten.

24. Die Überlebenden von der *Sudur Havid:* Dieses Fax hat die *Isla Camila* nach unserer Rettung an die Reederei in Kapstadt gefaxt. Phil hat die Liste getippt, die Unterschrift ist von Kapitän Sandoval.

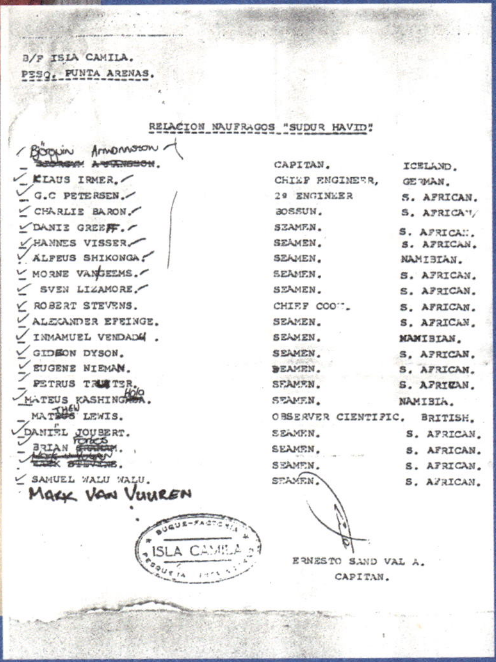

B/F ISLA CAMILA.
PESQ. PUNTA ARENAS.

RELACION NAUFRAGOS "SUDUR HAVID"

Böðvin Arnormsson [illegible].	CAPITAN.	ICELAND.
KLAUS IRMER.	CHIEF ENGINEER,	GERMAN.
G.C PETERSEN.	2º ENGINEER	S. AFRICAN.
CHARLIE BARON.	BOSSUN.	S. AFRICAN.
DANIE GREEFF.	SEAMEN.	S. AFRICAN.
HANNES VISSER.	SEAMEN.	S. AFRICAN.
ALFEUS SHIKONGA.	SEAMEN.	NAMIBIAN.
MORNE VANGEEMS.	SEAMEN.	S. AFRICAN.
SVEN LIZAMORE.	SEAMEN.	S. AFRICAN.
ROBERT STEVENS.	CHIEF COOK.	S. AFRICAN.
ALEXANDER EFEINGE.	SEAMEN.	S. AFRICAN.
INMAMUEL VENDADH .	SEAMEN.	NAMIBIAN.
GIDEON DYSON.	SEAMEN.	S. AFRICAN.
EUGENE NIEMAN.	SEAMEN.	S. AFRICAN.
PETRUS TR[illegible]TER.	SEAMEN.	S. AFRICAN.
MATEUS KASHINGHOLO.	SEAMEN.	NAMIBIA.
MATTHEW LEWIS.	OBSERVER CIENTIFIC.	BRITISH.
DANIEL JOUBERT.	SEAMEN.	S. AFRICAN.
BRIAN FORBES.	SEAMEN.	S. AFRICAN.
[illegible]	SEAMEN.	S. AFRICAN.
SAMUEL WALU WALU.	SEAMEN.	S. AFRICAN.

MARK VAN VUUREN

BUQUE-FACTORIA ISLA CAMILA PESQUERIA

ERNESTO SAND VAL A.
CAPITAN.

25. Endlich an Land: die teilweise verrammelten Häuser im verschneiten King Edward Point auf Südgeorgien. Im Juni 1998.

26. Geliehene Kälteschutzanzüge in Tarnfarben: die Überlebenden der *Sudur Havid* bei der Gedenkfeier auf dem Friedhof von Grytviken. Es schien uns nicht angemessen, für den Fotografen zu lächeln.

27. Ein Rettungsring der *Sudur Havid* am Kreuz: Sven, Stephan, Morné und ich auf dem Friedhof von Grytviken.

28. Vor Fels und Eis: die Kirche von Grytviken auf Südgeorgien.

29. Zur Erinnerung an die Toten von der *Sudur Havid:* weißes Kreuz auf einem Hügel über Grytviken. Was für eine Aussicht.

30. Lebensretter vor Anker: die *Isla Camila* in der King Edward Cove. Südgeorgien, im Juni 1998.

31. Comeback des Lächelns: Stephan, Sven, Big Danie, Eugene und ich auf der Fahrt zu den Falklandinseln mit der *Gold Rover*.

32. Auf dem britischen Truppenversorger *Gold Rover*: Sven, ich, Morné und Phil. Wir waren noch so jung!

33. Ruhiges Wetter, fast keine Wolken am Himmel: auf dem Weg zu unserer Stammkneipe in Stanley. Falklandinseln, Juni 1998.

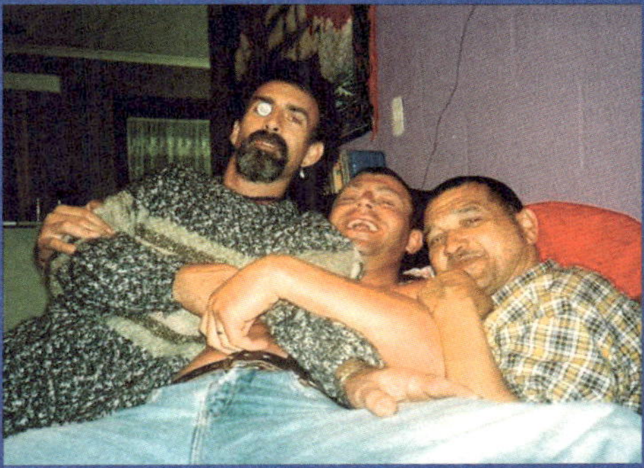

34. Grillmeister: Big Danie und Hannes schmeißen auf den Falklandinseln den Braai an. Hannes Auge ist immer noch geschwollen – eine unangenehme Begegnung mit einem Bootshaken.

35. Einmal Crew, immer Crew: Mark, Hannes und Brian. Wenn Hannes dabei ist, wird einem nie langweilig. Zu Hause in Kapstadt, 1999.

36. Die Überlebenden – plus Phil und minus Efeinge – in der Seemannsmission von Stanley: In der hinteren Reihe (von links nach rechts) stehen Charlie, Bjorgvin, Brian, Little Danie, Hannes (der seinen Arm um Klaus gelegt hat), Sven, Eugene, Stephan, Big Danie, Kashingola, Morné und Grunter. Davor: Gideon, Glen (am Tisch), Walu Walu, Phil, Vendadu, Alfius, ich und Mark.

37. Erinnerungsstück von der *Sudur Havid:* Der Rettungsring hängt jetzt in der Kirche von Grytviken auf Südgeorgien.

38. Mein liebster Anzug: Für den Fotografen habe ich die Schlechtwettermontur angezogen, die mir das Leben gerettet hat. Und ich bin bereit, wieder zur See zu fahren. Aberdeen, 1999.

39. Drei Gründe, warum ich froh bin, dass ich überlebt habe: Camila, Corinne und Tate am Fluss in unserem neuen Zuhause. Schottland, Juni 2013.

40. Neuer Job: Einen Afrikanischen Zwergigel in den Händen, versuche ich, Schulkinder für die Tierwelt zu begeistern.

41. Mein Dankeschön.

16:10 UHR

Samstag, 6. Juni 1998

Stephan stand unter Schock, noch immer sah er das Bild vor sich, wie Grant in den Wellen verschwand. Er schaute in die Gesichter der anderen, die es in seine Rettungsinsel geschafft hatten: Klaus, Gideon, Grunter, Glen, Charlie, Efeinge, Matheus, Alfius, Sven, Mark, Vendadu, Walu Walu und Little Danie. Hannes war nicht dabei, und Stephan betete, dass sein Cousin in einer der anderen Inseln saß. Er hatte ihn nicht mehr gesehen, seit die Entscheidung gefallen war, von Bord zu gehen, und er fürchtete, dass Hannes noch irgendwo im Wasser trieb. Das Licht in der Rettungsinsel hatte einen seltsam warmen Schein. Orange, dachte er, das Dach über ihren Köpfen, wie in einem Zelt. Charlie Barons Stimme erklang neben ihm, laut und klar, und unterbrach seine Gedanken: »Wir müssen einen Kreis bilden. Rücken gegen die Schläuche, Beine Richtung Mitte. So geben wir unserer Insel mehr Stabilität.«

Charlie hatte recht: Zweieinhalb Meter maß ihr Floß im Durchmesser; wenn alle Mann in einer Welle auf eine Seite geworfen wurden, konnte es sogar passieren, dass sie kenterten und komplett umkippten. Stephan rutschte ein Stück weiter; nach seinem Sprung ins eiskalte Wasser war er wie gelähmt gewesen, doch jetzt kehrten seine Lebensgeister zurück. Wie die Stücke eines Kuchens saßen die 14 Männer im Kreis – Schultern außen, Füße im Zentrum. Ihr Floß war eigentlich nur für zwölf Mann ausgelegt, und die voluminösen Schwimmwesten mit ihrem steifen Kragen verstärkten das Gefühl der Enge noch zusätzlich.

Charlie knotete ein Seil an eine unbenutzte Schwimmweste; er hatte draußen Stimmen gehört und wollte eine Rettungsleine parat haben, um schnell helfen zu können. Bitterkaltes Wasser schwappte auch in ihrer Insel hin und her; ihre Füße verschwanden in der dunklen, grauen Brühe, die sich in der Mitte gesammelt hatte. Stephan konnte seine Zehen nicht mehr spüren, aber er versuchte trotzdem, sie in den bleischweren Socken zu bewegen.

Ihm gegenüber saß Walu Walu, der Winschenmann. Er schien sich mehr Sorgen um sein Handy zu machen als um ihre heikle Lage. Als alle von Bord gegangen waren, hatte er sein geliebtes Telefon im letzten Moment aus der Kabine geholt und fest in eine Plastiktüte gewickelt. Jetzt nestelte er es in regelmäßigen Abständen aus der Brusttasche, als wollte er sich immer wieder vergewissern, dass es wirklich trocken geblieben war. Alfius, gleich neben ihm, hielt sich nach wie vor an seiner braunen Ledertasche fest.

Charlie hatte eine der Notfalltaschen gefunden, die in der Rettungsinsel verstaut waren, und riss den Verschluss auf. Er reichte Sven und Mark jeweils einen kleinen Plastikeimer zum Schöpfen und rollte die Tasche wieder zusammen. Sven schaute Mark an, und dann begannen beide wie auf Kommando, ihre Eimer zu füllen und das Wasser über die Schulter nach außenbords zu schütten. Mark war klatschnass und zitterte am ganzen Körper. Aber der Job würde ihm dabei helfen, sich aufzuwärmen.

Anfangs kam es ihnen so vor, als seien ihre Bemühungen völlig aussichtslos. Ihre Schöpfkellen waren nicht größer als die Eimerchen, mit denen Kinder am Strand spielen. Aber gemeinsam entwickelten sie ein System, das funktionierte: Sie verschlossen den Eingang in Luv und kippten ihr Wasser in Lee über Bord. Sobald sich das Floß drehte, wechselten sie sofort zur anderen Öffnung, und Charlie übernahm das Lenzen. Nachdem sie 30 Minuten ohne Unterbrechung Wasser geschaufelt hatten, stellte Sven erleichtert fest, dass der Pegel in der Rettungsinsel auf wenige Zentimeter gefallen war. Ausgekühlt und erschöpft legten sie eine Pause ein.

Charlie schlug die Plane zur Seite, um nach den anderen beiden Flößen Ausschau zu halten. Auf Stephans Schulter gestützt stand er auf und suchte die Wellen ab. Viel Tageslicht war nicht mehr übrig, und knapp über der Wasseroberfläche war es sowieso schwer, in der Entfernung irgendetwas zu erkennen. Er wartete also ab, bis die Wellen das Floß wieder anhoben, und guckte auf dem höchsten Punkt um sich. Nur etwa 50 Meter weiter in Lee entdeckte er tatsächlich eine der Rettungsinseln. Sie lag sehr tief im Wasser, und Charlie konnte eine Figur in der Öffnung erkennen; es war Hannes, der ihm sogar zuwinkte. Das Floß machte seltsame Bewegungen: Im Wellental sackte es in der Mitte durch, auf dem Kamm hing es auf beiden Seiten herunter, als würde es sich im Seegang verbiegen. Auf der Seite, die dem Wind ausgesetzt war, schien die Plane eingedrückt.

Charlie scannte noch einmal die See rund um das Floß ab, dieses Mal ließ er den Blick etwas weiter schweifen: Wo war die dritte Insel? Erneut wartete er ab, bis ihn die Wellen auf den höchsten Punkt getragen hatten, um im Grau der See nach dem kleinen Fleck Signalrot zu fahnden, aber dieses Mal hatte er kein Glück. Nichts zu sehen.

Charlie wusste, wie wichtig es war, die beiden Rettungsinseln vor Einbruch der Dunkelheit zusammenzubringen. Er wühlte noch einmal in der Notfalltasche und hielt Sven und Mark zwei kleine Stechpaddel hin: »Also Jungs, haut rein!«

Die beiden Matrosen knieten sich neben dem Eingang hin und pullten an ihren Paddeln. Das Floß war verdammt schwer, sie mussten immerhin das Gewicht von 14 Mann in Schwung bekommen. Aber wenn sie den anderen Eingang öffneten, damit mehr Leute helfen konnten, kassierten sie in der nächsten größeren Welle möglicherweise wieder einen riesigen Schwall Wasser; das Risiko durften sie nicht eingehen. Einen Moment lang schien es, als würden sie vorankommen, doch nur wenig später kam es ihnen vor, als wäre die andere Rettungsinsel weiter weg als zuvor. Eine Sinnestäuschung? Eben noch waren sie auf 30 Meter herangekommen, dann betrug der Abstand wieder mehr als 50 Meter. Wie konnte das sein? Nachdem sie fünf Minuten mit aller Kraft gepaddelt hatten, lag das andere Floß definitiv noch genauso weit weg wie zu Beginn ihrer Anstrengungen. Mark und Sven gaben frustriert auf. Durch den offenen Eingang verloren sie außerdem zu viel Wärme; ihre eigene Sicherheit ging vor. Charlie zurrte die Plane über dem Eingang wieder zu.

Obwohl sie jetzt mehr Schutz hatten und sich ganz auf die eigene Crew konzentrieren konnten, spürten Sven und seine Leute noch deutlicher als vorher, wie ausgesetzt sie waren, wie isoliert. Anstatt zu kämpfen, Wasser zu schöpfen oder zu paddeln, egal was, saßen sie nun still da und warteten. Aber worauf? Sie saßen einfach da und lauschten dem donnernden Lärm der See. Der Wind kreischte in den schrillsten Tönen und zerrte mit aller Macht an ihrer Dachplane. Wenn Gischt auf das straff gespannte Gewebe prasselte, klang es, als würde jemand eine Handvoll Kies auf eine Trommel pfeffern.

Alle paar Minuten wuchs das Rauschen des Wassers zu einem wilden Crescendo an, dann wusste Sven, dass der nächste große Brecher auf sie zukam. Er konnte nicht sehen, was passierte, aber er spürte, wie das Floß langsam angehoben wurde, und machte sich auf einen mächtigen Schlag gefasst. Wenn die Welle ausgerechnet in dem Augenblick brach, in dem sie mit ihrer Rettungsinsel über den Kamm kletterten, würden sie eine Rolle rückwärts machen und kentern.

Dann kam der Schlag: Das Wasser traf sie mit einer solchen Wucht, dass ihnen die Beine einknickten und ihr ordentlicher Kreis auseinandergerissen wurde. Die reguläre Dünung war schon unaufhaltsam, wie ein Ozeandampfer in voller Fahrt, aber die vom Wind aufgepeitschten Wellen türmten sich noch steiler auf, und wenn ihre Kämme brachen, war ihr Floß in höchster Gefahr. Nachdem der Brecher vorbei war, rappelten sich alle schnell wieder auf, um ihre Position im Rund einzunehmen, bevor sie der nächste erwischte. Erst in einer solchen Lage wurde einem klar, welchen Schutz ein Schiffsrumpf aus Stahl bot, wie er die ungebändigte Kraft der Elemente von einem abhielt. Ihr Inselchen aus Gummischläuchen und PVC-Plane hingegen fühlte sich so fragil an; wenn der Ozean wirklich ernst machte, gab es kein Entkommen.

Stephan dachte an seine Familie in Kapstadt; er war so weit weg von allen. Seine kleine Schwester war gerade einmal zehn Jahre alt, und es schien grausam, dass er sie vielleicht nie wieder sehen würde. Sie war noch so klein, und er bildete sich ein, dass er ihre dünnen Arme spüren konnte, wie sie ihn ein letztes Mal drückten. Vor seinem geistigen Auge sah er Schnappschüsse aus seinem Leben, kurz flackerten Bilder auf: wie er mit seinem Vater angeln war und seinen ersten Fisch gefangen hatte. Wie er sich von seiner Verlobten getrennt hatte, bevor er an Bord der *Sudur Havid* gegangen war.

Gideon riss Stephan aus seinen Erinnerungen: »Ich hab' Hunger. Gibt es hier irgendwas zu essen?«

Charlie stöberte wieder in den Taschen mit der Überlebensausrüstung und förderte tatsächlich eine Packung mit Keksen zutage. Kaum vorstellbar, dass jemand in einer solchen Lage überhaupt an seinen Magen denken konnte, aber Gideon war eben noch ein Teenager. Charlie hatte seinen Bruder Albert übrigens nicht mehr gesehen, seit sie in die Rettungsinseln gegangen waren. Es blieb ihm nichts anderes übrig, als darauf zu hoffen, dass er in einem der anderen Flöße saß. Er hatte noch einen weiteren interessanten Fund gemacht – einen Apparat, der wie ein Notsender aussah. Nur waren seine Finger so steif von der Kälte, dass er nichts damit anfangen konnte. Wie zum Beweis hielt er Sven erst seine nutzlosen Pranken hin und dann das sonderbare Gerät. Sven wusste, was eine EPIRB war, er hatte auf der *Sudur Havid* schon gelegentlich eine in der Hand gehabt, aber dieses Ding sah irgendwie anders aus. Der Schaft der Antenne war aus Kunststoff und ließ sich wie eine Teleskopangel auseinanderziehen; das Ganze wurde dann oben in das Metallgehäuse des Senders gesteckt. Sven betrachtete ihn gründlich von allen Seiten, und nach ein paar Minuten glaubte er zu wissen, wie man ihn aktiviert. Das Problem war nur: Wie brachte er seine ebenfalls erstarrten Hände dazu, den eigentlich simplen Job zu bewältigen? Er legte sie ineinander wie zum Gebet und blies warme Luft durch den Spalt zwischen den Daumen, aber seine Finger waren bis auf die Knochen durchgefroren. Es fiel ihm schwer, sich zu konzentrieren, seine Gedanken drifteten wieder zu seiner Familie ab. In Kapstadt wurde es jetzt gerade dunkel, und sein Vater saß am alten Holztisch, einen Drink in der Hand. Gut möglich, dass sein Bruder draußen gerade den Braai anschmiss, den typisch südafrikanischen Grill, der mit Holz vom Kameldornbaum befeuert wurde. Sven fühlte sich unendlich müde, wenn er doch nur für einen Moment die Augen schließen könnte.

Mit einem der kleinen Paddel aus der Notfalltasche gab ihm Charlie einen Klaps auf die Stirn: »Hey, Sven! Du kannst jetzt nicht einpennen. Tu was, beschäftige dich mit irgendwas, aber sitz nicht einfach da rum. Schlafen geht jetzt nicht!«

Stephan hakte sich in die Leine auf dem obersten Gummischlauch ein, um besseren Halt zu haben. Es kam ihm vor, als würden sie schon seit Stunden in der Rettungsinsel sitzen. Charlie bellte gelegentlich eine Order: »Nicht einpennen!« – »Festhalten!« – »Lasst euch nicht hängen!« Dann schlug er wieder die Plane über dem Eingang auf und starrte in die Nacht. Waren die anderen Rettungsinseln in Sicht? Scheinwerfer am Horizont, die ein Suchschiff ankündigten?

Eine dichte Wolkendecke schluckte das letzte Licht von Mond und Sternen, es war absolut finster draußen – bis auf das Rundumlicht oben auf dem Dach. Gnadenlos wurde die Insel von den Wellen zusammengedrückt, und jedes Mal stemmten sich die Männer mit dem Rücken gegen die Wände, damit sie nicht komplett ihre Form verlor oder sogar kenterte. Jetzt einmal rein logisch betrachtet, dachte Stephan, wie sollten sie aus dieser Lage wieder heil rauskommen? Wer sollte denn kommen und sie retten? Er hatte in den vergangenen Monaten nur ein einziges anderes Schiff im Fanggebiet gesehen, und selbst diese Begegnung lag Wochen zurück.

Auf der gegenüberliegenden Seite der Rettungsinsel saß Klaus und murmelte vor sich hin. Grunter betete, kaum hörbar, und sein Sohn Gideon lag in der Wasserlache neben ihm. Er schien nicht mehr genug Kraft zu haben, um aufrecht zu sitzen, und war den Toten näher als den Lebenden, aber Grunter machte sich offenbar keine Sorgen. Für einen Mann, der seinem Sohn beim Sterben zusah, wirkte er jedenfalls erstaunlich gelassen.

Stephan schaute zu Sven rüber, der immer noch das Gehäuse der EPIRB in den Händen hielt. Er zitterte jetzt so stark, dass seine Schultern bebten. Gleichzeitig wippte sein Kopf nach vorn, ein klares Zeichen, dass er gerade in den Schlaf abdriftete.

»Sven, wach auf!«

Soweit Stephan das beurteilen konnte, war Sven der Einzige an Bord, der wusste, wie man mit einer EPIRB umging. Doch er war so stark ausgekühlt, dass er nicht mehr zu einer vernünftigen Reaktion fähig war. Stephan schlug Sven ins Gesicht, es war kein sanfter Klaps.

»Du kannst hier nicht einpennen. Sonst gehst du drauf.«

17:00 UHR

Samstag, 6. Juni 1998

Matt, wann kommt das Schiff?«

Diese Frage beschäftigte die Leute in der Rettungsinsel wie nichts anderes. Und ich war anscheinend der Einzige, von dem sie eine Antwort erwarteten. Bubbles lag regungslos da und sagte kein Wort, Boetie redete wirres Zeug, und Bjorgvin kotzte noch immer. Wenigstens roch man nichts davon, das Seewasser spülte gnädigerweise alles gleich weg.

»Matt, kommt denn ein Schiff, um uns zu retten?«

»Ich weiß es nicht.«

Ich brachte es nicht über mich, ihnen die ausführliche Antwort zu geben, die sie eigentlich verdient hatten. Auch wenn ich die Stimme im Funk noch gehört hatte, bevor wir von Bord gegangen waren, konnte ich nicht sicher sein, ob man unsere Position empfangen hatte. Die *Northern Pride*, so viel wusste ich, war gut 100 Meilen entfernt – zu weit, um uns rechtzeitig erreichen zu können. Im Seegebiet rund um Südgeorgien waren angeblich zehn Schiffe unterwegs, doch seit wir bei dem Koreaner Diesel gebunkert hatten, war kein Signal mehr auf dem Radarschirm zu sehen gewesen. In unmittelbarer Nähe war niemand, der uns helfen konnte.

Wir waren etwa 200 Meilen von King Edward Point entfernt, aber die Pioniere der britischen Armee auf der Insel verfügten nur über ein paar kleine Boote für den Einsatz an der Küste. Der nächste Helikopter dürfte auf den Falklandinseln stationiert sein, 700 Meilen weiter westlich, damit lagen wir außerhalb seiner Reichweite.

Morné drehte sich zu David um, der schon einmal einen Seenotfall erlebt hatte – in den warmen Gewässern vor Mauritius. »Als euer Kahn damals gesunken ist, wie lange hat es gedauert, bis man euch gerettet hat?«, fragte Morné leise.

»Nicht so lange. Eine halbe Stunde«, erwiderte David.

Morné hatte auf eine Antwort gehofft, die mehr Zuversicht verbreitete. Enttäuscht wendete er sich ab und versank wieder in der Welt seiner eigenen Gedanken.

Bei manchen war jetzt deutlich zu erkennen, wie das eisige Wasser, der Schock und die Anspannung ihr gesamtes Verhalten verändert hatten. Boetie gab schon eine ganze Weile nur noch ein lautes unverständliches Stöhnen von sich. Er hatte ordentlich was abbekommen, als wir mit dem A-Mast kollidiert waren, aber es gab leider nichts, was ich für ihn tun konnte. Mit der Zeit wurde sein Ächzen leiser, und es war auch nicht mehr so oft zu hören. Besorgt schaute ich zu ihm hinüber. Er stand immer noch mit eingezogenen Schultern am Eingang, den Kopf an die Plane gelehnt. Ein gutes Zeichen: Wer aus eigenen Kräften stehen konnte, war noch am Leben.

Eine neue Stimme füllte die Stille – ein schrilles Jaulen. Im Ton viel höher als alles, was wir vorher zu hören bekommen hatten. Fast wie eine Frau, die in Panik schrie. Die Stimme gehörte zu Kenny, einem Typen, den ich bei der Arbeit auf dem Fabrikdeck als ungestümen Macho erlebt hatte. Die Hilflosigkeit und der Schmerz, die in seinem Klagelied mitklangen, waren kaum zu ertragen. In meinem Kopf war alles gepolt auf den unbedingten Willen zu überleben, und dieses Jaulen und Jammern symbolisierte das absolute Gegenteil – da gab sich jemand hemmungslos der Verzweiflung hin. Nur ein paar Minuten dieses seelenerweichenden Geheules, und ich rastete aus: »Von wem kommt denn dieses verdammte Geheule? Hör sofort auf damit, Mensch!«

Kenny war sofort still. So brutal es auch war, jemanden anzuschnauzen, der in seiner Angst um Hilfe rief, es zeigte Wirkung. Die Stimmung in der Rettungsinsel wendete sich umgehend zum Besseren – und die Hoffnung, dass wir rechtzeitig gerettet wurden, gewann wieder die Überhand.

Durch einen Spalt in der Plane über dem Eingang konnte ich das andere Floß sehen. Entfernung: etwa 50 Meter. Die dritte Rettungsinsel mit Carlos und Joaquim war schon aus dem Blickfeld verschwunden, als wir noch damit beschäftigt waren, alle heil von der *Sudur Havid* runterzubekommen. Seither hatte sie niemand mehr gesehen.

Das Licht auf dem Dach der anderen Rettungsinsel blinkte regelmäßig, ein helles Ausrufezeichen vor dem schwarzen Himmel. Ich blickte nach oben, wo unser Licht leuchten sollte, aber es funktionierte nicht. Ich suchte drinnen nach Hinweisen, wie es in Gang zu setzen war, oder nach Kabeln, die vielleicht erst zusammengesteckt werden mussten – aber Fehlanzeige. Möglicherweise war unser Floß bei dem harten Zusammenstoß mit dem Stahlträger des A-Mastes beschädigt worden; vorher hatten wir keine Gelegenheit gehabt, auf das Licht zu achten. Ich fragte mich, wie wir je gefunden werden sollten, wenn wir uns überhaupt nicht bemerkbar machen konnten, und wie lange unsere Rettungsinsel in ihrem jetzigen Zustand durchhalten würde.

Eine naheliegende Lösung war, die beiden Flöße miteinander zu vertäuen – gemeinsam sind wir stark, besser eine große Nadel im Heuhaufen als zwei kleine. Hannes und ich versuchten, uns mit der Crew in der anderen Insel zu verständigen, doch ich war mir nicht sicher, ob sie unser Brüllen über das Donnern der Wellen hören konnten. Wir fingen an, mit unseren Händen in ihre Richtung zu paddeln, und zu unserer großen Freude machten auch sie sich ans Schaufeln. Mark und Sven lehnten sich über die Gummischläuche am Eingang und zogen mit aller Kraft an ihren kleinen Notpaddeln. Wir kamen bis auf 30 Meter heran, doch dann trugen uns die Wellen wieder weiter weg.

Wir verdoppelten unsere Anstrengungen, nur um wenig später einsehen zu müssen, dass es auch so nicht genug war. Der Abstand vergrößerte sich, obwohl auf beiden Seiten hart gepaddelt wurde. Wir waren der See ausgeliefert, doch sie spielte nicht mit. Wir stellten unsere Bemühungen ein, und wenig später gaben sie auch auf dem anderen Floß auf. Ob sie wussten, wie schlecht es um unsere Insel stand? Befürchteten sie gar, dass ihr eigenes Gefährt in Gefahr geriet, wenn sie sich an uns banden? Zugegeben: Ihr Floß war in einem deutlich besseren Zustand als unseres – es hatte mehr Auftrieb und lag deshalb nicht so tief im Wasser. Und vor allem hatte es eine funktionierende Lampe auf dem Dach. Ich konnte es ihnen nicht einmal verübeln, wenn sie sich lieber allein durchschlagen wollten. Wer würde denn eine Sekunde länger in einer Rettungsinsel verbringen, die bis an den Rand mit Wasser vollgelaufen war, wenn gleich nebenan eine lag, die trocken und warm zu sein schien? Wenn alle von unserem Floß versuchten, in das der anderen umzusteigen, würde das in einem Massaker enden. Es war vielleicht wirklich besser, dass sie nicht näher an uns herankamen.

Andererseits bedeutete die Alternative, nämlich allein weiter durch die Nacht zu treiben, dass wir ohne jedes Licht für die Retter nicht zu sehen waren. Wenn wir es nicht schafften, zu den anderen hinzupaddeln, sollten wir stattdessen versuchen, hinüberzuschwimmen? Ergab das Sinn?

Boetie, Hannes und ich hockten uns am Eingang zusammen und gingen die verschiedenen Optionen durch. Unserem Skipper schien es besser zu gehen, auf mich machte er jedenfalls den Eindruck, dass er wieder zurechnungsfähig war. Wir nahmen die Distanz noch einmal in Augenschein – zwischen uns und der anderen Insel lagen ungefähr 50 Meter, doch sie schien sich langsam von uns wegzubewegen. War unsere letzte Chance gekommen? Wir drei konnten schwimmen, aber würden wir unter diesen Bedingungen durchhalten, wo unsere Arme und Beine schon steif vor Kälte waren? Irgendwo hatte ich Geschichten über Schiffbrüchige gehört, die zwar exzellente Schwimmer waren, aber dann nahe des Ufers in ruhigerem und wärmerem Wasser ertrunken waren. Sie hatten das Schlimmste hinter sich gehabt, doch Unterkühlung und der Kampf gegen die Wellen hatten ihnen dermaßen zugesetzt, dass sie die letzten rettenden Meter nicht mehr schafften. Trotzdem: Nichts schien mir in diesem Moment wichtiger, als von unserer Rettungsinsel wegzukommen.

»Also Leute: Alle tragen eine Schwimmweste …«, sagte ich.

»Nee, ich habe keine«, protestierte Boetie.

Ich duckte mich kurz unter der Plane durch und angelte mir eine Weste, die auf dem Wasser in der Mitte der Insel trieb; jemand musste sie abgelegt haben. Wir setzten uns wieder zusammen und spielten weiter die verschiedenen Szenarien durch. Der Seegang machte es einem schwer, Entfernungen richtig einzuschätzen. Mal rückte er die andere Rettungsinsel näher heran, dann schob er sie mit großem Tempo weg. Die Wellen waren unglaublich groß. Würden wir gegen die zehn Meter hohen Wasserberge überhaupt anschwimmen können? Und was war, wenn uns ein brechender Wellenkamm erwischte? Würden wir von den Wassermassen mitgerissen werden? Und dann der Wind: Mussten wir damit rechnen, von unserem Kurs abgetrieben zu werden? Was passierte, wenn wir unser Ziel aus den Augen verloren, wollte ich mir lieber gar nicht erst vorstellen.

Nie und nimmer würden wir lebend drüben ankommen, stellte ich resigniert fest, das war schlicht nicht machbar. Hannes und Boetie sahen es genauso, und so zurrten wir die Plane über dem Eingang hinter uns zu und platschten zurück in unsere überflutete Rettungsinsel. Wir sahen keine Chance, von hier wegzukommen, und unsere Anstrengungen, das Wasser aus der Insel zu schöpfen, hatten auch nicht gefruchtet. Wir waren auf Hilfe von außen angewiesen, aus eigener Kraft konnten wir nichts zu unserer Rettung beitragen. Wir mussten das so hinnehmen – und warten. Ich schlurfte durchs Wasser, das einen guten Meter hoch stand, um mir einen Platz zu suchen, und kam dabei an Kenny vorbei. Seltsam verrenkt lag er auf der Seite, die Schwimmweste hochgerutscht, und starrte ausdruckslos ins Nichts. Neben einer der Stützen, die unser Dach hielten, fand ich eine Lücke; mit etwas Mühe zwängte ich mich zwischen David und Big Danie, die beide tiefer im Wasser hingen, und hakte mich mit den Armen in der Leine ein, die oben auf den Gummiwülsten befestigt war. Das dünne Seil drückte mir fast den Arm ab, aber wenigstens gab es mir ein wenig Halt.

Ich versuchte, mich weiter sinnvoll zu beschäftigen. War der Reißverschluss an meinem Anzug auch wirklich bis zum Anschlag geschlossen? Hatte ich meinen Kragen wirklich so hoch gezogen, wie es nur ging? Gerne hätte ich mich noch weiter aus dem Wasser geschoben, aber auf dem glatten Gummiboden fand ich mit meinen Wollsocken keinen Halt. Vielleicht hatte es auch sein Gutes, dass ich meine Position ständig korrigieren musste, dass ich nie richtig zur Ruhe kam. Mein privates Überlebensprogramm: nicht nachlassen, nicht wegsacken. Doch ich spürte, wie die Kälte in meinem Körper vorwärtskroch.

Morné meldete sich von der anderen Seite der Rettungsinsel: »Kann mir mal jemand helfen … mit der Plane hier?«

Weil sonst keiner reagierte, machte ich mich auf den Weg zu ihm – wieder durchs hüfthohe Wasser, über die Beine der anderen, durch ein Gewirr von Strippen und herrenlosen Schwimmwesten. Erneut fädelte ich die dünnen Gurte durch die Ösen in der Plane, um den Eingang zu verzurren. Mir war klar, dass der Wind meine Arbeit wenige Minuten später zunichtemachen würde. Es musste doch einen besseren Weg geben, die Plane zu sichern, als mit diesen albernen Klettverschlüssen. Nur, wenn wir die Gurte fest verknoteten, saßen wir in der Falle, dann kamen wir im Ernstfall nicht raus aus der Insel. Nachdem ich Morné geholfen hatte, kehrte ich an meinen Platz zurück.

Ich schob David mit meiner Schulter zur Seite und wollte mich wieder in meine Position an der Wand zwängen. Er rückte auch brav zur Seite, aber die Lücke war nicht groß genug für mich. Als wir von Bord gegangen waren, hatte sich meine Schwimmweste verdreht; die Gurte hingen lose an meinen Beinen herunter, und die großen Schaumstoffblöcke gerieten ständig in den Weg, egal wie ich mich drehte und wendete. Ungeduldig zog ich mir das unhandliche Ding über den Kopf und warf es auf den Haufen mit Treibgut in der Mitte der Insel. Wir saßen auf einem Rettungsfloß, redete ich mir ein. Wozu brauchte ich da eine Schwimmweste?

Körperwärme, auf die kam es jetzt an. Wenn ich nicht auskühlen wollte, musste ich weiter aus dem Wasser raus. Ich streckte ein Bein durch die Leine, die innen an der Wand entlangführte, bis ich praktisch auf ihr saß. Direkt neben mir bot sich die aufblasbare Dachstütze als zusätzlicher Halt an. Mit einem Arm um diese Strebe geschlungen hing ich jetzt auf dem obersten Gummischlauch, wie ein kleines Kind, dass sich an das Bein des Vaters klammert. Ich hoffte, dass ich es in dieser Position eine Weile aushalten konnte, denn mein Oberkörper war nun komplett aus dem Wasser raus. Nur schnitt mir die Leine, auf der ich saß, schmerzhaft in den rechten Oberschenkel. Mein Bein, das von der Kälte eh schon fast gefühllos war, schien endgültig abgestorben zu sein. Wie lange, fragte ich mich, würden wir diese Tortur durchstehen können? Dass sie uns noch in dieser Nacht retten würden, war äußerst unwahrscheinlich. Aber würden wir es überhaupt bis zum nächsten Morgen schaffen?

Erst jetzt fiel mir der warme orangefarbene Schein auf, den die Lichter an den Schwimmwesten verbreiteten. Natürlich: Bei Kontakt mit Wasser leuchten sie automatisch auf. Nur hatte ich das vorher, als noch ein letzter Rest Tageslicht durchgesickert war, gar nicht bemerkt. Den Kopf gegen die Plane gelehnt, schloss ich die Augen und begann, leise zu singen:

Wird dein Anker dich halten
in den Stürmen des Lebens,
wenn sich die Wolken im Streit
auf dunklen Flügeln erheben …

Wie ging es weiter? Mein Gedächtnis war leer. Ich fing eine andere Strophe an:

Wir haben einen Anker,
der unsere Seele hält,
unerschütterlich und selbst dann,
wenn es den Wogen nicht gefällt.

Es war ein Kirchenlied, das ich in der Sonntagsschule gelernt hatte, als ich vielleicht zehn Jahre alt war. Damals hatte ich durch die Fenster der Kirche auf die saftig-grünen Wiesen und Wälder von Somerset geschaut. Plötzlich, viele Jahre später und mehr als 8000 Meilen von zu Hause entfernt, ergaben diese Zeilen für mich einen Sinn.

Auf der anderen Seite der Rettungsinsel spürte Morné einen merkwürdigen Schmerz in einem Fuß. Mit gefühllosen Fingern suchte er im Wasser nach der Ursache und stieß auf etwas, das sich fest an seine Zehen geklemmt hatte. Im schummrigen Licht konnte er jedoch nicht ausmachen, was ihn da quälte.

»Mensch … Danie … da ist irgendwas an meinem Fuß! Kannst du mal gucken?«

Big Danie langte mit einem Arm ins Wasser und hatte Schwierigkeiten, Mornés Bein auch nur anzuheben. Ein kräftiger Ruck – und mit dem Bein kam ein Körper zum Vorschein. Danie zuckte zurück: Es war einer von der Leinencrew, den Mund fest um Mornés Zehen geschlossen. Tot.

Dunkel, wie es war, konnten sie nicht sagen, mit wem sie es zu tun hatten. Als sie Mornés Fuß von ihm befreit hatten, rutschte er wieder ins Wasser. Ohne Schwimmweste sackte er sofort auf den Boden der Rettungsinsel. Er war jetzt nur noch eine Leiche, und Morné ertappte sich bei dem unchristlichen Gedanken, ob der Tote das Floß mit seinem Gewicht nicht unnötig belastete.

»Das ist nicht der Einzige«, sagte Danie. Jedes Mal, wenn er seine steifen Beine bewegte, stieß er unter Wasser gegen andere Körper.

»Wir sollten sie rausschmeißen«, schlug Morné vor.

Aber ihnen war so kalt, dass sie kaum sprechen konnten, geschweige denn über die Kraft verfügten, einen Leichnam aus dem Wasser zu fischen und über den Rand der Rettungsinsel zu wuchten. Und die Plane zu öffnen, die endlich einmal dichthielt, und dann wieder zu verschließen, schien ihnen die Mühe nicht wert. Die Toten blieben, wo sie waren.

Eine halbe Stunde oder so musste vergangen sein, genau konnte ich das nicht sagen, weil meine Uhr unter mehreren Lagen Kleidung versteckt war. Boeties Stimme riss uns aus unseren stillen Gedanken: »Hey, Leute! Es ist so weit. Wir müssen alle raus ins Wasser, unsere Rettungsinsel säuft ab.«

»Was? Wieso?«

»Nee, wirklich. Wir müssen raus und uns an den Händen fassen. Das Ding hier geht gleich unter.«

Boeties Urteilsvermögen musste schwer gelitten haben: Wir saßen in einem Rettungsfloß, das von Luftkammern getragen wurde, und auch wenn Wasser reinschwappte, würde es nicht sinken.

»Wenn wir uns an den Händen halten, kann uns nichts passieren. Wir müssen nur schnell einen Kreis bilden, wenn wir im Wasser sind.«

Wenn das Boeties Plan war, wie wir diese Katastrophe überleben sollten, dann gute Nacht. Wie es uns da draußen ergehen würde, war mir leider nur zu bewusst: »Keiner steigt aus dieser verschissenen Rettungsinsel aus!«, brüllte ich. »Ist das klar? Keiner geht da raus!«

Ende der Diskussion.

Stille, keiner sagte ein Wort. Ich lehnte mich wieder gegen die Plane, aber ein kalter Luftzug pustete mir ins Gesicht. Direkt neben meinem Kopf hing ein Schlauch herab, wahrscheinlich eine Öffnung, um eine Antenne rausstecken zu können, oder eine Art Belüftungssystem. Ich versuchte, den etwa ärmelbreiten Schlauch mit einer Leine zu verschließen, aber ohne einen Knebel oder eine Öse hielten die Knoten, die ich mit meinen starren Fingern zustande bekam, nicht besonders gut. Wieder eine Aufgabe, die mich eine Weile beschäftigte: Der Wind blies den Schlauch auf – ich zog ihn wieder zusammen. Gar nicht so leicht, wenn man sich gleichzeitig mit einer Hand abstützen musste. Danie wollte mir helfen, aber ich hatte Angst, dass er zu heftig an dem Material zerrte und die Plane dabei zerriss.

Ich gab meine Bemühungen, die Öffnung zu verknoten, schließlich auf und machte es mir so bequem, wie es in dieser Position eben ging. Der Gummischlauch, auf dem ich lag, fühlte sich weicher an als zuvor, unser Floß musste tatsächlich irgendwo Luft verloren haben. Zeit verging, doch ich hatte jedes Gespür dafür verloren. Wie lange trieben wir jetzt schon in dieser verdammten Rettungsinsel?

»Hannes, Hannes, hilf mir«, rief Boetie den Mann, auf den er sich immer verlassen konnte. »Kann mir bitte jemand helfen …«

Verdammter Idiot, dachte ich nur. *Wenn du dir nicht selbst hilfst, dann wirst du hier sterben. Du musst kämpfen, wenn du überleben willst. Jetzt nach deiner Crew zu rufen, hilft dir gar nichts. Wir kämpfen hier alle ums Überleben, jeder von uns.*

Morné und ich mühten uns wieder mit der Plane über dem Eingang ab, aber der Wind war stärker als unser improvisierter Verschluss. Und jedes Mal, wenn wieder ein Schwall kalte Luft oder Seewasser in unsere Rettungsinsel eindrang, wurde uns wertvolle Wärme geraubt. Nichts war für uns in diesem Augenblick dringender, als die Plane endgültig festzuzurren, doch unsere Finger waren inzwischen so steif, dass wir kaum noch etwas ausrichten konnten. Ich verkroch mich wieder in meine hängende Position an der Halteleine. Morné wickelte sich die Plane um die Hand und klemmte sie irgendwie an der obersten Luftkammer fest. Er hielt die Öffnung jetzt mit eigener Kraft zu – ein Mann gegen die Elemente im Südpolarmeer.

Bubbles lag im Zentrum der Rettungsinsel, sein Körper komplett im Wasser. Den Kopf hatte er auf eine Schwimmweste gebettet, die Hände unter die Achseln geklemmt. Dass er noch am Leben war, darf man getrost als Wunder bezeichnen, denn er trug nur einen Wollpullover und eine Jogginghose. Er war schutzlos der Kälte ausgeliefert, dem eisigen Wasser wie dem schneidenden Wind, und außerdem hatte er wahrscheinlich einen Herzinfarkt erlitten. Bjorgvin und ich hatten ja gesehen, wie er an Deck zusammengebrochen war, und schon zu diesem Zeitpunkt wirkte seine Haut fast grau. Leider konnten wir überhaupt nichts tun, um sein Leiden zu lindern. Kaum zu glauben, dass dieser Mann dem Hafenmeister von Südgeorgien jedes Mal über Funk ein Ständchen gesungen hatte, wenn er seinen Fangbericht durchgab. Er war verheiratet und hatte zwei Kinder, beides Teenager. Und er hatte sich noch nicht aufgegeben.

Ich dachte an Corinne, die zu Hause in Schottland wahrscheinlich nicht einmal ahnte, wie es um uns stand. Wir hatten erst so wenig Zeit miteinander gehabt. Ob ich jemals wieder Sex haben würde? Ein absurder Gedanke, der mir plötzlich durch den Kopf schoss. Ich war so weit weg von meiner Freundin und ihrem warmen Bett. Überhaupt weit weg von allem und jedem. Möglicherweise zu weit weg, um je wieder zurückzukommen.

Von den anderen war kaum noch etwas zu hören, auch das letzte Jammern und Klagen war erstorben. Big Danie zog Morné und Eugene enger an sich heran, um den letzten Rest Körperwärme zu bewahren. Morné konnte spüren, wie Danie am ganzen Leib schlotterte. Im schwachen Schein der Lämpchen an ihren Schwimmwesten sah ich Danies mächtige Pranken zittern. Weitere drei Stunden mussten vergangen sein. Ich ließ meine Gedanken einfach treiben, gelegentlich hatte ich regelrechte Aussetzer. Plötzlich erklang Bubbles' Stimme, laut und klar, was mich wirklich erstaunte, denn nur wenige Minuten zuvor hatte er noch ausgesehen, als sei er dem Ende nah. Jetzt begann er einen Zählappell, er rief die Namen aller auf, die mit uns in der Rettungsinsel saßen. Ursprünglich waren wir 17, dann hatten wir Peinge aus dem Wasser gefischt. Doch Bubbles bekam auf seinen Appell keine 16 Antworten mehr:

»Bjorgvin. Bist du da, Bjorgvin?«

»Ja, Bubbles, bin noch da.«

»Boetie??«

»Hier, Bubbles.«

»Kenny?«

Keine Antwort. Vielleicht war er auch nur zu schwach, um sich zu melden.

»Brian?«

»Hier, Skipper.«

»Eugene?«

»Ja.«

»Trevor?«

Bubbles machte einfach weiter. Drei- oder viermal rief er alle Namen auf, und es zeigte tatsächlich Wirkung. Allein unseren Mund zu zwingen, ein Ja zu sprechen, eine Antwort zu geben, genügte schon, um uns aufzurütteln. Bubbles wollte verhindern, dass wir uns in die Bewusstlosigkeit fallen ließen. Er gab uns außerdem die Gewissheit zurück, dass wir nicht allein waren – auch wenn von manchen keine Erwiderung mehr kam. Ich spürte selbst, wie die Kälte mich weiter durchdrang, wie das Wasser das letzte Quäntchen Wärme aus mir heraussaugte – und mein Verstand nur noch schwerfällig verarbeitete, was um mich herum geschah. Durch den Schleier der akuten Hypothermie glaubte ich immerhin noch erkannt zu haben, dass Bubbles' Namensliste immer kürzer wurde.

Unter meinen Füßen und Knien war nicht mehr nur der Gummiboden des Rettungsfloßes. Meine Beine waren zwar wie abgestorben, aber ich war mir sicher, dass unter mir die Gliedmaßen anderer lagen, ein Rücken vielleicht oder ein Bauch, und irgendwie spürte ich, dass diese Körper nicht den Lebenden gehörten. Ich kniete auf einem anderen Menschen, aber ich war nicht mal mehr in der Lage, Mitleid zu empfinden. Hauptsache, da war etwas, das mir Halt gab. Das mir half, nicht ganz im eisigen Wasser zu versinken.

Boetie hatte sich seltsam verhalten, seit er in der Rettungsinsel saß. Klar und vernünftig war er mit mir zuerst die Optionen durchgegangen: zum anderen Floß schwimmen oder nicht? Dann war er in ein jämmerliches Klagen verfallen, um später in einem Anfall von Irrsinn dafür zu plädieren, dass wir das sinkende Floß umgehend verlassen müssten. Er hatte bei der Kollision mit dem Heckkran wirklich einen heftigen Schlag abbekommen, und wir waren alle unterkühlt und dem Wahnsinn nahe – wir mussten ihm solche Ausfälle wohl verzeihen.

Bubbles war wieder am Ende seines Appells angekommen. Ein Ruf noch, er galt seinem besten Freund.

»Boetie?«

Keine Antwort.

»Boetie? … Boetie?«

»Hör auf, Mann«, sagte Hannes. »Er ist tot.«

15.55 UHR

Samstag, 6. Juni 1998

Die *Northern Pride* kämpfte sich etwa zehn Meilen vor der Südküste von Südgeorgien durch den Sturm und hatte das Fischen eingestellt. Aus langjähriger Erfahrung wusste Kapitän Andreas, dass es sich nicht lohnte, unter solchen Bedingungen weiterzuarbeiten. Die Fische, die jetzt noch an der Leine zappelten, würden auch am Tag darauf da sein. Die Skipper auf den anderen Trawlern sahen das genauso; nur zwei Schiffe fischten weiter.

Der Seegang war so heftig, dass auf der *Pride* sogar die Haupttrosse gebrochen war. Die Crew an Deck befestigte eine Markierungsboje, damit sie die Trosse später wiederfinden würde, dann gab Andreas die Order, auch die Langleine samt Haken und Beute zu kappen.

Von der Belastung befreit, die das Fischen bei einem solchen Wetter bedeutet, konnte sich Andreas ganz darauf konzentrieren, sein Schiff mit dem Bug in die Wellen zu halten. Ohne die schwere Trosse ließ sich die *Northern Pride* besser steuern, sie reagierte einfach schneller auf jede Drehung am Rad, und der Kapitän konnte den schlimmsten Brechern ausweichen. Andreas hatte eigentlich vorgehabt, in einer Bucht an der Südküste der Insel Schutz zu suchen. Doch der Sturm kam schneller als berechnet, und jetzt steckten sie mittendrin. Sie konnten ihre Position gerade so halten, aber mehr war nicht drin. Diesen Sturm würden sie wohl auf der offenen See abwettern müssen. Andreas rief Luis auf die Brücke, seinen Stellvertreter. Weil der Autopilot streikte, blieb ihnen nichts anderes übrig, als sich am Ruder abzuwechseln, bis sich der Wind ausgetobt hatte.

Magnus Johnson hatte das Wetterfax am Morgen selbst gesehen: Die Isobaren des Tiefdruckgebiets lagen so dicht beieinander, dass sie im Meer zwischen Südgeorgien und Südamerika als riesengroßer schwarzer Klecks erschienen. Weil er an Deck nicht mehr gebraucht wurde, nachdem die Leine gekappt worden war, verzog er sich in seine Kabine. Als er mitbekam, wie in der Kombüse das Geschirr mit großem Getöse auf den Boden krachte, hielt er es für angemessen, sich nicht auszuziehen, sondern sich gleich in seiner Schlechtwettermontur auf die Koje zu legen. Sicherheitshalber.

Kurz vor 16:00 Uhr dann der Notruf. Kapitän Andreas war auf der Brücke, als der Alarm über Funk reinkam. Kein Zweifel, wer am anderen Ende war, die Stimme war unverkennbar. Nach so vielen Jahren, die sie für dasselbe Unternehmen gearbeitet hatten, erkannte er Bubbles an seiner rauen südafrikanischen Tonlage sofort. Und ihm entging auch nicht, wie angespannt er bereits klang.

Bubbles' Mayday enthielt das Wesentliche: Die Pumpen der *Sudur Havid* hatten ihren Dienst versagt, sie hatte mit schwerer Schlagseite Wellen übergenommen und war kurz davor zu sinken. Jetzt stiegen alle in die Rettungsinseln, sie brauchten Hilfe. Position: 53° 56' S, 041° 30' W. Andreas notierte die Positionsangaben und prüfte noch einmal, ob er jede Zahl gut lesbar und korrekt aufgeschrieben hatte. Nur stand die *Northern Pride* zu diesem Zeitpunkt leider mehr als hundert Meilen südöstlich von der *Sudur Havid*. Nach dem Tankstopp waren sie ja weiter gen Süden gedampft, um ein neues Fanggebiet zu erkunden. Selbst bei optimalen Wetterbedingungen und voller Fahrt voraus würde er neun oder zehn Stunden benötigen, um Bubbles und seine Crew zu erreichen. Andreas schaute aus dem Fenster auf die stahlgrauen Wellenberge, die sich hoch über seiner Brücke auftürmten. Seine vorsichtige Schätzung: Unter den jetzt herrschenden Bedingungen und mit reduzierter Geschwindigkeit würden sie mindestens 20 Stunden brauchen. Und es war schon spät, viel Tageslicht blieb ihnen nicht mehr.

Normalerweise hätte Andreas in einem solchen Fall sofort seinen Kurs geändert und alles aus seinen Maschinen herausgeholt, um den Havaristen möglichst schnell zu erreichen. Aber er hatte selbst zu kämpfen, wenn er die *Northern Pride* heil durch diesen Sturm bringen wollte. Einem anderen Schiff zu Hilfe zu eilen, war schlicht keine Option. Schlimm für die Männer, die jetzt da draußen in den Rettungsinseln saßen. Aber mehr als sein Mitleid konnte er ihnen nicht bieten.

Auf der Brücke der *Isla Camila* empfing Kapitän Ernesto Sandoval Augurto den Notruf von der *Sudur Havid*. Auf die Tafel an der Rückwand der Brücke schrieb er: *Barque abandonar: 53° 56' S, 041° 30' W.* Er griff nach dem Hörer des Funkgeräts, um das Schwesterschiff der *Camila* zu rufen: »*Isla Sofia, Isla Sofia* …«

Die aufgeregte spanische Stimme, die auf der Brücke der *Sudur Havid* zu hören gewesen war, als sich alle bereit machten, in die Rettungsinseln zu gehen, war also die eines Chilenen gewesen, sie gehörte Kapitän Sandoval.

Mit ihren 54 Metern und 653 Bruttoregistertonnen war seine *Isla Camila* ein gutes Stück größer als die *Sudur Havid* und wahrscheinlich doppelt so schwer. Sie stand im Schiffsregister von Punta Arenas in Chile, vom Stapel gelaufen war sie 1972 in Holland. Ein sehr altes Schiff also, aber sturmerprobt. Unzählige Dellen im blau-weißen Rumpf und Narben von fortgesetztem Rostfraß zeugten von einem harten Arbeitsleben auf See. Die *Camila* war erst vor zwei Tagen wieder in die Fanggründe zurückgekehrt, nachdem sie zur Halbzeit der Saison einen Zwischenstopp in ihrem Heimathafen eingelegt hatte.

Elf Schiffe standen zu diesem Zeitpunkt in der Region rund um Südgeorgien (Fischerei-Untergebiet 48.3), aber sie waren über eine Fläche von tausenden Quadratmeilen verteilt. Die meisten mieden die Gesellschaft anderer Schiffe und gaben sich größte Mühe, ihre eigene Position nicht zu verraten – man wollte nicht die Konkurrenz einladen, wenn es gut lief beim Fischen. Einige der Schiffe waren möglicherweise gerade irgendwo in einem Hafen, um ihre Ladung zu löschen oder Treibstoff zu bunkern. Und der Kreuzer der Fischereiaufsicht, der auf den Falklandinseln stationiert war, gab leider auch nicht bekannt, wann und wo er operierte. Die Crew der *Dorada* wollte ihre Kundschaft ja ohne Vorwarnung überraschen können.

Ausgerechnet in dieser extrem kritischen Lage, mit einem Trawler in akuter Seenot, fehlte Kapitän Sandoval also die wichtigste Information: Wo waren die anderen? Auf welchen Positionen? Wer war sonst noch in der Lage, den Männern von der *Sudur Havid* zu helfen? Er versuchte, über Funk Kontakt aufzunehmen, bekam aber nicht eine einzige Antwort, was zum größten Teil daran liegen mochte, dass die anderen keinen Empfang oder Probleme mit der Technik hatten. In einem internationalen Fanggebiet wie diesem spielten auch Sprachbarrieren eine Rolle: Gut möglich, dass man ihn gehört, aber nicht verstanden hatte.

Fischer, die in den abgelegenen Ecken der Weltmeere unterwegs sind, wissen, dass sie kaum auf Hilfe hoffen können, wenn es richtig schiefläuft; es gibt keinen Seenotrettungskreuzer, der sofort ausläuft, wenn sie ihr Mayday funken, und auch keinen Helikopter, der ihre Crew vom sinkenden Schiff in Sicherheit hievt. Und eine Signalrakete dürfte ausgebrannt in die See fallen, ohne dass sie jemand wahrgenommen hat. Im Südpolarmeer sind die Trawler hunderte, wenn nicht sogar tausende Meilen vom nächsten Hafen oder von der nächsten Hubschrauberstation entfernt. Die beste Chance, gerettet zu werden, ist von der Konkurrenz, die in denselben Gewässern unterwegs ist. Und tatsächlich wird ein Fischer alles unternehmen, um einem Rivalen in der Not zu helfen, weil er weiß, dass er eines Tages ebenfalls auf die Unterstützung der anderen angewiesen sein wird. Wenn einem das Schiff absäuft, will man nicht von dem Gedanken gequält werden, dass man in der Vergangenheit einen Hilfseinsatz verweigert und damit den Beistand der Konkurrenten verwirkt hat. Fischer sind alles andere als eine eng verschworene Bruderschaft – die wenigsten Crews sind einander je begegnet. Auf See kaum und an Land schon gar nicht. Trotzdem: In der Not musste man sich auf die Kollegen verlassen.

Sandoval gelang es schließlich, Kontakt zu anderen Schiffen aufzunehmen, aber keines war auch nur annähernd nah genug dran, um die *Sudur Havid* schnell zu erreichen. Die *Koryo Maru II* und die *Arctic Fox I*, beides Trawler aus Südafrika, hätten gerne geholfen, aber sie waren mehr als 100 Meilen von der Position entfernt, die wir bei unserem Notruf durchgegeben hatten, und würden uns erst am nächsten Morgen erreichen können. Auch das Schwesterschiff der *Isla Camila*, die *Isla Sofia*, war zu weit weg, um sich an der Rettung zu beteiligen.

Von allen Schiffen im Südpolarmeer war tatsächlich die *Isla Camila* unsere einzige Hoffnung; auch sie war allerdings noch 33 Meilen entfernt. Während Kapitän Sandoval weiter versuchte, per Funk nach potenziellen Helfern zu suchen, hatte seine Crew bereits eine große Markierungsboje an der Haupttrosse befestigt und auch sonst alle Vorbereitungen getroffen, um die Leine schnell kappen zu können. Erst wenn sie von der Last der Trosse befreit war, würde die *Isla Camila* Kurs auf unsere letzte bekannte Position nehmen können. Und dann: Volle Fahrt voraus. Einen letzten Rest Tageslicht hatten sie noch.

In diesem Moment erschien Phil Marshall auf der Brücke, der als wissenschaftlicher Beobachter auf der *Isla Camila* angeheuert hatte. Er stammte aus Yorkshire und war ein ruhiger und bescheidener Typ, der mit seiner blassen Haut und seiner Adlernase den größtmöglichen Gegensatz zur südamerikanischen Crew des Trawlers abgab. Er war seit fünf Monaten an Bord, aber er fühlte sich nicht wohl in seinem Job.

Er merkte sofort, dass irgendetwas nicht stimmte. Es standen vier Offiziere auf der Brücke, wo sonst nur einer Wache ging, und er erkannte auch gleich die Schrift des Kapitäns auf der Tafel: *Barque abandonar.*

»Oh mein Gott – unser Schiff sinkt?«

Er schaute aus dem Fenster und sah, wie die Crew mit einer besonders großen Markierungsboje hantierte, die wohl gerade an der Haupttrosse befestigt werden sollte. »Was ist denn bloß los, Ernesto?«, fragte er und zeigte auf die Tafel. *»Que pasa?«*

Die nächsten drei Stunden prügelte die Crew ihr Schiff vorwärts, wie sie es noch nie getan hatte; auf einem Kurs von 117 Grad krachten sie durch die stürmische See. Der Chief der *Camila* starrte unentwegt auf die Kontrollanzeigen der Maschine und lauschte. Normalerweise lief sein Langhuber-Motor mit viel geringeren Drehzahlen als der hochtourige Diesel der *Sudur Havid.* Aber jetzt ackerte er am absoluten Limit, und der Lärm im Maschinenraum war infernalisch. Still betete der Chief, dass diese Tortur die Maschine nicht überfordern möge, dass sich die vielen Jahre gründlicher Wartung und liebevoller Pflege nun auszahlten.

Kapitän Sandoval und seine Offiziere gingen schon einmal den Ablauf der Suche durch: Welche Ausrüstung musste vorbereitet werden? Wer bekam welche Aufgabe zugewiesen? Die Fahrt zur letzten Position, die der Havarist gefunkt hatte, sollte unter den gegebenen Umständen etwa dreieinhalb Stunden dauern. Wind und Strömung würden die *Sudur Havid* bereits versetzt und Rettungsinseln sogar noch deutlicher abgetrieben haben. Sandoval zeichnete auf seiner Karte ein, wo sie mit der Suche beginnen würden.

Auf dem Schiff herrschte hektisches Treiben: Männer rannten von Kabine zu Kabine, klappten Staufächer auf, die schon seit Ewigkeiten niemand mehr geöffnet hatte. Sie trugen alles zusammen, was man zur Suche von Schiffbrüchigen und zu ihrer Bergung benötigen würde: Ferngläser und Suchscheinwerfer, Bootshaken und Wurfleinen, Erste-Hilfe-Koffer und Signalraketen. Außerdem wurden behelfsmäßige Bahren konstruiert und Berge von Ersatzkleidung aufgetürmt, um die ausgekühlten Männer von der *Sudur Havid* umgehend mit trockenen Sachen versorgen zu können. Die chilenischen Fischer zogen selbst ihre wärmste Montur an: Thermounterwäsche, mehrere Lagen Pullover, Ölzeug, Wollmützen und Handschuhe. Sie wussten, dass sie mit eisigen Bedingungen zu rechnen hatten, mit überkommendem Wasser, mit aufgepeitschter Gischt. Wenn man zu den herrschenden Temperaturen noch den Windchill-Effekt addierte, dürften an Deck so um die –15 Grad Celsius zu erwarten sein. Den Männern von der *Camila* war klar, dass die Suche viele Stunden dauern konnte und sie die gesamte Zeit draußen sein würden, um ihre Scheinwerfer in die Dunkelheit zu richten.

Die Matrosen holten alte, nie benutzte Jakobsleitern hervor – stapelweise Trittstufen aus verwittertem Holz an ausgeblichenen Hanftauen – und schleppten sie an Deck. Die Leitern wurden an der Reling vertäut und ordentlich zusammengerollt, damit sie sofort einsatzbereit waren, wenn sie gebraucht wurden.

Kapitän Sandoval bemühte sich fortwährend und auf verschiedenen Frequenzen, die *Sudur Havid* anzufunken, aber es kam keine Antwort.

Weil niemand sich um die Kommunikation mit dem Rest der Welt kümmerte, weder über Funk noch per Satellitentelefon, bot Phil seine Hilfe an: Sollte er versuchen, die Behörden in Kenntnis zu setzen? Anstelle einer Antwort hörte er, wie der Kapitän und sein Fischmeister Paco auf Spanisch zankten: »Lass den Beobachter bloß nicht ans Funkgerät!«

»Wir sind hier auf meinem Schiff, ich bin der Kapitän. In Südgeorgien sprechen sie Englisch; Phil spricht Englisch. Warum sollen wir ihn nicht mit den Behörden reden lassen?«

Phil bekam schließlich die Erlaubnis, über Kurzwelle die Nachricht zu verbreiten, dass die *Isla Camila* ein Mayday empfangen und Kurs auf den Havaristen genommen hatte. Sein erster Anruf galt Gordon Liddle, dem Hafenmeister von Südgeorgien. Gordon bombardierte Phil sofort mit allen Fragen aus dem Katalog: Was? Wann? Wo? Wie viele sind ertrunken? Wie viele verletzt? Phils Antwort blieb gezwungenermaßen kurz: »Wir kennen nur die ungefähre Position, Breite und Länge. Mehr kann ich Ihnen leider nicht sagen, mehr wissen wir auch nicht.«

Jetzt war wenigstens ein Behördenvertreter in Kenntnis gesetzt, und der konnte die zuständigen Stellen informieren. Nur war die *Sudur Havid* viel zu weit draußen, als dass irgendjemand außer der *Isla Camila* zu unserer Rettung hätte beitragen können. Der nächste Stützpunkt, der über Rettungshubschrauber verfügte, lag auf den Falklandinseln – 700 Meilen entfernt. Die großen Maschinen vom Typ Westland Seaking, die dort stationiert waren, hatten eine Reichweite von etwa 660 Meilen, das hätte nicht einmal für den Hinflug gereicht.

Als sie die letzte Position der *Sudur Havid* erreicht hatten, starrte Kapitän Sandoval noch angestrengter auf die Wellen vor seinem Bug: Wrackteile im Licht der Suchscheinwerfer wären immerhin der Beweis gewesen, dass sie auf der richtigen Spur waren. Vielleicht war es den Überlebenden auch gelungen, einen SART-Sender zu aktivieren. Wenn diese *Search and Rescue Radar Transponder* von einem Radarstrahl erfasst werden, schicken sie ein markantes Signal zurück. Auf dem Radarschirm würden diese Echos als eine Reihe von Strichen aufscheinen, die zur Position des Senders führten. Aber der Radarschirm blieb dunkel – kein Havarist, kein SART-Signal.

Auf Kapitän Sandovals Kommando feuerte die Crew zwei Fallschirmraketen ab. Die roten Lichter zischten in einem hohen Bogen durch den Nachthimmel, bevor sie an ihren kleinen Fallschirmen zu sinken begannen. Falls Sandoval gehofft haben sollte, dass er so das Suchgebiet weiter ausleuchten konnte, war diese Aussicht schnell dahin: Es begann zu schneien, und im sieben Meter hohen Seegang war die Sicht sowieso bescheiden. Trotzdem waren in diesem Moment alle Augen an Bord auf die Wellen gerichtet. Von der *Sudur Havid* oder ihren Überresten war leider nichts zu sehen – dann versanken die Leuchtkugeln auch schon im Meer.

Auf der *Northern Pride* kehrte Magnus von seiner Kabine auf die Brücke zurück, wo die Offiziere versammelt waren. Alle machten sich Sorgen um die *Sudur Havid*, aber gleichzeitig hatten sie genug zu tun, das eigene Schiff sicher durch diesen Sturm zu bringen. Andreas und Luis wechselten sich am Ruder ab und versuchten, den Bug der *Pride* mehr oder weniger blind geradewegs in die Wellen zu steuern. Still starrten sie aus den Fenstern auf die tosende See, die sich im dürftigen Licht der Scheinwerfer zeigte. Sie konnten nicht sehen, woher der nächste Brecher kam, sie mussten sich ganz auf ihr Gefühl verlassen.

Magnus stemmte sich gegen die Rückwand der Brücke, um Halt zu finden. Von seiner Position aus konnte er die Kämme der Wellen nicht sehen. Die Gischt prasselte mit einer solchen Heftigkeit auf die Brückenfenster ein, dass selbst die Bugspitze kaum zu erkennen war. Alle paar Minuten verschwand das Vorschiff komplett aus seinem Blickfeld – wenn wieder einmal eine grüne Welle den Bug überrannt hatte. Konzentration und Anspannung hinterließen tiefe Furchen im Gesicht des Kapitäns, nur gelegentlich unterbrach ein Fluch die Stille auf der Brücke: Wo kam jetzt dieser Brecher wieder her? Aus dieser Richtung hatte ihn jedenfalls niemand erwartet. Auf all seinen Fahrten hatte Magnus noch nie einen Kapitän erlebt, der so hart am Ruder arbeiten musste.

Ohne Autopilot würde es eine lange Nacht für Andreas und Luis werden, aber unter diesen Umständen hätten sie die *Northern Pride* eh nicht der Elektronik überlassen können. Magnus griff sich das Funkgerät und versuchte noch einmal, die *Sudur Havid* oder wenigstens den Hafenmeister von Südgeorgien zu erreichen. Aber er bekam wieder keine Antwort. Außer ein paar Wortfetzen war nichts zu hören als das ewige Rauschen der Funkstille.

⚓

19:00 UHR

Samstag, 6. Juni 1998

Warten. Auf den Morgen. Auf Rettung. Auf ein Ende dieser Tortur. Bubbles Zählappell hatte mich ein paarmal aus meiner Benommenheit gerissen, aber die Abstände zwischen seinen Weckrufen wurden immer länger und die Kälte packte mich immer fester mit ihrem eisigen Griff. Ich verlagerte mein Gewicht auf dem Halteseil und schob eine Hand noch weiter hinter die Stütze, die unser Dach trug. Obwohl meine Finger wie abgestorben waren, spürte ich einen stechenden Schmerz, als das raue Gewebe der Plane darüberschabte.

Trevor trieb einen Meter vor mir im Wasser. Am Morgen hatten wir noch gemeinsam darüber gelacht, als er klatschnass aus einer Welle aufgetaucht war, jetzt waren wir zum Spielball der Brecher geworden. Seine Augen waren geschlossen, der Kragen seiner Rettungsweste umhüllte den Kopf fast komplett und hatte den buschigen Bart so weit nach oben geschoben, dass der Mund nicht mehr zu sehen war. Die Leuchte auf seiner Schulter spendete ein mattes Licht, aber aus seinem Gesicht war alle Farbe gewichen. Im Halbdunkel der Rettungsinsel erschien seine Haut nur noch grau. Seine Arme waren völlig entspannt, die Hände hingen kraftlos neben dem Körper. Er trug meine orangefarbenen Arbeitshandschuhe. Einen Haarschnitt hatte er mir als Gegenleistung versprochen. Friedlich wirkte er, wie er sich vom Wasser tragen ließ. Und ich wusste, dass er tot war.

Unser Rettungsfloß war völlig deformiert. Von den Wellen gestaucht und vom Gewicht des Wassers verzogen, veränderte es ständig seine Form, von rund zu oval, von oval zu rund. Die Schläuche, die uns über Wasser hielten, fühlten sich weich an; sie mussten bereits viel Luft verloren haben. Und so, wie wir permanent von einer Seite auf die andere geschleudert wurden, schien es nur eine Frage der Zeit, bis wir kentern würden. Aber es gab nichts, was wir dagegen tun konnten. Wenn unsere Rettungsinsel tatsächlich umkippen sollte, würden wir es kaum schaffen, sie wieder aufzurichten und hineinzuklettern. Die vielen Stunden im eiskalten Wasser hatten jedem den letzten Kampfgeist geraubt.

Ich schob mich ein Stück vorwärts auf meiner Leine, um eine bequemere Position zu finden. Im schummrigen Licht sah ich direkt vor mir eine geöffnete Hand unter dem Seil. Als ob sie die Leine greifen wollte und die Finger nicht gehorchten. Obwohl ich selbst kaum mehr klar denken konnte, fand ich diesen Anblick unerträglich traurig, ein fürchterliches Symbol unserer Ausweglosigkeit. Ich lehnte mich vor und schloss die Finger um das Seil. Plötzlich bewegten sie sich. Ich war davon ausgegangen, dass es die Hand einer Leiche war, die unter mir im Wasser lag, aber da hatte ich mich wohl geirrt. Völlig perplex folgte ich dem Arm des vermeintlichen Toten mit meinen Augen und stellte fest, dass er zu Big Danie gehörte. Er starrte mich verwirrt an und fragte sich wahrscheinlich, was ich mit seiner Hand anstellte. Keiner sagte auch nur ein einziges Wort. Ich zog mich auf meinen Platz zurück und widmete mich wieder meiner eigentlichen Beschäftigung: warten.

Auf der anderen Seite der Rettungsinsel saß Morné und wusste nicht, was er noch tun konnte. Es war dunkel, er lag tief im Wasser und spürte die Kälte bis in die Knochen. An eine Rettung glaubte er nicht mehr. Unter einem Ärmel holte er das silberne Armkettchen hervor, das ihm seine Freundin Lee vor der Abreise geschenkt hatte. Er küsste es und nahm Abschied von seiner Liebe. Er hatte sich mit seinem Schicksal versöhnt.

»Helft mir!« Eugenes zitternde Stimme platzte in die Stille: »Kann mir jemand helfen, bitte?!«

Ich war mir nicht sicher, wen er meinte. Uns? Gott? Oder seinen Schutzengel? Aber ich brachte nicht genug Energie oder auch nur den Willen auf, ihm zu antworten.

Mehr Zeit verging. Ein paar Minuten oder vielleicht eine halbe Stunde, dann kam die nächste Anfrage: »Matt, könntest du mir bitte kurz behilflich sein?«

Eine sonderbar höfliche Formulierung unter den gegebenen Umständen. Hannes kämpfte wieder einmal mit dem Stück Plane, das den Eingang der Rettungsinsel verschließen sollte.

»Ich kann nicht, ich hänge fest.« Im Haufen der nicht gebrauchten Rettungswesten hatte ich mich irgendwie in den Schnüren und Gurten verheddert. Ich konnte spüren, wie sich diverse Schlingen um meine Wade und meinen Fuß festgezogen hatten. Ohne Not wollte ich nur ungern meinen Platz aufgeben: Hier oben auf dem Gummischlauch war ich von Wind und Wasser einigermaßen geschützt. Und mit meinem wasserdichten Anzug hatte ich vielleicht eine Chance, diese Tragödie zu überleben.

Doch schließlich intervenierte mein Gewissen: War es nicht absolut beschämend, dass ich gerade einem Mann in Not die Hilfe verweigert hatte? Langsam strampelte ich mich mit den Beinen aus dem Gewirr der Strippen frei. Die Bewegung machte mir schmerzhaft bewusst, wie sehr die Kälte mich lähmte. Kopf und Körper funktionierten nur noch wie in Zeitlupe. Ich hatte keine akuten Schmerzen, aber mir war so kalt, dass mir sogar die Kraft zum Zittern fehlte.

Vorsichtig ließ ich mich ins Wasser rutschen, und mithilfe meiner Ellbogen bugsierte ich mich in eine Position, in der ich auf allen vieren kriechen konnte. Jede Bewegung meiner eingeschlafenen Glieder kostete Überwindung; sie waren so steif, so müde. Aber Stück für Stück zog ich mich rüber auf die andere Seite des Rettungsfloßes, wo Hannes noch immer in seiner Stellung unter der Plane am Eingang verharrte. Meine Beine und Füße waren taub, doch ich spürte, dass ich im Wasser gegen etwas gestoßen war. Unter mir sah ich einen matten Lichtschein – die Leuchten auf den Rettungswesten unserer Toten.

Als ich mich neben Hannes hinkniete, war mir also klar, dass ich nicht auf dem Boden der Rettungsinsel Halt gefunden hatte, sondern auf den Leichnamen unserer erfrorenen Kollegen. Aber mir war zu kalt, um auch nur einen weiteren Gedanken daran zu verschwenden.

Mit unseren steif gefrorenen Fingern zerrten wir an der Dachplane und versuchten uns an derselben Aufgabe, die uns schon so oft scheitern ließ: das Klettband erst durch die Öse an der Plane fädeln und dann runterziehen, bis wir es am Gegenstück des Klettverschlusses auf dem oberen Luftschlauch festdrücken konnten. Der Job war in den letzten Stunden nicht leichter geworden, aber dass es uns gelang, die Luke zu schließen, war wichtiger denn je. Wenn wir überleben wollten, mussten wir das bisschen Wärme erhalten, das uns in der Insel geblieben war.

Ich war dankbar, dass ich meinen Verstand wieder auf etwas konzentrieren konnte, dass ich ein Ziel vor Augen hatte, das ich erreichen wollte; einen Auftrag, der mich vom Sterben abhielt. Mit meinen steifen Fingern fühlte es sich an, als wollte ich das Gurtband mit Essstäbchen durch die Öse schieben, aber mit der bloßen Kraft meines wiederbelebten Willens gelang es schließlich doch. Leider blieben mir nur wenige Sekunden, die Früchte meiner Anstrengungen zu genießen, dann riss der Wind den Klettverschluss erneut auseinander und ich starrte abermals auf die eisigen Weiten des Südpolarmeers. Die kalte Luft blies mir mit einer solchen Wucht ins Gesicht, dass ich zurückzuckte. Ich versuchte, die flatternde Plane zu greifen, aber meine Arme waren zu lahm. Und dann sah ich plötzlich ein rotes Licht.

Meine Güte, fing ich jetzt schon an zu halluzinieren? Meine Gedanken flossen zäh wie Sirup, es dauerte eine Ewigkeit, bis ich begriff, was soeben passiert war. Ich lehnte mich nach vorn auf den Rand unserer Rettungsinsel und glotze in die Finsternis. Es war, als müsste mein Hirn erst aufwachen, um zu verarbeiten, was meine Augen registriert hatten. Immerhin funktionierten meine Reflexe noch: Ich wusste, dass es irgendwie wichtig war, was ich beobachtet hatte. War es ein Seenotsignal? Hatten die Leute in der anderen Rettungsinsel eine Leuchtrakete abgeschossen? Der Gedanke ließ sofort Neid in mir aufsteigen: Wo zum Teufel waren denn *unsere* Raketen? Oder hatte ich doch ein Schiff gesehen?

Während die Zahnräder in meinem Hirn langsam weiterratterten, hob uns die nächste Welle an, und ein anderer Berg, der eben noch die Sicht verdeckt hatte, gab den Blick frei auf die Erscheinung, die ich gesehen hatte: ein rotes Licht. Und dieses Mal erkannte ich sogar eine Reihe von weißen Lichtpunkten direkt darunter. Was ich da vor mir hatte, war ein Schiff, kein Zweifel. 100 Meter entfernt vielleicht, im strahlenden Licht seiner Decksbeleuchtung. Das rote Licht war die Positionslaterne, wir befanden uns offensichtlich an der Backbordseite.

»Lichter!«, rief ich. »Ich kann Lichter sehen … glaube ich.«

Hannes sah zu mir auf, und auch die anderen schreckten aus ihren Wachträumen hoch. Wer die Augen noch aufbekam, suchte nach den Lichtern, die ich gesehen hatte.

War ich kurz davor durchzudrehen? Aber nein: Das Ding vor meinen Augen war wirklich ein Schiff, strahlend weiß vor dem finsteren Himmel und der schwarzen See. Aber was war dieses noch grellere Licht weiter vorn? Hatten wir es mit zwei Schiffen zu tun? Was für ein Glück!

Die lange Zeit in der Rettungsinsel hatte uns alle apathisch gemacht: Wir bewegten uns nur mit großer Mühe, unsere Reflexe waren eingefroren, unser Verstand kam nur schwer in Schwung. Wir hatten unseren Überlebenskampf nahezu eingestellt, wie betäubt hatten wir uns hängen lassen. Jetzt war die Chance auf Rettung wirklich da – und alle Systeme mussten erst wieder hochgefahren werden. Doch das Adrenalin wirkte schnell. Wir würden diese Gunst des Schicksals nicht vergeuden.

Ich brüllte, was meine Lungen hergaben: »Hierher! Hilfe! Hierher!«

Ich kniete mich am Rand der Rettungsinsel hin und schwenkte beide Arme über dem Kopf. Das Schiff musste doch gekommen sein, dachte ich, um uns zu holen.

»Kommt, Leute, da ist ein Schiff, wir müssen alle zusammen rufen!«

Es dauerte einen Moment, bis auch die anderen kapiert hatten, dass es kein Trugbild war, was sie vor sich sahen, dann stimmten sie in den Chor ein. Wir brüllten, so laut wir konnten.

KAPITEL 21

19:10 UHR

Samstag, 6. Juni 1998

Kapitän Sandoval versuchte erneut, die *Sudur Havid* auf UKW anzufunken, aber er bekam keine Antwort. Bis jetzt war kein einziges Wrackteil des Havaristen aufgetaucht, keine Kiste, kein Rettungsring, keine Markierungsboje, nichts. Auch der Radarbildschirm blieb leer, von den Lichtpunkten einmal abgesehen, die als Echo der großen Wellen kurz aufblinkten. Der Trawler musste tatsächlich gesunken sein.

Der Kapitän schaltete den Empfänger ein, mit dem sie normalerweise die Funkbaken aufspürten, die an den Markierungsbojen der *Isla Camila* angebracht waren. Wenn die Crew des Havaristen eine EPIRB aktiviert oder einen Seenotsender eingeschaltet hatte, würde er das Signal so hoffentlich empfangen können. Ihre Suche galt nun möglichen Überlebenden, im Wasser oder in einer Rettungsinsel. Sofern sie bis zum letzten Moment an Bord des sinkenden Schiffs geblieben waren – und Sandoval wusste, dass sie das versucht haben würden –, sollten sie nicht zu weit entfernt sein. Allerdings waren sie Wind und Strömung ausgesetzt, wenn sie erst einmal in den Rettungsflößen saßen. Bei dem aktuell herrschenden Seegang und einer Windgeschwindigkeit von mehr als 30 Knoten war es nicht gerade einfach, eine Vorhersage zu treffen, wohin die Crew der *Sudur Havid* gedriftet sein mochte.

Sandoval und seine Offiziere versuchten, bei der Eingrenzung des Suchgebiets die beiden Schlüsselfaktoren zu berücksichtigen: Vom Wind würde eine Rettungsinsel in Richtung Südosten geschoben, während die kräftigen Strömungen sie eher in Richtung Nordost tragen würden. Der Kapitän entschied sich für einen anfänglichen Suchkurs von 080 Grad.

Die Crew hatte sich an Deck rund ums Schiff verteilt, um den Ozean nach Spuren des Wracks und nach Überlebenden abzusuchen. Gischt und überkommende Wellen machten es sehr schwer, da draußen überhaupt etwas zu sehen, trotz der kräftigen Suchscheinwerfer. Weil die *Camila* bei ihrer Suche auf sich allein gestellt war, musste Kapitän Sandoval einen Kompromiss finden: Einerseits wollte er das Suchgebiet so zügig durchkämmen wie möglich, andererseits musste er die Geschwindigkeit deutlich drosseln, wenn ihnen nichts entgehen sollte. Mehr als ein paar Meilen pro Stunde schafften sie nicht.

Erbarmungslos hatten sie die *Isla Camila* durch die See geprügelt, um den Havaristen so schnell wie möglich zu erreichen. Doch mit reduzierter Fahrt waren sie den Wellen noch stärker ausgesetzt als zuvor, das Schiff rollte und gierte mit jedem Wasserberg, der unter ihnen durchrauschte. Ein paar der Matrosen waren auf das Peildeck über der Brücke geklettert, in der Hoffnung, von dort einen besseren Überblick zu haben. Die Leuchtkegel ihrer Suchscheinwerfer kamen nicht weit in dieser Nacht; fliegende Gischt reflektierte das Licht, und sie sahen, wie der Wind die Schneeflocken tanzen ließ. Wer versuchte, sein Fernglas auf die weiter entfernten Wellenkämme zu richten, erblickte im Okular nichts als Tropfen auf der Linse. Mehr als ein paar hundert Meter reichte die Sicht nicht, und die Crew der *Isla Camila* musste sich viel Zeit nehmen, um jeden Wellenberg abzusuchen. In den tiefen Wellentälern dazwischen konnten sich ganze Schiffe verstecken, und ein kleines Rettungsfloß war schnell übersehen.

19:00, Position: 53° 55' S, 041° 24' W

30 Minuten später und vier Meilen von der letzten bekannten Position der *Sudur Havid* entfernt schwenkte einer der Männer an der Reling hektisch die Arme über dem Kopf – er hatte ein blinkendes Licht gesichtet. Paco drehte das Schiff auf den Kurs, den sein Kollege mit dem ausgestreckten Arm anzeigte, und hielt mit langsamer Fahrt voraus auf den

wiederkehrenden silbernen Punkt in der Finsternis zu. Alle Scheinwerfer auf dem Dach der Brücke und am Mast leuchteten jetzt die wogende See vor dem Bug aus. Und plötzlich, zwischen dem Grau des Wassers und dem schäumenden Weiß der Gischt, sahen sie es: das Leuchtfarbenorange einer Rettungsinsel.

Als sie näher herankamen, fuhr Paco einen bewussten Schlenker weg von der Rettungsinsel, um sie direkt gegen den Wind ansteuern zu können. Hätte er sein Ziel vor dem Wind angelaufen, wäre die Gefahr groß gewesen, dass er es einfach über den Haufen fuhr. Er machte es also genau so, als würde er eine Markierungsboje einsammeln wollen: langsam gegen den Wind auf die Rettungsinsel zu und so aufstoppen, dass der Trawler exakt neben dem Ziel zum Halten kommt. Zum Glück besaß Paco reichlich Erfahrung, wie man ein Schiff mit winzigen Korrekturen an Steuerrad und Gashebel in schwerem Seegang auf Position hält.

Auch wenn die *Isla Camila* wie die *Sudur Havid* für die Langleinenfischerei ausgelegt war, gab es einen wichtigen Unterschied: Leine und Fisch kamen durch eine Luke an Bord, die erstens besser geschützt war als auf der *Sudur Havid* und zweitens weiter oben positioniert – gut zwei Meter über der Wasserlinie, auf der Steuerbordseite. Für eine Bergung von Schiffbrüchigen war diese Luke der optimale Standort, sofern man den richtigen Moment abpasste: Man konnte die Männer in der Rettungsinsel nur dann packen, wenn der Seegang sie dicht vor die Luke beförderte. Im Wellental aber sackte das Floß an die sieben Meter am Rumpf des Trawlers hinunter. Ein Absturz aus dieser Höhe würde nicht ohne Verletzungen ausgehen, und schlimmstenfalls konnte der Verunglückte sogar unter das Schiff gedrückt werden.

Als die Crew das obligatorische Mann-über-Bord-Manöver geübt hatte, war es nur um eine einzelne Person gegangen, und geprobt wurde auch nicht unter den Bedingungen eines Sturms im Südpolarmeer. Jetzt hatte sie eine unbekannte Zahl von Menschen aus schwerem Seegang zu bergen – und das brachte Komplikationen und Gefahren mit sich, auf die niemand vorbereitet war.

Entsprechend nervös waren die fünf Männer, die an der Luke postiert waren. Über ihnen, auf dem Arbeitsdeck, standen weitere Kollegen, nicht weniger angespannt. Einer hielt Dregganker und Leine wurfbereit; die vier spitzen Flunken des Ankers hatten sie vorher mit den Überresten eines alten Netzes umwickelt, damit sie weder die Schiffbrüchigen verletzen noch die Rettungsinsel beschädigen konnten. Zu den Füßen der Retter lagen Seile bereit für den Fall, dass die Überlebenden nicht aus eigener Kraft springen oder klettern konnten. Zu beiden Seiten der Luke waren Jakobsleitern ausgerollt. Alles war bereit. Als das Floß mit der nächsten Welle angehoben wurde, fassten sich die Männer an der Luke ein Herz und riefen.

Stephan war sich sicher, dass er etwas gehört hatte. Durch das Heulen des Winds und das Krachen der Brecher drang ein anderes Geräusch, ein tiefes und regelmäßiges Wummern. War das eine Maschine? Er versuchte, aus dem ewigen Getöse des Sturms herauszufiltern, was ihm aufgefallen war. Konnte ja immerhin sein, dass er sich dieses Dröhnen nur eingebildet hatte. Aber da wurde die Rettungsinsel auch schon von einem grellen Licht geflutet, als hätte jemand den Sonnenaufgang per Knopfdruck eingeschaltet. Ein Suchscheinwerfer tastete das Dach des Floßes ab.

»Da draußen ist ein Schiff!«, brüllte Stephan. »Los, Leute, wir müssen zu dem Schiff hin!«

Charlie riss die Plane vor dem Eingang weg und schaute direkt in das blendende Licht des Scheinwerfers. Der Strahl hatte ihre Rettungsinsel fixiert und ließ sie auch nicht mehr los. 30 Meter entfernt war das Schiff, mehr nicht. Konnte man sich etwas Grausameres vorstellen, als von einem potenziellen Retter übersehen zu werden? Hilflos ertragen zu müssen, ihn wieder verschwinden zu sehen? Auf diesem Schiff aber hatte man sie gesichtet, da war sich Charlie ganz sicher. Er schwenkte die Arme trotzdem über dem Kopf, jetzt sollte nichts mehr schiefgehen.

Unerwartet schnell war das Schiff neben ihnen, und ihr Floß wurde von Wind und Wellen gegen den hoch aufragenden Rumpf geworfen. Sven sah den rostigen Riesen auf sich zukommen und fürchtete schon das Schlimmste: Nachdem sie stundenlang ein Spielball der Wellen gewesen waren, drohte nun das Schiff, ihre Insel zu zerquetschen oder umzuwerfen. Sie lagen in Luv der Retter, und der Wind ließ ihr Floß an der blauen Bordwand entlangprallen. Eine Leine baumelte in Svens Sichtfeld, und er sah die hölzernen Stufen einer Jakobsleiter, die von der Reling am Rumpf herabgelassen wurde. Gestalten in leuchtendem Gelb und Orange hatten sich an Deck aufgestellt, um ihnen zu helfen. Eine Etage weiter unten standen weitere Männer an einer großen Luke – mit ausgestreckten Armen, die Hände zum Zugreifen bereit.

Sven spürte, wie eine Welle die Rettungsinsel anhob, und plötzlich war da ein Lärm, mit dem er nicht gerechnet hatte: Lauter noch als das Rauschen der See und das Dröhnen der Schiffsmotoren hörte er die Stimmen der Retter. Sie brüllten ihm etwas zu, aber er verstand kein einziges Wort. Das Floß sackte nach unten weg, ins nächste Wellental. Von da, wo er saß, konnte er die Luke nicht erreichen. Aber die Jakobsleiter war zum Greifen nah. Nur hatte es jetzt keinen Sinn, sich daran hochzuziehen, er musste den richtigen Moment abpassen. Als die Insel mit dem folgenden Wellenberg wieder hochschwappte, sah Sven seine Chance gekommen. Er packte die Leiter so weit oben, wie er konnte; er hatte gerade noch genug Kraft in den Fingern, um das Seil halten zu können. Die Rettungsinsel verschwand unter seinen Füßen, und er strampelte hektisch, um eine der breiten Holzstufen zu erwischen. Doch dann fühlte er bereits die vielen Hände, die an seinem Ölzeug zerrten und ihn nach oben über die Reling hievten.

Unten in der Rettungsinsel machte sich auch Stephan bereit zum Sprung. Er hatte die Lähmung durch die Kälte abschütteln können, aber viele seiner Schicksalsgenossen schienen damit ernste Probleme zu haben. Während einige wenige wach und aufmerksam wirkten, starrten andere teilnahmslos vor sich hin, unfähig, ihre steifen Gliedmaßen zu bewegen oder ihre vernebelten Sinne zu aktivieren. Einen Moment lang schaute er zu, wie die Kräftigeren die Strickleiter hochkletterten oder sich von den Rettern am Seil nach oben ziehen ließen. Dann widmete er sich den Leuten seiner Crew, die es von selbst nicht fertigbrachten, sich auch nur bis zum Eingang der Rettungsinsel zu bewegen. Bei Gideon, der an der Grenze zur Bewusstlosigkeit war, holte er sich Verstärkung:

Gemeinsam mit Charlie schleppte er den Jungen zur Öffnung in der Plane. Sie warteten, bis das Schiff in eine aufrechte Lage gerollt war und sie von einer Welle angehoben wurden. Mit einer letzten Anstrengung hievten sie Gideon so weit die Leiter hoch, dass ihn die helfenden Hände von oben packen konnten.

Es ging nun sehr schnell: Als sich Stephan wenig später noch einmal umschaute, war die Rettungsinsel völlig leer. Alle waren in Sicherheit, oben an Deck. Er blickte zur Reling hinauf und stellte fest, dass von den Rettern keiner zu sehen war.

»Hey! Hey!«, brüllte er nach oben. Hatten sie ihn vergessen? Sie konnten doch nicht weiterfahren und ihn hier unten sitzen lassen.

»Hey! Hallo! Ich bin noch hier unten!«

Das Schiff krängte und lehnte sich hinüber zu ihm. Stephan ahnte, dass es möglicherweise seine letzte Chance war, heil von dem Rettungsfloß herunterzukommen. Er stieß sich ab, Arme voraus, und bekam die Reling zu fassen. Seine Hände waren kaum zu gebrauchen, aber er schaffte es irgendwie, sich mit den Armen festzuklammern. Die Rettungsinsel glitt unter seinen Füßen weg, und er hing, frei über dem Abgrund baumelnd, über den tosenden Wellen. Der nächste Brecher brauste heran, und es fühlte sich an, als wollte die See nach ihm greifen. Er schrie um Hilfe.

⚓

19:35 UHR

Samstag, 6. Juni 1998

Das hell erleuchtete Schiff tauchte hinter einem Wellenberg ab, und ich wusste, dass unsere Rettungsinsel ebenfalls immer wieder aus dem Blickfeld verschwand. Ein funktionierendes Licht auf dem Dach hatten wir nicht, aber vielleicht konnten wir unsere Sichtbarkeit verbessern, wenn wir die Leuchten von unseren Schwimmwesten verwendeten. Meine Weste hatte ich längst abgelegt, weil ich mich immer wieder in den diversen Schnüren verheddert hatte, also griff ich mir die nächstbeste, die neben mir im Wasser lag. Ich riss das Licht aus seiner Halterung und schwenkte es an seinem Kabel über meinem Kopf. Dazu brüllte ich, so laut ich konnte, um die Crew auf dem Schiff auf uns aufmerksam zu machen. Doch kaum hatte ich die Leuchte in die Höhe gehoben, erlosch das Licht. Ich starrte das dunkle Glühbirnchen an, und es dauerte ein paar Sekunden, bis ich kapierte, was das Problem war: Natürlich – die Leuchten hatten nur dann Saft, wenn die Kontakte am anderen Ende des Kabels mit Wasser in Berührung kamen. Mit einer Hand hielt ich also die Kabel ins Wasser, mit der anderen ließ ich die Leuchte kreisen. Leider blinkte unser Signal damit nur knapp über der Wasseroberfläche, aber immerhin – es funktionierte. Ich hatte keine Ahnung, ob dieses Glühwürmchen hell genug war, um vom Schiff aus gesehen zu werden, aber ich klammerte mich an die Hoffnung, dass es sich vor dem finsteren Hintergrund der Südpolarnacht gut abheben würde.

Dann flutschte mir das dünne Kabel aus den Fingern, und mein Licht versank im Wasser. Schnell fummelte ich die Leuchte einer anderen

Schwimmweste los. Kabel ins Wasser, Lampe schwenken. Doch auch das zweite Lämpchen ging verloren. Hektisch wühlte ich die nächste Weste hervor, bloß weiter, nicht nachlassen. Ich hatte eine Scheißangst, dass sie uns nicht sahen auf dem Schiff. Ein paar Minuten fieberhafte Anstrengung konnten den Unterschied ausmachen, ob wir gefunden wurden oder nicht.

»Kommt, Leute, alle Mann brüllen, damit sie uns hören können!«

Meine Hände waren wie abgestorben, aber mit purer Willenskraft gelang es mir, die linke Brusttasche meines Overalls zu öffnen. Ich konnte zwar nicht fühlen, was ich tat, doch meine Finger erwischten tatsächlich die dünne, eng zusammengerollte Strippe, an der die Signalpfeife hing. Ich steckte sie mir zwischen die Lippen und pustete, was das Zeug hielt. Als ich nicht mehr konnte, brüllte ich aus Leibeskräften, und schließlich blies ich wieder in die Signalpfeife. Wenigstens machten jetzt alle anderen mit: Die komplette Crew der Rettungsinsel brüllte mit vereinter Lautstärke: »Hierher! Hierher! Hilfe!«

Das Schiff änderte seinen Kurs, es steuerte tatsächlich auf uns zu. Jubel kam bei mir trotzdem nicht auf, ich war einfach zu müde, um überhaupt noch etwas zu empfinden. Aber die fast schon verloren geglaubte Hoffnung glimmte wieder auf.

Auch wenn uns nicht mehr viel von dem Schiff trennte, waren wir immer noch von der Angst getrieben, dass unsere Körper wertvolle Wärme verloren. Wir krochen ins Innere zurück und schlugen die Plane hinter uns zu, damit uns der eisige Wind nicht doch noch erwischte. Hannes und ich streckten unsere Köpfe durch den schmalen Schlitz zwischen Tür und Dach, weil wir unbedingt sichergehen wollten, dass das Schiff wirklich weiter auf uns zuhielt. Noch 50 Meter, es war schon ganz nah. Wir zogen uns in den Schutz unseres Rettungsfloßes zurück.

Auf der *Isla Camila* konzentrierte sich Paco ganz darauf, das Schiff ruhig auf Position zu halten, während die Schiffbrüchigen aus der ersten Rettungsinsel geborgen wurden. Einer nach dem anderen wurden die Männer entweder an ihrem Ölzeug über die Reling gehievt, wenn sie selbst die Leiter hochklettern konnten, oder sie bekamen ein Seil unter die Arme und wurden das kurze Stück nach oben gezogen.

Dass Paco die Ruhe bewahrte, grenzte an ein Wunder, denn auf der *Isla Camila* schrien alle wild durcheinander: Draußen an Deck bellten sich die Retter Kommandos zu, die Männer aus dem Rettungsfloß riefen um Hilfe, und auf der Brücke redeten alle gleichzeitig. Alles, was auf dem Schiff an Kommunikationstechnik installiert war, blinkte und klingelte, aus dem Funkgerät quakten verzerrte Stimmen. Und dann erhob sich über diesem Tumult eine weitere Stimme, lauter, dringender.

Einer der Männer an Deck hatte noch etwas entdeckt: Querab von der *Isla Camila* war ein silberner Streifen im Licht der Suchscheinwerfer aufgetaucht, ein Stück Reflektorfolie. Sie hatten eine weitere Rettungsinsel gefunden. Ohne ein eigenes Licht war sie kaum zu erkennen in Wellen und Gischt – welch ein Glück, dass der Ausguck sie nicht übersehen hatte. Und war es nicht erstaunlich, dass nach stundenlanger Drift nur 70 oder vielleicht auch 100 Meter zwischen den beiden Rettungsflößen lagen? Die Crew der *Isla Camila* war jedenfalls sichtlich überrascht, dass sie auch die zweite Insel so schnell aufgespürt hatte.

Allerdings mussten sie das zweite Floß nun permanent im Blick behalten, weil es sich ohne Licht schnell wieder im Dunkel der Nacht verlieren konnte. Nachdem der letzte Mann von der ersten Rettungsinsel abgeborgen war, ließ Kapitän Sandoval den schwimmenden Untersatz an Bord hieven, damit er ihnen bei den folgenden Manövern nicht in die Quere kam. Paco drehte das Schiff auf den neuen Kurs und gab mit dem Gashebel einen kurzen Schub vorwärts. Sie lagen jetzt quer zu den Wellen, und der Trawler pendelte im Seegang hin und her wie ein Stehaufmännchen.

Als sie näher herankamen, konnte Phil sehen, dass die zweite Rettungsinsel deutlich tiefer im Wasser lag. Er stieg von der Brücke hinunter aufs Arbeitsdeck, in der Hoffnung, bei einer weiteren triumphalen Rettungsaktion helfen zu können. Beim ersten Floß hatte er sich über die Reling gebeugt und in dankbare, fast schon strahlende Gesichter geschaut, die aus einer weitgehend trockenen Rettungsinsel herauslugten. Diese zweite Insel aber schien unter einem großen Gewicht in der Mitte durchzuhängen; sie hatte kaum noch Auftrieb. Und die Plane war noch immer geschlossen.

Zum tiefen Grummeln der Maschine war nun auch das dumpfen Klatschen gekommen, das man hört, wenn Stahl auf Wasser trifft: Das neue Geräusch war für uns das Signal, dass wir unsere Plane aufreißen konnten – das Schiff war da. Riesenhaft überragte sein Rumpf unser lächerliches Vehikel. Dann richteten sie ihre Scheinwerfer auf uns und beendeten auf einen Schlag das Dämmerlicht unserer grauenvollen Odyssee.

Allerdings hatte es der Seegang nun offenbar darauf abgesehen, uns unter den Rumpf zu werfen; wie die Kugel in einem Flipperautomaten prallten wir immer wieder gegen die Stahlwand. Oben an der Reling und an einer Luke darunter stand die Crew, alle in Ölzeug, gelb und orange. Vom Licht der Scheinwerfer geblendet, konnte ich nur die Umrisse ihrer Kapuzen ausmachen, nicht die Gesichter. Immerhin hörte ich ihre Stimmen. Ich sah eine Leine vor mir und die Stufen einer Strickleiter, doch der Weg nach oben kam mir unendlich weit vor. Obwohl ich wegen der extremen Unterkühlung kaum einen geraden Gedanken zustande brachte, schien mir absolut klar: Mit meinen tauben Händen und Armen würde ich da nie und nimmer hochkommen, zumindest nicht aus eigener Kraft.

Im nächsten Augenblick spülte uns eine Welle weg vom Schiff, plötzlich lagen wieder sechs Meter zwischen uns und unseren Helfern. Nach der Tortur in der Rettungsinsel war ich bereit, alles zu tun, dass wir nicht davontrieben und im letzten Moment doch noch verloren gingen. Mit der nächsten Welle kamen wir wieder ein Stück näher heran, und die Crew warf uns eine weiße Leine zu, die im hohen Bogen auf unsere Dachplane klatschte. Ich richtete mich auf, um nach ihr zu greifen, aber ich war nicht schnell genug. Das Seil platschte ins Wasser.

Der zweite Wurf passte perfekt: Die Leine landete in meinen Händen, ich musste nur noch die Finger schließen, damit unsere Retter uns rüberziehen konnten. Wenn wir erst einmal neben dem Rumpf lagen, waren wir alle so gut wie gerettet. Das Schicksal der Leute hinter mir lag also in meinen Händen, und ich hatte nicht vor, ihre Hoffnung zu enttäuschen. Fieberhaft überlegte ich, wo ich die Leine festmachen konnte, doch im selben Augenblick wurde unser Floß nach hinten gerissen, und ich musste hilflos mit ansehen, wie das Seil durch meine kraftlosen

Finger sauste. Ein Glück nur, dass ich noch nicht versucht hatte, nach der Strickleiter zu greifen.

Der nächste Versuch ging ebenfalls schief: Jetzt ließen unsere Retter die Leine versehentlich los, und ich saß da mit dem anderen Ende. Verdutzt starrte ich auf das Seil. Was zum Teufel sollte ich denn damit anstellen? Zurückwerfen? Die Leute auf dem Schiff brüllten mir offenbar zu, was ich tun sollte, aber ich konnte kein einziges Wort verstehen.

Die *Isla Camila* rollte im Seegang auf die Seite und drohte erneut, uns unter ihrem Rumpf zu zerquetschen, wenn die Wellen uns im falschen Moment zu nahe heranspülten. Eben noch waren wir fast auf Augenhöhe mit der Crew, die an der Luke postiert war; und im nächsten Moment fiel das Wasser unter uns weg, sodass wir die Rundung sahen, wo der Rumpf in den Kiel überging. Plötzlich hatte ich den Boden eines 800-Tonnen-Trawlers direkt vor mir – und ich sah uns schon von diesem Ungetüm erdrückt. Seit der unheimlichen Begegnung mit dem Mast der *Sudur Havid* waren wir nicht mehr in einer solch unmittelbaren Gefahr gewesen. Schrecklich zu spüren, wie verwundbar wir waren. Dass wir absolut nichts ausrichten konnten. Von Hannes, der gleich neben mir saß, kam nur noch ein jämmerliches »Hilfe, Hilfe, Hilfe«. Seine Hände und Arme waren so nutzlos wie meine; es schien, als ob uns die eigenen Gliedmaßen den Gehorsam verweigerten.

Bei Morné, auf der anderen Seite der Insel, landete eine Art Enterhaken, an dem ein Seil hing. Aus Angst, dass die Flunken die Schläuche des Floßes beschädigten, warf er das Ding erst einmal David in den Schoß. »Halt … das mal«, stammelte er. Unbeholfen versuchte er, mit der Leine eine Schlinge um den Strick am Boden der Rettungsinsel zu knoten. Doch bevor er sie festziehen konnte, spürte er überall Hände, die nach ihm griffen. Seine Rettungsweste zog sich über seinem Brustkorb zusammen, und dann hievten sie ihn mit einem mächtigen Ruck nach oben und über die Reling.

Nachdem ich mich noch ein paarmal vergeblich abgemüht hatte, die Leine festzuhalten, die man mir zugeworfen hatte, gab ich meinen Vorsatz auf, das Wohl der Crew über mein eigenes zu stellen. Unter keinen Umständen wollte ich meine eigene Rettung vermasseln. Ich hielt die steifen Arme in die Höhe, wie ein kleines Kind, das von seinen Eltern hochgehoben werden will. Wenn ich ihre Leinen nicht richtig fassen konnte – vielleicht konnten die da oben ja gleich mich festhalten.

Mit der nächsten Woge wurde das Floß wieder in die Höhe befördert, bis ich fast das Deck hätte berühren können, wenn meine Hände nur mitgespielt hätten. Trotzdem kamen meine ausgestreckten Arme noch nicht hoch genug, um die Hände der Helfer zu erreichen. Beim nächsten Mal spürte ich schon ihren Griff, aber meine Arme rutschten ihnen aus den Fingern.

Aller guten Dinge sind drei: Die nächste Welle hob uns weiter an als alle Wogen zuvor, und ich reckte meine Arme so weit ich konnte, als es am blau-weißen Rumpf nach oben ging. Zwei oder drei Mann lehnten sich aus der Luke und packten sich meinen Anzug. Ich fühlte ihre Arme an meinem Kopf und den Druck der Bordwand gegen meine Brust, als sie mich nach oben zerrten. Das Floß verschwand unter meinen Füßen, und ich baumelte über der schwarzen See.

»Zieht!«, brüllte ich auf meine Retter ein. »Zieht doch!«

Für einen endlosen Augenblick strampelte ich mit den Beinen in der Luft, ohne Halt zu finden. Nein, ich würde nicht wieder bei den anderen in der Rettungsinsel landen; und ich würde auch nicht in die tosende See stürzen. Mein Gesicht wurde gegen das Ölzeug meiner Helfer gepresst, und dann hörte ich plötzlich ein Gewirr von Stimmen, als wäre ich gerade aus einem Traum erwacht. Mit einem letzten kräftigen Schwung holten mich die Fischer über die Reling und stellten mich auf die Füße. Nur leider knickten meine Beine kraftlos weg und ich fiel der Länge nach hin, mit dem Gesicht auf das kalte, harte Deck.

»Gott sei Dank.«

RETTUNG

Teil 4

19:35 UHR

Samstag, 6. Juni 1998

Im harschen Licht der Scheinwerfer der *Isla Camila* kam jetzt zum Vorschein, was das Durcheinander in der Rettungsinsel bislang gnädig verdeckt hatte. Selbst Phil erschauderte bei dem Anblick, der sich ihm und seinen Kollegen bot. Nach vielen Jahren im ehrenamtlichen Einsatz auf einem Seenotkreuzer konnte ihn der Tod kaum noch schrecken; schockierend fand er vielmehr den Zustand der Überlebenden: Wie hingeworfen lagen sie da, Arme und Beine grotesk ineinander verknotet, ihre Köpfe knapp aus dem Wasser ragend, die Füße in einem Gewirr aus Rettungswesten und Leinen verstrickt.

Diese armen Menschen aus ihrer Lage zu befreien, würde eine größere Herausforderung bedeuten als alles, was sie bisher unternommen hatten. Das Wasser stand hüfthoch in der Rettungsinsel, und sie ragte kaum noch aus den Wellen heraus. Phils Kollegen versuchten, den Überlebenden Leinen zuzuwerfen – aber wie sollten sie ein Seil fangen, wenn sie nicht imstande waren, ihre Arme zu bewegen? Die Männer in der Rettungsinsel wirkten von den Schultern an abwärts gelähmt, unfähig, auch nur einen Finger zu heben. Ein paar der traurigen Gestalten saßen immerhin so nahe am Rand, dass die Fischer von der *Isla Camila* sie in einem günstigen Moment mit einem Ruck an Bord ziehen konnten. Den anderen Überlebenden blieb nichts anderes übrig, als zu warten. Sie waren zu schwach, um sich noch selbst zu helfen.

Phil suchte sich eine Leine und knotete einen Palstek hinein, um mit einer festen Schlinge arbeiten zu können. Er gab seinen Kollegen ein

Zeichen, es ihm nachzumachen. Er wollte die Schlingen wie ein Lasso über die Schultern der Schiffbrüchigen werfen. Die Männer mussten sie sich dann nur unter die Arme klemmen. Als sie den Ersten am Seil aus der Rettungsinsel zerrten, schien ihm die Prozedur große Schmerzen zu bereiten, aber es gab keine Alternative. Phil zählte sieben Überlebende, einige an der Grenze zur Bewusstlosigkeit. Doch es waren immer noch Männer in der Rettungsinsel, die sich gar nicht mehr rührten.

Kaum hatten die Leute von der *Isla Camila* alle geborgen, die noch Lebenszeichen von sich gaben, standen sie vor dem nächsten Problem: Wie sollten sie die restlichen Schiffbrüchigen an Bord bekommen, die entweder im Koma lagen oder bereits gestorben waren? Nicht dass die soeben geborgenen Männer in der Lage gewesen wären, aktiv bei ihrer Rettung zu helfen. Aber jetzt gab es in der Insel niemanden mehr, den man ansprechen konnte. Das gesamte Floß an Bord zu hieven, kam leider auch nicht infrage, vollgelaufen mit Wasser war es zu schwer. Doch wenn sie nicht schnell eine Lösung fanden, würde sich das Problem von selbst lösen: Als die Rettungsinsel am Rumpf der *Isla Camila* entlangschleuderte, waren bereits die ersten Leichen von den Wellen geholt worden, das war Phil nicht entgangen. Im selben Moment rauschte ein besonders heftiger Brecher durch die Öffnung in der Plane – und auf dem Weg zurück nahm er einen der leblosen Körper mit. Selbst im grellen Licht der Suchscheinwerfer hatten sie den Leichnam schnell aus dem Blick verloren, er verschwand auf Nimmerwiedersehen in der tintenschwarzen See.

Phil und seine Kollegen legten ihre Leinen in lose Schlingen und versuchten, sie über Gliedmaßen zu werfen, die aus dem Wasser ragten. Doch die Toten lagen zum größten Teil mit dem Gesicht unter Wasser, und auch ihre Hände und Füße waren für die Retter nicht erreichbar. Die Leinen platschten auf die Wasseroberfläche, wo sie nichts ausrichten konnten. Phil musste zusehen, wie erneut eine Welle in die Rettungsinsel schwappte und einen weiteren Leichnam mitriss. Ohne den Auftrieb einer Schwimmweste war auch er sofort verschwunden.

Als es ihnen schließlich gelang, ein Bein mit dem improvisierten Lasso einzufangen, brauchte es drei Mann, um den Körper aus dem

Rettungsfloß zu ziehen. Ein Fuß mit Socke kam als Erstes über die Reling, und die Matrosen packten den Toten an der Kleidung, um ihn an Bord zu wuchten. Mit einem hässlichen dumpfen Geräusch fiel der Leichnam an Deck und wurde dann weitergeschleppt in den Schutz des Fabrikdecks.

Kurz überlegte Phil, ob er sich eine Leine um die Hüfte knoten sollte, um sich in die Rettungsinsel hinabzulassen, aber ohne die Genehmigung von Kapitän Sandoval konnte er ein derart riskantes Unterfangen natürlich nicht angehen. Überhaupt wäre es bei diesem Seegang ein echtes Himmelfahrtskommando, sich am Rumpf des Schiffes abzuseilen und in eine vollgelaufene und offensichtlich bereits beschädigte Rettungsinsel zu klettern.

Um nicht noch mehr Leichname an die See zu verlieren, trafen die Offiziere der *Isla Camila* und ihre Crew eine drastische Entscheidung: Sie würden die verbliebenen Körper mit den spitzen Landungshaken bergen, die sonst verwendet wurden, um den Fisch aufzuspießen und an Bord zu wuchten. Lebenszeichen waren bei keinem der restlichen Schiffbrüchigen mehr zu erkennen, und dass sie mit dem Gesicht im Wasser lagen, konnte man als sicheres Zeichen werten, dass sie wirklich tot waren. Eine brutale Vorgehensweise, zweifellos, aber eine bessere Option hatten sie nicht. Und den Angehörigen war es bestimmt wichtig, eine Leiche beerdigen zu können. Außerdem musste die *Isla Camila* so schnell wie möglich die Suche nach weiteren Überlebenden aufnehmen.

Die drei Meter langen Bambusstangen mit den glänzenden Edelstahlhaken waren schnell geholt, doch die Fischer zögerten einen Moment, als würden sie noch einmal abwägen, was nun zu tun war. Nie im Leben hätten sie gedacht, dass einmal ein solcher Einsatz von ihnen erwartet wurde. Behutsam machten sie sich an die Arbeit: Immer wenn Wellen die Insel anhoben, stocherten sie nach Rettungswesten und Kleidung, um mit den Haken festen Halt zu finden. Einen Mann bekamen sie tatsächlich an seiner Schwimmweste an Bord gehievt; aber es fehlte nicht viel, und die Nähte und Gurte wären unter dem Gewicht gerissen. Die restlichen Leichname trugen keine Westen, und es blieb den Fischern nichts anderes übrig, als ihren Haken mit einem energischen Ruck durch das Ölzeug der Toten zu treiben. Die Bewegung war Routine: von unten angesetzt, ein schneller Zug an der Bambusstange nach oben, damit der Haken sicher saß. Dass sie dabei auch Füße oder Beine erwischten, ließ sich nicht vermeiden. Drei Mann platzierten ihren Haken wie bei einem großen Seehecht, dann hievten sie den Leichnam an Bord. Insgesamt holten sie vier Tote aus der Rettungsinsel und trugen sie in einen Lagerraum auf dem Fabrikdeck. Blut markierte den Punkt, wo die Haken das Ölzeug durchbohrt hatten.

Weitere Leichen waren in der Rettungsinsel nicht zu sehen; wenn es noch mehr Tote gegeben hatte, waren sie Opfer der See geworden. Die Männer der *Isla Camila* schleuderten noch ein letztes Mal einen Wurfanker mit scharfen Flunken in das leere Floß und begannen, die am Anker befestigte Leine über eine Winsch an Bord zu ziehen. Das Dröhnen der Hydraulik ging in ein hohes Jaulen über, als das Seil auf Spannung kam und die Winde die volle Last der vollgelaufenen Rettungsinsel tragen musste. Dann riss das Gummimaterial mit einem grässlichen Kreischen, und das Wasser ergoss sich zurück in die See.

Die 21 Überlebenden in der Kombüse konnten den Offizieren der *Isla Camila* die nun wohl wichtigste Auskunft geben: An Bord der *Sudur Havid* waren 38 Mann Besatzung gewesen, die sich auf drei Rettungsinseln verteilt hatten. Blieb also die entscheidende Frage: Wo war die dritte Insel?

⚓

19:40 UHR

Samstag, 6. Juni 1998

Nachdem endlich jemand zu Stephan gerannt war und ihm über die Reling geholfen hatte, konnte er zwar auf eigenen Beinen stehen, aber die Männer von der *Isla Camila* hatten sich seine Arme über ihre Schultern gelegt und ihn durch das Sturmschott auf das Fabrikdeck getragen. In einem großen Raum der Mannschaftsunterkünfte halfen sie ihm, seine nasse Kleidung auszuziehen. Stephan schaute sich um: Viele seiner Kollegen brauchten die Unterstützung offensichtlich dringender als er. Sven zum Beispiel schien völlig verstört, starrte wie in Trance vor sich hin, als ihm das Ölzeug vom Leib gezogen wurde.

Gideon lag auf dem Boden, kaum ansprechbar. Er war schon fast komplett ausgezogen, und seine Haut wirkte grau. Als zwei Männer den Teenager hochhoben, um ihn unter die warme Dusche zu stellen, hing er apathisch in ihren Armen.

Stephan lehnte das Angebot einer Dusche ab, nahm aber von der Crew eine warme Decke entgegen, in die er sich sofort einwickelte. Noch wacklig auf den Beinen stolperte er durch die Kombüse und ließ sich auf eine Bank fallen, wo ihm der Smut einen Becher mit heißem Kaffee reichte. Er fixierte den Becher mit seinen Augen, als wollte er ihn mit purer Willenskraft dazu zwingen, nicht mehr so zu wackeln. Tatsächlich zitterte er so stark, dass er die Tasse nicht halten konnte, ohne ihren Inhalt zu verschütten.

Ich selbst konnte mich noch nicht mal auf den Beinen halten. Mein Verstand funktionierte so einigermaßen, aber nach den langen Stunden in der vollgelaufenen Rettungsinsel verweigerten meine abgestorbenen Beine den Dienst. Als meine Retter mich über die Reling gezogen hatten, wollte ich ihnen sofort danken – nur leider war ich erst mal zusammengeklappt und mit dem Gesicht an Deck aufgeschlagen.

In der allgemeinen Hektik der Rettungsarbeiten hatte die Crew der *Isla Camila* keine Zeit, auf meine Befindlichkeiten Rücksicht zu nehmen. Ohne weitere Umschweife packten mich zwei Matrosen unter den Armen und schleiften mich durch die Korridore in einen kalten Lagerraum. Einer der Männer hielt mich fest, während der andere den Reißverschluss öffnete und meinen Anzug bis auf die Hüften herunterzog. Als sie mich rücklings auf den Boden legten und ihn mit einem kräftigen Ruck komplett herunterziehen wollten, brachte ich als Protest stammelnd hervor: »Nicht alles, nein, zu kalt …«

Meine Einwände wurden ignoriert. Schon hatten sie mir auch den wattierten Kälteschutz vom Leib gerissen.

»Mir ist zu kalt, ihr könnt mich doch hier nicht komplett ausziehen!«

Konnten sie doch. Als Nächstes waren meine Jeans dran, dann die Thermounterwäsche. Fast nackt lag ich jetzt da, ein Häufchen Elend. Weil ich immer noch nicht in der Lage war, selbst zu gehen, schleppten mich die Männer weiter über die Korridore des fremden Schiffs bis zu einer Dusche. Endlich setzte mein Hirn wieder ein, und ich meinte mich erinnern zu können, dass sie in meinem Erste-Hilfe-Kurs ausdrücklich davor gewarnt hatten, eine unterkühlte Person zu schnell zu erwärmen – es bestand Gefahr, dass der Patient einen Schock erlitt. Was also hatten diese Typen vor? Wussten sie überhaupt, was sie taten?

Doch als die Dusche losrauschte und das warme Wasser über meinen Körper strömte, war es eine unglaubliche Wohltat. Was scherte mich die Weisheit der Erste-Hilfe-Ausbilder: Ich stellte das Wasser noch etwas heißer. Meine Beine fühlten sich taub an, aber in Armen und Händen spürte ich bereits das typische Prickeln, das die Rückkehr der Lebensgeister signalisierte. Nur ein paar Minuten gönnten mir meine Helfer unter der dampfend heißen Dusche, dann rubbelten sie mich mit einem großen Handtuch trocken und verfrachteten mich in die Messe des Schiffs, zu den anderen.

Es waren alles bekannte Gesichter, die auf mich warteten. Klaus schaute mich kurz an, ohne ein Wort zu sagen. Die anderen Überlebenden von der *Sudur Havid* hatten es sich auf den Bänken der Messe bequem gemacht, und es schien ihnen so weit gutzugehen. Überhaupt wirkte alles so normal und selbstverständlich, nur ich selbst war nicht ganz bei mir. Ich nahm den Lärm um mich herum wahr, aber ich konnte ihn nicht zuordnen, ich wusste in diesem Moment einfach nicht, wie mir geschah.

Meine Helfer legten mich rücklings auf eine Bank und streiften mir die nasse Unterwäsche vom Leib, was mir plötzlich sehr peinlich war. Der einzige Trost war, dass es den anderen auch nicht besser ergangen war. Meine Haut schimmerte bläulich, und ich ließ die folgende Prozedur hilflos über mich ergehen. Erneut bearbeiteten mich die Männer von der *Isla Camila* mit einem Handtuch, und sie gingen dabei nicht unbedingt sanft vor. Sie drückten und kneteten meine Arme, Beine und Brust, um meinen Kreislauf auf Touren zu bringen. Hannes wurde hereingeschleppt und auf der Bank neben mir abgelegt. Sein Kopf schlug mit einem vernehmlichen Rumms auf, und er stöhnte kurz. Er war zwar bei Bewusstsein, konnte seine Augen jedoch kaum aufhalten.

Die Leute von der *Isla Camila* zogen mir warme Kleidung an, wie bei einem Baby steckten sie Beine und Arme durch die vorgesehenen Öffnungen: zuerst eine blaue Jogginghose, dann ein Wollpullover, dessen fremder Geruch mir sofort auffiel, als sie ihn über meinen Kopf streiften. Meine geschwollenen Füße quetschten sie in ein paar Schuhe, die so eng waren, dass der Schmerz sogar meine tauben Zehen aufweckte. Meine Helfer unterhielten sich in einer Sprache, von der ich kein Wort verstand. War das Spanisch? Sie richteten mich auf, damit ich mit den anderen am Tisch sitzen konnte, und wickelten mich zusätzlich in eine warme Decke. Damit endete ihre liebevolle Pflege; sie eilten zurück an Deck, denn die Suche nach Überlebenden ging weiter. Sie ließen mich und die anderen in der Obhut des Smuts.

Zu sitzen fiel mir schwer. Ich fühlte mich schrecklich schwach und zitterte am ganzen Leib. Der Koch drückte mir einen großen Pott mit heißem Kaffee in die Hände, und ich musste wieder an die Warnung aus dem Erste-Hilfe-Kurs denken, wie man Schock behandelte – und was man dabei auf keinen Fall tun durfte, wenn man den Zustand des Patienten nicht noch verschlechtern wollte: *Nein, nein, bloß keinen heißen Kaffee!* Aber mein Mund war wie gelähmt, ich brachte die Worte nicht heraus.

Ach, zum Teufel. Ich gab meinen Widerstand auf und schlürfte das heiße Gebräu. Wieder eine Regel aus dem Lehrbuch, um die sich in der Praxis niemand scherte.

Alle 14 Mann aus der ersten Rettungsinsel hatten überlebt und saßen jetzt an den Tischen um mich herum, allesamt in Decken eingehüllt. Mark wirkte sogar erstaunlich fit; Klaus murmelte mit zittriger Stimme vor sich hin; und Gideon hatte seinen Schock offensichtlich noch nicht überwunden, er kauerte verstört und heftig zitternd an seinem Platz.

Dann brachten sie die Überlebenden von meinem Floß in die Messe, einen nach dem anderen: Big Danie, Bjorgvin, Morné, Brian und Eugene. Einige waren in einem ähnlichen Zustand wie ich und mussten von ihren Rettern gestützt werden. Andere – wie Big Danie zum Beispiel – hatten sich bereits einigermaßen erholt und schlurften aus eigener Kraft in die Kombüse. Es gab keinen Jubel, keine Wiedersehensfreude, kaum einen Gruß, der die Stille durchbrach.

Meine geistigen Fähigkeiten waren noch nicht wieder ganz auf der Höhe, aber so viel wusste ich: Wir waren mehr Leute in der Rettungsinsel gewesen, als jetzt in die Messe gebracht wurden. Brian zählte zu den Letzten, die sie geborgen hatten. Als die Retter ihn in den Raum trugen, lallte er: »Sie holen jetzt die Toten raus.«

Während wir in der Messe saßen und uns bei heißem Kaffee wärmten, gaben die Männer von der *Isla Camila* alles, um auch die Leichen zu bergen.

Mir war immer noch entsetzlich kalt, ich bekam das Zittern einfach nicht unter Kontrolle, und auf einmal stieg diese Angst in mir auf, dass ich vielleicht gar nicht mehr richtig warm werden würde. Auf der Bank neben mir saß Stephan, und soweit ich das in meinem halberstarrten Zustand beurteilen konnte, schien es ihm recht gutzugehen. Auch wenn ich vorher kaum je mit ihm gesprochen hatte, beschloss ich, ihn um einen großen Gefallen zu bitten: »Sag mal, Kumpel, kannst du mich mal drücken?«

Stephan legte einen Arm und seine Decke um mich, und ich begann sofort zu spüren, wie seine Körperwärme meine Kleidung durchdrang und begann, meinen Oberkörper aufzutauen. Die Uhr an der Wand der Messe zeigte in diesem Moment 19:45. Es würde noch lange dauern, bis das elende Zittern endlich aufhörte, aber ich wusste, dass ich das Schlimmste hinter mir hatte.

Ich hatte überlebt.

Der chilenische Koch war ständig unterwegs. Er versorgte alle mit heißem Kaffee, brachte uns einen Happen zu essen und nahm sich zwischendurch sogar die Zeit, uns mit einer Art Wärmesalbe die Hände einzucremen, um die Zirkulation in Gang zu bekommen. Unbeholfen riss ich mir ein Stück Brot ab und tunkte es in die wässrige Gemüsesuppe vor mir, die so anders schmeckte als alles, was Grunter für uns auf der *Sudur Havid* gekocht hatte; ich war völlig ausgehungert. Außerdem begann die Salbe zu wirken: Ich spürte ein Prickeln und Brennen in den Fingerspitzen.

Die Wärme in der Messe tat das Ihre, um unsere Lebensgeister zu wecken, und wir fingen an, in kurzen, abgehackten Sätzen miteinander zu flüstern. Es wurde nur das Nötigste gesagt, für ein richtiges Gespräch fehlte uns noch die Energie. Die Überlebenden aus der ersten Rettungsinsel hatten sich schon etwas besser von den Strapazen erholt und wollten alles wissen, was wir über das Schicksal ihrer Kollegen zu berichten wussten. Charlie richtete sich an seinem Tisch in der Mitte des Raums auf und versuchte, mehr aus der Crew des zweiten Rettungsfloßes herauszubekommen. Jeder von uns hatte seine eigenen Beobachtungen gemacht und konnte von seinen letzten Begegnungen mit den Vermissten erzählen. Es fühlte sich an wie eine Gruppentherapie: Einer aus der Mannschaft sagte, was er gesehen hatte, gemeinsam verarbeiteten wir die unvermeidlichen schlechten Nachrichten.

»Hat einer von euch Kenny gesehen?«, wollte Charlie wissen.

»Ist tot, Mann«, erwiderte Eugene ohne zu zögern. »Hab' selbst gesehen, wie er gestorben ist.«

Meine Sorge galt vor allem Simon, unserem Steward. Er war besonders verletzlich und zählte in meinen Augen zu der Sorte Mensch, um die man sich am liebsten ständig kümmern möchte.

»Auch tot«, sagte Morné. »Er war doch bei uns in der Rettungsinsel, Matt.«

Das war mir überhaupt nicht bewusst gewesen. Ich hätte doch versucht, ihm zu helfen! Und wenn ich meine zweite Jacke aus der Kabine mitgebracht hätte, wäre er vielleicht noch am Leben.

»Was ist mit Bubbles?«, fragte Mark. Unser Skipper hatte seinen Zählappell bis zuletzt durchgehalten, ich war mir sicher, dass er okay war.

Bjorgvin meldete sich zu Wort. In der Rettungsinsel hatte ich ihn völlig aus den Augen verloren und ich war ehrlich gesagt fast ein wenig überrascht, dass er die Strapazen überlebt hatte; er war immerhin der Älteste an Bord gewesen. Nun lehnte er sich nach vorn, seinen hageren Oberkörper auf die Ellbogen gestützt, die Hände gefaltet, damit sie nicht so zitterten.

»Bubbles ist gestorben … ganz zum Schluss«, stammelte Bjorgvin. »Als das … Schiff gekommen ist.« Für viele war es wahrscheinlich das erste Mal überhaupt, dass sie den Isländer sprechen hörten.

Ich wusste, dass es in meiner Rettungsinsel Trevor nicht geschafft hatte. Aber mir war nicht klar gewesen, dass auch andere direkt neben mir umgekommen waren. Ich hatte zwar ihre Arme und Beine unter mir gespürt und gesehen, wie friedlich sie dalagen, doch ich hatte wohl angenommen, dass sie einfach nur still oder bewusstlos waren und nur darauf warteten, wieder zum Leben erweckt zu werden. Vielleicht hatte ich auch ausgeblendet, ohne dass mir das bewusst war, wie schlecht es ihnen ging und dass sie möglicherweise im Sterben lagen. Aber solche Überlegungen brachten uns jetzt nicht weiter. Sie waren verloren, unwiederbringlich.

Dann warteten wir auf Nachrichten von der dritten Rettungsinsel. Niemand hatte sie gesehen, seit wir die *Sudur Havid* aufgegeben hatten. Joaquim und Carlos waren an Bord gewesen, das wussten wir, aber wir waren uns nicht sicher, ob sie den ein oder anderen Kollegen aus dem Wasser gefischt hatten. Zu denen, die noch vermisst wurden, zählten Alfie und Kelobi, Brians Sohn Grant und Charlies Bruder Albert. Wenn wir unseren Zustand zum Zeitpunkt der Rettung als Maßstab nahmen, mussten wir wohl davon ausgehen, dass die anderen nicht mehr viel länger durchhalten würden. Doch einmal angenommen, dass ihre Insel unbeschädigt war: Es bestand immer noch die Chance, dass sie gefunden und gerettet wurden. Vielleicht waren sie vom Wind stärker abgetrieben worden, weil ihr Floß nicht so tief im Wasser lag wie die anderen. Noch wollte sie niemand endgültig abschreiben. Aber stillschweigend gingen wir alle davon aus, dass sie keine Chance mehr hatten.

21:00 UHR

Samstag, 6. Juni 1998

Vier Männer lagen auf dem Stahlboden im Lagerraum. Phil wusste, dass Menschen wie tot erscheinen können, wenn sie aus kaltem Wasser geborgen werden. In großer Kälte verlangsamen sich alle Prozesse, wichtige Lebenszeichen waren auf den ersten Blick nicht feststellbar. Er hielt sich deshalb strikt an die Regeln der Wiederbelebung: Er suchte nach einem Puls, prüfte, ob die Atemwege frei waren, und machte sich mit Helfern aus der chilenischen Crew an die Herz-Lungen-Reanimation. Alles vergebens.

Idealerweise sollten die Leichname in einem warmen Raum aufbewahrt werden, doch Kapitän Sandoval wollte die Überlebenden nicht weiteren Qualen aussetzen, und das hieß eben, dass die Toten aus dem Bereich der Mannschaftsunterkünfte verbannt wurden. Phil würde noch eine offizielle Identifizierung der Toten durchführen müssen, wie es der Gesetzgeber in solchen Fällen vorschrieb, aber das konnte warten. Er legte die Männer in die stabile Seitenlage und deckte sie mit Decken und großen Handtüchern zu. Dann wurde er auf die Brücke gerufen.

Die *Isla Camila* behielt ihren Kurs für eine weitere Stunde bei. Kapitän Sandoval ging davon aus, dass die weniger schwer beladene dritte Rettungsinsel möglicherweise schneller und weiter abgetrieben wurde als die beiden bereits geborgenen Flöße. Doch schließlich drehte er sein Schiff und hielt auf einem Parallelkurs wieder auf die Position zu, wo die *Sudur Havid* gesunken sein musste. Auf dem GPS-Plotter sahen die parallelen Kurslinien aus, als würden sie ihre Langleinen auslegen. Die

Crew der *Isla Camila* war es gewohnt, auch bei hartem Wetter an Deck zu arbeiten, doch die extremen Bedingungen machten Sandoval zunehmend Sorgen und er nahm sich vor, seine Männer regelmäßig rotieren zu lassen, damit keiner zu lange an den besonders exponierten Positionen aushalten musste. Wenn sie Pech hatten, würde sie die Suche nach der dritten Rettungsinsel die ganze Nacht auf den Beinen halten.

Über Funk meldete sich jetzt die Basis der britischen Luftwaffe auf den Falklandinseln. Zwei Hercules-Maschinen seien einsatzbereit; sobald die Piloten eine Position hätten, könnten sie die Suche beginnen. Weil jedoch der Anflug ins Suchgebiet bereits so weit war, würden die Flieger am Limit ihrer Reichweite operieren und vor Ort nur wenig Zeit haben, bevor sie zum Auftanken zurückkehren mussten. Die Offiziere auf der *Isla Camila* gaben außerdem zu bedenken, dass die Flugzeuge unter den herrschenden Bedingungen und in finsterer Nacht kaum etwas ausrichten konnten. Ihrer Ansicht nach wäre ein Start zu diesem Zeitpunkt reine Zeitverschwendung. Es wurde beschlossen, die Suchflugzeuge erst bei Tagesanbruch einzusetzen, wenn die Sichtverhältnisse besser waren und sich eventuell auch das Wetter ein wenig beruhigt hatte.

Inzwischen waren auch die Eigner der *Sudur Havid* von der Havarie vor Südgeorgien in Kenntnis gesetzt worden und sie hatten per Fax um einen Zwischenstand der Suchoperation gebeten: Wer hatte das Unglück überlebt? Waren bereits Tote geborgen worden? Wie viele Männer wurden noch vermisst?

»Ich habe jetzt keine Zeit für Papierkram«, protestierte Kapitän Sandoval. »Phil, schreib du bitte eine Antwort und ich setze dann meine Unterschrift drunter.«

Phil tauchte um Mitternacht bei uns in der Kombüse auf. Wir waren auf den Bänken eng zusammengerückt, um uns gegenseitig zu wärmen. Er suchte sich einen, der sich bereits etwas besser erholt zu haben schien, und erklärte: »Ich brauche eure Hilfe. Wir müssen eine Liste der Überlebenden aufstellen und die Namen der Vermissten melden.«

»Das dürfte nicht ganz einfach werden«, erwiderte Hannes.

»Red keinen Quatsch. Ich wüsste nicht, was einfacher sein könnte.«

»Na ja, willst du denn ihre echten Namen – oder die Namen, die sie für den Job angegeben haben?«

Viele der Arbeiter, die auf dem Fabrikdeck eingesetzt waren, hatten keine gültigen Papiere – keine Arbeitserlaubnis, keine Ausweise, kein Heuerbuch. Manche hatten sich den Job mit gefälschten oder geliehenen Dokumenten erschwindelt, und nicht wenige arbeiteten unter einem Decknamen. Wenn sie jetzt den richtigen Namen angaben und der Betrug aufflog, würde das zu Hause in Kapstadt einige Leute in Schwierigkeiten bringen. Wurde hingegen der falsche Name notiert, bestand Gefahr, dass die Angehörigen erst mit großer Verzögerung erfahren würden, was geschehen war. Oder vielleicht auch gar nicht.

»Lass uns die echten Namen nehmen«, entschied Phil. »Und wir beschränken uns erst mal auf die Überlebenden.«

Er stellte die Liste zusammen, und wir korrigierten die Schreibweise der für ihn ungewohnten afrikanischen Namen. Mit dem Stempel und der Unterschrift von Kapitän Sandoval versehen wurde die Liste an die Eigner in Kapstadt gefaxt. 21 Überlebende.

Später in der Nacht, als die Wirkung des Adrenalins langsam nachließ und Müdigkeit die Oberhand gewann, machten die chilenischen Seeleute ihre Kojen für uns frei. Ich war immer noch wacklig auf den Beinen, als sie mich auf die Bettkante setzten, und einer unserer Retter musste mir dabei helfen, Schuhe und Socken auszuziehen und die Füße aufs Bett zu heben. Ich schlüpfte unter die kratzige Wolldecke und zog sie mir fest um die Schultern. Die Leselampe über meinem Kopf warf ihr Licht auf eine Sammlung von Fotos, die der eigentliche Besitzer der Koje an die Wand geheftet hatte: Die Gesichter seiner Familie und seiner Freunde daheim in Chile strahlten mich an. Ich knipste das Licht aus. Meine Finger schmerzten, aber wenigstens gehorchten sie mir wieder. Endlich hatte mein durchgefrorener Körper begonnen, selbst Wärme zu generieren, und ich fiel in einen tiefen Schlaf.

06:00 UHR (09:00 ORTSZEIT)

Sonntag, 7. Juni 1998

8000 Meilen von Südgeorgien entfernt, in einer Küche in Backwell bei Bristol, spülte eine 51-jährige Frau nach dem Frühstück das Geschirr. Draußen schien die Sonne, es würde ein schöner Sommertag werden. Das Telefon klingelte. Es war noch ein wenig früh am Sonntagmorgen für einen Anruf, gerade erst neun Uhr, doch sie ging davon aus, dass es jemand von der Kirchengemeinde sein musste. Zu ihrer Überraschung hörte sie einen fremden Akzent am anderen Ende, unverkennbar ein Südafrikaner.

»Hallo, spreche ich mit Marion Lewis?«

»Ja, am Apparat.«

»Mein Name ist Sean Walker. Ich rufe im Auftrag der Reederei an, der die *Sudur Havid* gehört. Gehe ich recht in der Annahme, dass es sich um Ihren Sohn Matthew handelt, der bei uns auf der Besatzungsliste steht?«

Die Verbindung war gut, der Mann klar und deutlich zu verstehen.

»Ja.«

»Ich muss Ihnen leider mitteilen, dass der Trawler gestern in schwerer See verloren gegangen ist.«

»Oh.«

»Was ich eigentlich sagen wollte: Ihrem Sohn geht es gut. Er ist gerettet worden. Aber das Schiff ist gesunken.«

»Ah.«

»Tut mir sehr leid, dass ich Ihnen diese schlechte Nachricht überbringen muss.«

»Was ist denn passiert? Können Sie mir sonst noch etwas sagen?«

»Nein, leider wissen wir auch nicht mehr. Aber ich melde mich später, wenn wir weitere Informationen haben. Bis bald.«

Klick – und weg war er.

Marion legte das Telefon hin und ließ sich in ihren Sessel sacken. Das konnte doch alles nicht wahr sein, oder? Vor ein paar Tagen erst hatte sie von Corinne gehört, dass es ihrem Sohn bestens ging, keine Probleme, alles gut. Und jetzt sollte es ein Schiffsunglück gegeben haben? Sie versuchte, sich vorzustellen, welche Bedingungen dort herrschten, wo Matt gerade war – im Südpolarmeer, im Winter.

Sean Walker strich einen weiteren Namen von seiner Liste. Das Dokument, das sie von der *Isla Camila* gefaxt bekommen hatten, verzeichnete 21 Überlebende. Die Namen stimmten nicht mit den Angaben auf der offiziellen Besatzungsliste überein, und Walker wusste, dass er noch einige Nachforschungen anstellen musste, bis er auch die letzte Familie kontaktieren konnte.

Er war schon die ganze Nacht auf den Beinen. Als man ihn vom Untergang der *Sudur Havid* informiert hatte, war er sofort ins Büro der Reederei gefahren. Die Familien der Seeleute hatten wahrscheinlich nicht die geringste Ahnung, was vorgefallen war, aber er wollte unbedingt sichergehen, dass sie es von ihm persönlich erfuhren – und nicht aus den Nachrichten im Fernsehen oder Radio. Auch nach Tagesanbruch arbeitete er ohne Pause weiter, um auch noch den letzten Angehörigen zu erreichen. Für Walker war es das erste Mal, dass er solche Anrufe machen musste. Er kannte fast alle an Bord persönlich, einige der Männer zählten sogar zu seinem engeren Freundeskreis. Aber jetzt waren sie da draußen, und er saß mit einem heißen Kaffee in seinem bequemen Büro in Kapstadt, weit weg von der Tragödie, die sich im Südpolarmeer abgespielt haben musste.

Seine Aufgabe war beides gleichzeitig: der beste und der schlimmste Job, den man sich vorstellen konnte. Wenn er Ehefrauen und Müttern am

Telefon sagte, dass ihre Männer oder Söhne am Leben waren, konnte er spüren, wie sich am anderen Ende die Emotionen überschlugen: erst der Schock, dann die Freude, schließlich die Erleichterung. Doch er sah auch die Namen der Vermissten vor sich und wusste, dass schon sein nächster Anruf Trauer und Verzweiflung auslösen würde. Die meisten Angehörigen begriffen instinktiv, was mit dem Wort »vermisst« wirklich gemeint war, aber einige wenige konnten sich tatsächlich kein Bild davon machen, wie unwahrscheinlich es war, dass ihre Liebsten unter den im Südpolarmeer herrschenden Bedingungen noch lebend gefunden wurden. Wer nur das Klima in Kapstadt kennt, von Namibia einmal ganz zu schweigen, wird sich kaum je vorstellen können, was es bedeutet, wenn über dem Ozean vor Südgeorgien ein Sturm tobt. Und viele der Seeleute von der *Sudur Havid* hatten ihren Angehörigen nie erzählt, wie gefährlich ihr Job an Bord des Trawlers war. Walker wählte die nächste Nummer, ein Handy in Namibia, aber die Verbindung kam nicht zustande.

In einer Kirche am Stadtrand von Kapstadt feierte Mr. Lizamore die Taufe seiner Enkeltochter. Doch während des Gottesdienstes überkam ihn plötzlich eine Ahnung, dass etwas nicht stimmte. Er fuhr sich mit der Hand durch das struppige graue Haar und versuchte, das ungute Gefühl zu unterdrücken, aber seine Unruhe war nicht mehr aufzuhalten. Lizzie wandte sich zu seiner Frau, murmelte eine Entschuldigung und setzte sich in seinen Pick-up. Er brauchte nur wenige Minuten nach Hause. Die düstere Vorahnung begleitete ihn, als er die Haustür aufschloss – dann klingelte auch schon das Telefon.

»Hallo, Mr. Lizamore, sind Sie das?«

»Hallo, ja.«

»Sean Walker hier. Ich wollte nur Bescheid geben: Sven ist okay.«

Lizzie ließ seinen Tränen freien Lauf.

07:00 UHR

Sonntag, 7. Juni 1998

Weiter ging die Suche, die ganze Nacht. Erschöpft und durchgefroren verharrte die Crew der *Isla Camila* an Deck, stundenlang in derselben Position, in Gischt und Schnee. Mehr als eine kurze Pause gönnten sich die Männer nicht; dann saßen sie bei uns in der Kombüse und schlürften einen heißen Kaffee oder löffelten einen Teller Suppe. Es muss für sie ein verwirrender Anblick gewesen sein, nach so vielen Monaten auf See plötzlich diese fremden Gesichter an den Tischen in ihrer Messe zu sehen.

Ich hatte ein paar Stunden Schlaf bekommen, immerhin. Nachdem ich geweckt worden war, weil meine Koje für den nächsten gebraucht wurde, hatte ich mich auf den Weg in die Kombüse gemacht. Dass die Besatzung zum größten Teil aus Chilenen bestand, hatte ich inzwischen mitbekommen, aber außer Phil und dem argentinischen Chief war kaum einer des Englischen mächtig. Ich versuchte trotzdem, mit unseren Rettern ins Gespräch zu kommen, um sie unseres ewigen Danks zu versichern, doch meine Bemühungen endeten schnell an der Sprachbarriere. Minuten später waren die Männer wieder draußen an Deck und suchten in den Wellen nach der dritten Rettungsinsel und nach weiteren Überlebenden. Wir waren leider noch nicht in der Lage, ihnen dabei zu helfen.

Mit Tagesanbruch wurde die Suche weniger beschwerlich, zudem konnten wir nun jederzeit mit der Ankunft von zwei weiteren Schiffen im Seegebiet rechnen – die beiden Fischer, die Kapitän Sandoval über Funk erreicht hatte. An die *Koryo Maru II* konnte ich mich sogar erinnern: ein eleganter weißer Dampfer, den wir schon einmal im Hafen gesehen hatten. Sie war 50 Meter lang, in Japan gebaut und zeichnete sich durch ein fantastisches Seeverhalten aus, wie Bubbles uns damals erklärt hatte. Wo andere Schiffe bereits wild in der Dünung rollten, marschierte die *Koryo Maru II* aufrecht durch die Wellen. Auch die *Arctic Fox I* war nonstop durch Nacht und Sturm gefahren, um bei der Suche zu helfen; ein robuster Trawler aus Kanada, schwarzer Rumpf, weiße Aufbauten, ursprünglich für die Schleppnetzfischerei gebaut.

Phil suchte den Horizont mit dem Fernglas ab, konnte aber keines der beiden Schiffe entdecken. Auf dem Radar waren sie schon zu sehen und auch im Funk bereits zu hören. Phil gab über UKW durch, was die *Isla Camila* bereits gefunden hatte und wo man die Suche nach Ansicht Kapitän Sandovals fortsetzen sollte. Außerdem beantwortete Phil die Anfragen anderer Schiffe; wenn er zwischen Spanisch, Englisch und Afrikaans übersetzen musste, holte er sich Hilfe aus der Crew.

Phil verfolgte den Funkverkehr mit zunehmender Irritation: Ohne die Küstenwache im Suchgebiet oder eine Rettungsleitzentrale blieb unklar, wer für die Koordination zuständig war. Die *Isla Camila* war zwar direkt vor Ort und hatte das beste Bild der Lage, doch Kapitän Sandoval war nicht gerade erpicht darauf, Kontakt zu den Behörden zu halten, die sich auf Englisch bei ihm meldeten. Auf anderen Schiffen drängten sich die Skipper hingegen förmlich danach, die Leitung des Einsatzes zu übernehmen, obwohl sie noch etliche Meilen vom Suchgebiet entfernt waren. Leider blockierten sie mit ihren wiederholten Angeboten alle relevanten Funkkanäle. Auch die *Northern Pride* war auf dem Weg zu uns – und steuerte ihren Teil zum Kommunikationschaos bei. Der Kurzwellenempfänger an Bord war offenbar defekt. Weil Magnus auf seine Fragen nach dem Stand der Suche keine Antwort bekam, versuchte er es immer wieder aufs Neue.

Um 08:30 Uhr wurde von den Männern an Deck ein hellgraues, flaches Objekt gesichtet, und die *Isla Camila* näherte sich vorsichtig, um den Fund zu inspizieren. Es war das Schlauchboot von der *Sudur Havid*, das alle an Bord nur die »Gummiente« genannt hatten. Als wir es im Sturm aus seiner Halterung hieven wollten, war das Beiboot zu schwer für uns gewesen, doch beim Untergang unseres Schiffs war es einfach aufgeschwommen. Phil erkannte sofort, dass niemand darin sitzen konnte; das Schlauchboot wirkte zu leicht, es wurde vom Wind zu schnell übers Wasser gepustet. Und tatsächlich: Als das Boot längsseits lag, konnten alle sehen, dass es leer war. Wenn Carlos und Joaquim noch am Leben sein sollten, mussten sie wohl doch in ihrer Rettungsinsel sitzen.

Mit einem Wurfanker fingen die Männer das Schlauchboot ein und zerrten es an Deck. Sandoval und seine Offiziere kamen schnell zu ihrer Bewertung: Das Beiboot war leicht und bot dem Wind viel Angriffsfläche – kein anderer Gegenstand vom Wrack dürfte so weit abgetrieben worden sein wie unsere »Gummiente«. Wenn man die Strömungen nicht völlig falsch einschätzte, markierte ihr Fundort damit den äußeren Rand des Suchgebiets.

Phil machte sich auf den Weg zu dem Lagerraum zwei Decks weiter unten, wo ein Job auf ihn wartete, vor dem ihm graute. Ein letztes Mal untersuchte er die Leichen, die sie aus der vollgelaufenen Rettungsinsel gefischt hatten, um wirklich sicherzugehen, dass nicht doch noch Leben aufgeflackert war. Aber das Wunder blieb aus – sie waren steif und kalt. Jetzt stand die offizielle Identifizierung an, und dankenswerterweise hatten sich Hannes und Brian anerboten, diese Aufgabe zu übernehmen. Phil hatte sich Mühe gegeben, die Leichname einigermaßen würdevoll aufzubahren. Trotzdem waren Hannes und Brian sichtlich mitgenommen, als sie die Namen der Männer nannten: Peinge, Kanime, Haimbodi und Jerimia.

Dem Rat der chilenischen Behörden folgend entschied sich Kapitän Sandoval, den nächsten logischen Schritt zu gehen, um die Hygiene an Bord zu gewährleisten: Er gab Order, die Leichen einzufrieren. Ein Matrose der *Isla Camila* stand Wache an der Tür, damit keiner von uns versehentlich hereinspazierte und Zeuge der Prozedur wurde. Die Toten wurden jeweils auf ein großes Blech aus Aluminium gelegt und dann in den riesigen Schockfroster geschoben, in dem normalerweise die Seehechte tiefgefroren wurden. Danach wurden die Leichen in eine Plane gewickelt und im Laderaum der *Isla Camila* verstaut.

07:00 Uhr, Sonntag, 7. Juni 1998

In einen geliehenen Kälteschutzanzug gekleidet kletterte ich auf das oberste Deck der *Isla Camila*. Das Wetter hatte sich ein wenig beruhigt: Der Wind blies jetzt nur noch mit Stärke 5 und war damit nicht mehr kräftig genug, den Wellen die Kämme wegzureißen. Entsprechend war auch der Seegang zurückgegangen, mehr als sechs Meter maßen selbst die höchsten Wellen nicht mehr. Das Schiff stampfte und rollte zwar immer noch heftig, aber ich konnte mich an die Reling lehnen, ohne befürchten zu müssen, dass mich im nächsten Moment ein Brecher über Bord spülte.

Ich war zum einen der irrigen Annahme gefolgt, dass ich mich bei der Suche nach Überlebenden nützlich machen konnte. Aber vor allem wollte ich der gedrückten Stimmung in der Kombüse entkommen. Draußen konnten sich meine Gedanken frei bewegen, und die See lieferte mir dazu den vertrauten Hintergrund, der mir unter Deck auf den Korridoren des fremden Schiffs gefehlt hatte. Allerdings wurde mir beim Blick auf die Wellen sofort wieder bewusst, wie groß unser Suchgebiet war – und wie wenig Anhaltspunkte die eintönige See dem Auge bot. Wie sollte man da in der Ferne eine winzige Rettungsinsel ausmachen können? Oder gar einen Menschen, der im Wasser trieb?

Ich versuchte, eine bequemere Position zu finden, um meine schmerzenden Füße zu entlasten. Mein Blick wanderte von den Wellen zurück an Deck und zur Crew der *Isla Camila*, und zum ersten Mal fiel mir auf, dass die Männer nicht einfach nur anders gekleidet waren als wir – sondern auch viel besser. Ihre klobigen Gummistiefel mit den dicken Sohlen waren mir anfangs albern vorgekommen, aber sie sorgten tatsächlich dafür, dass man auch bei grausigstem Wetter auf dem eisigen Stahldeck keine kalten Füße bekam. Ihr Ölzeug hatten die Chilenen mit einem Gürtel in der Taille fest zusammengezurrt, damit ihnen der Wind nicht durch die Klamotten pfiff. Und an jedem Gürtel sah ich ein Messer in seiner Scheide und genau da, wo es hingehört: immer in Griffweite. Mir wurde klar, dass es den Leuten von der *Isla Camila* nie so schlecht ergangen wäre wie uns. Sie waren schlicht besser vorbereitet auf die Bedingungen, die im Südpolarmeer herrschten.

Ich hörte ein Suchflugzeug, und es dauerte nicht lange, bis ich es auch sehen konnte. Das Dröhnen der Motoren wuchs zu einem Grollen an, als die schwere Maschine ein paar hundert Meter über uns hinwegdonnerte. Es war eine der beiden Hercules C130 der britischen Luftwaffe, die von ihrer Basis auf den Falklandinseln gestartet waren. Ihre Ankunft gab der Suche eine ganz neue Perspektive.

Schade nur, dass es die mangelhafte Kommunikation über Funk den Piloten unnötig schwer machte: Sie hatten zwar die letzte bekannte Position der *Sudur Havid*, die mit dem Mayday übermittelt worden war, aber sie brauchten jetzt natürlich schnell detaillierte Informationen, was bisher gefunden worden war und wo. Leider verstand Kapitän Sandoval die Fragen der Piloten nicht richtig, und seine ungenauen Antworten führten dazu, dass die Flieger nicht gleich auf das optimale Suchraster einschwenken konnten. Ich schaute den Hercules-Maschinen bei einem weiteren Überflug zu, bevor ich mich in die Kombüse zurückzog. Meine Finger und meine Füßen taten immer noch weh, und der eisige Wind ließ mich an die schrecklichen Bedingungen in unserer Rettungsinsel denken. Der Gedanke, dass mir je wieder so kalt sein könnte, war einfach nicht auszuhalten.

Die Piloten sichteten Treibgut von der gesunkenen *Sudur Havid*, wie bunte Stecknadeln hoben sich die Fundstücke vor dem Grau des Ozeans ab: Bojen, Schwimmwesten, Kleidungsstücke. Sobald die Crew einer Hercules etwas entdeckt hatte, gab sie die exakte Position an die Trawler durch, die bei der Suche halfen. Die Schiffe liefen dann die Fundstelle an, um den Gegenstand im Wasser genauer zu untersuchen. 700 Meilen von ihrer Basis entfernt hatten die schweren Transportflugzeuge im Prinzip nur wenig Tankreserve für die Suche, doch für diesen Einsatz hatten die Besatzungen die Unterstützung durch ein VC10-Tankflugzeug angefordert, das sie in der Luft mit neuem Sprit versorgen konnte. Ihr Suchraster führte sie immer weiter weg von uns.

Die *Koryo Maru II* näherte sich einem Stück Treibgut, das die Piloten über Funk gemeldet hatten. Wind und Wellen machten es immer noch schwierig, Gegenstände anzulaufen und zu bergen, die aus der Luft gut zu sehen waren. Wenn man Pech hatte, lagen sie immer genau in einem Wellental, wenn man in ihre Richtung schaute, und nicht selten wurden sie erst im letzten Moment gesichtet, wenn das Schiff sie schon fast überfahren hatte. Der Mann in der Schwimmweste war allerdings kaum zu übersehen gewesen – der orangefarbene Kragen seiner Rettungsweste war für die Crew der *Koryo Maru II* wie eine Leuchtbake. Wir hörten über Funk, dass ein weiteres Besatzungsmitglied der *Sudur Havid* gefunden worden war. Der Tote hatte einen Goldzahn, und wir wussten: Das konnte nur Kenny sein.

11:30 Uhr, Sonntag, 7. Juni 1998

Auf der *Isla Camila* hielten wir auf die Position der *Koryo Maru II* zu. Da hörte Phil einen Schrei an Deck: »*Cuerpo! Cuerpo muerto! Cuerpo!*«

Auch wenn er nur wenig Spanisch verstand, hatte Phil schnell kapiert, worum es ging: Sie hatten eine weitere Leiche gesichtet. Zuerst war nur der Kragen der Rettungsweste zu sehen gewesen, weil der Mann so tief im Wasser lag, und allen war sofort klar, dass er nicht mehr am Leben sein konnte. Ein paar Sturmvögel flatterten empört auf, als Paco das Schiff vorsichtig näher an die Leiche heransteuerte. Das Gesicht war bleich, und die Fressspuren der Vögel waren deutlich zu sehen. Die Arme des Ertrunkenen trieben an der Oberfläche, die Wellen zerrten an seinem Pullover. Weil kein Lebenszeichen zu erkennen war, nahmen die Männer gleich den Bootshaken, um den Mann an Bord zu hieven. Hannes wurde gebeten, den Toten zu identifizieren: Es war Bubbles, der Letzte aus unserer Rettungsinsel, der noch gefehlt hatte. Allein war er durch die Nacht gedriftet.

Uns war klar gewesen, dass er ums Leben gekommen sein musste. Die Nachricht, dass man nun seine Leiche geborgen hatte, war traurig, aber sie änderte für uns nichts mehr. Hannes war schon fast wieder der Alte, als er den Fund in seinen grausigen Einzelheiten schilderte: »Du hättest mal sein Gesicht sehen sollen, Matt, die Vögel haben es fast komplett weggefressen.«

Es wurde eng in der Messe: Auch die Crew der *Isla Camila* war hereingekommen, um ihre Mahlzeit einzunehmen, aber für uns gab es sonst nirgendwo einen Platz, wo wir zusammensitzen konnten. Alle redeten jetzt über den Untergang, und jeder versuchte, den Ablauf der Tragödie für sich zu rekonstruieren. Am Ende kursierten verschiedene Interpretationen, was sich zugetragen hatte, und sie passten nicht wirklich zusammen.

Klaus faselte etwas von einem Kaventsmann, der die *Sudur Havid* versenkt haben sollte, und vertrat diese Ansicht mit großer Entschiedenheit. Dass er allen Ernstes versuchte, die anderen auf seine verquere Sicht des Untergangs einzuschwören, ging mir schwer auf die Nerven. Der Mann hatte das Drama doch komplett verschlafen und war erst aufgetaucht, als schon fast nichts mehr zu retten war.

Alfius wusste nichts Besseres zu tun, als seine gesammelten Papiere zu trocknen. Er hatte es tatsächlich geschafft, die Schultertasche mit seinen persönlichen Dingen auf die *Isla Camila* zu retten, und breitete die feuchten Dokumente nun Blatt für Blatt vor sich auf dem Tisch aus. Dass er uns nicht geholfen hatte, als wir auf dem Fabrikdeck seine Hilfe brauchten, hatte sich fest in meiner Erinnerung eingebrannt.

13:00 Uhr, Sonntag, 7. Juni 1998

Die *Arctic Fox I*, die in ein paar Meilen Entfernung auf einem Parallelkurs nach Überlebenden und Treibgut suchte, hatte einen schwarzen Gegenstand gesichtet, der merkwürdig in den Wellen schaukelte. Das unverkennbare orangefarbene Material im Wasser darunter sahen die Fischer erst, als sie das seltsame Objekt fast erreicht hatten: Es handelte sich um eine gekenterte Rettungsinsel, komplett vollgelaufen und von den Schlägen der Brecher deformiert. Sie zogen das zerstörte Floß an Bord und meldeten ihren Fund an Kapitän Sandoval. Die Rettungsinsel war leer, und in der näheren Umgebung war niemand im Wasser zu entdecken.

Als uns die Nachricht in der Messe erreichte, verstanden wir sofort, was dieser Fund bedeutete: Elf Leute wurden noch »vermisst«, aber nun war klar, dass keiner mehr sicher in einer Rettungsinsel saß; sie waren alle im Wasser, und wir wussten nur zu genau, wie bitterkalt der Ozean war.

Wer jetzt noch da draußen schwamm, hatte nicht die geringste Chance. Wir mussten davon ausgehen, dass die Vermissten tot waren. Alle.

Für zwei meiner Kollegen enthielt diese Nachricht eine traurige Gewissheit: Brian senkte seinen Blick; er hatte schon geahnt, dass sein Sohn verloren war, doch er hatte sich bis zuletzt an die Hoffnung geklammert, dass Grant es irgendwie an Bord der dritten Rettungsinsel geschafft hatte. Auch Charlie nahm die Botschaft stoisch hin, ohne einen einzigen Schluchzer, obwohl ihn die Meldung von der *Arctic Fox I* tief getroffen haben musste. Er hatte seinen Bruder Alfred verloren, unwiederbringlich. Einen Arm auf seiner Schulter, mehr Trost konnten wir ihm nicht bieten.

Die letzte Rettungsinsel, die geborgen wurde, war die erste gewesen, die von der *Sudur Havid* entkommen war. Joaquim und Carlos waren hineingeklettert und hatten die Leine gekappt. Ihr Floß war für zwölf Männer ausgelegt – doch wie viele schließlich an Bord waren, werden wir niemals erfahren. Ich wünschte, Carlos und Joaquim hätten überlebt und könnten uns erklären, warum sie sich so schnell davongemacht hatten. Die beiden zählten zu den erfahrensten Seeleuten an Bord; sie hätten eigentlich den anderen sagen müssen, was zu tun war, hätten ihren Kollegen helfen müssen, bevor sie sich selbst in Sicherheit brachten. Wollten sie andere retten, die vom sinkenden Schiff weggetrieben waren? Oder war es eine Panikreaktion gewesen – aus Sorge, dass es zu einem verzweifelten Kampf um die Plätze in den Rettungsinseln kommen würde? Wie auch immer: Man wurde den Verdacht nicht los, dass sie nur das eigene Wohl im Sinn gehabt hatten. Es war deshalb wie eine tragische Ironie des Schicksals, so lautete jedenfalls unsere Vermutung, dass ihnen ausgerechnet die geringe Auslastung ihrer Insel zum Verhängnis wurde. Unser eigenes – schweres – Floß war mehrmals nur knapp einer Kenterung entgangen – es fehlte nicht viel, und Wind und Wellen hätten es umgestürzt. Eine leichtere Rettungsinsel besaß weniger Ballast und bot dem Wind eine deutlich größere Angriffsfläche – das Risiko einer Kenterung war entsprechend höher einzuschätzen.

16:00 Uhr, Sonntag, 7. Juni 1998

Es war 24 Stunden her, seit Kapitän Sandoval den Notruf von der *Sudur Havid* empfangen hatte. Außer seiner regulären Crew von 38 Mann hatte er nun 21 Überlebende von dem gesunkenen Trawler an Bord – plus die fünf tiefgefrorenen Leichen im Laderaum. Das Wetter war immer noch rau, und Sandoval war sich schmerzlich bewusst, dass er in ernste Schwierigkeiten geraten würde, wenn auch sein Trawler in Seenot geriet. Es waren schlicht nicht genug Schwimmwesten und Rettungsinseln für alle an Bord. Außerdem waren inzwischen weitere Schiffe im Suchgebiet eingetroffen, und die *Isla Camila* wurde für den Bergungseinsatz nicht mehr zwingend gebraucht – abgesehen davon, dass die Chancen, noch Überlebende zu finden, gegen null gingen. Höchste Zeit also, den nächsten sicheren Hafen anzusteuern.

Sandoval machte sich zudem große Sorgen, dass sich unser Zustand rapide verschlechtern würde, wenn erst mal das Adrenalin im Körper aufgebraucht war. Gut möglich, dass der eine oder andere einen Nervenzusammenbruch erleiden könnte oder wir insgesamt abbauen würden – physisch wie psychisch. Was wir am dringendsten benötigten, das war offensichtlich, war eine ärztliche Behandlung unserer Füße. Viele von uns, vor allem die sieben Mann von der zweiten Rettungsinsel, litten unter Problemen, die von Medizinern als »Immersionsfuß« bezeichnet werden: Füße und Unterschenkel waren stark angeschwollen, die Haut fühlte sich an wie zum Zerreißen gespannt, und wenn wir überhaupt etwas spürten, dann war es nur ein schmerzhaftes Prickeln. Bjorgvins Füße waren dunkel verfärbt und immer noch eiskalt. Dass die Durchblutung auch nach einem vollen Tag nicht wieder in Gang kam, war ein unübersehbarer Hinweis, dass seine Blutgefäße Schaden genommen hatten. Darüber hinaus gab es unter den Überlebenden keine größeren Beschwerden: keine Knochenfrakturen, keine offenen Wunden, weder Bewusstseinsstörungen noch andere besorgniserregende Symptome. Auch wenn das wie ein banales Resümee unserer Lage klingt: Die Toten waren tot, und wir anderen waren davongekommen. Keiner schwebte in Lebensgefahr.

Die britische Admiralität meldete sich per Satellitentelefon und drängte Kapitän Sandoval, uns umgehend auf die Falklandinseln zu bringen, wo es sowohl ein voll ausgestattetes Krankenhaus als auch einen Flughafen gab. Stanley war zwar gut 700 Meilen entfernt und die *Isla Camila* würde sich auf direktem Kurs dorthin durch das schlimmste Wetter kämpfen müssen, aber die Admiralität wies Kapitän Sandoval eindrücklich darauf hin, dass Überlebende eines Schiffsunglücks gemäß Seerecht in den nächsten erreichbaren Hafen mit »einer angemessenen medizinischen Versorgung« zu bringen seien.

Die chilenischen Eigner der *Isla Camila* hingegen bestanden darauf, dass Sandoval seine Passagiere in Südgeorgien absetzen sollte, das nur 200 Meilen entfernt war, um sich dann wieder ans Fischen zu machen. Für sie spielte es keine Rolle, dass es auf der Insel weder eine adäquate Behandlung für uns geben würde noch eine brauchbare Landebahn – Hauptsache, ihre Crew war uns schnell wieder los.

Die Entscheidung fiel Sandoval nicht schwer: Mit der Admiralität würde er wahrscheinlich nie wieder zu tun haben, aber die Eigner der *Camila* zahlten seine Heuer. Er setzte Kurs auf Südgeorgien, und wir drehten ab in Richtung Osten. Um 16:30 Uhr stellte Kapitän Sandoval die Suche nach den restlichen Vermissten von der *Sudur Havid* ein.

Auch wenn es für uns nur schwer zu ertragen war, dass wir den Einsatz abbrechen mussten: Wir verdankten der Crew der *Isla Camila* unser Leben und akzeptierten ihre Entscheidung. Außerdem würde die *Northern Pride* noch für ein paar Tage die Stellung halten und die Koordination der anderen Schiffe im Suchgebiet übernehmen, die noch immer nach Überlebenden Ausschau hielten oder wenigstens versuchen würden, die Toten zu bergen, damit die Hinterbliebenen eine Leiche beerdigen konnten. Leider würden die Helfer nur noch einzelne Gummistiefel finden, ein paar Rettungswesten und sonst kaum Treibgut. Fast schien es, als hätte es die *Sudur Havid* nie gegeben.

13:00 UHR

Montag, 8. Juni 1998

Wir waren ein wilder Haufen zerlumpter Gesellen, als wir in den windgeschützten Gewässern von King Edward Point in Südgeorgien ankamen. Die Insel beherbergte nur wenige Menschen: den Hafenmeister, 20 Pioniere Ihrer Majestät und ein exzentrisches Paar, das auf seiner Jacht lebte – allesamt britisch. Wir hatten dem schottischen Hafenmeister Gordon Liddle von unterwegs angekündigt, dass wir kommen würden, und es war ihm anzumerken, dass er sich etwas Besseres vorstellen konnte, als mitten im Winter 21 ungeladene Gäste zu bewirten und sich um ihre medizinischen Probleme zu kümmern. Aber pflichtbewusst hieß er uns willkommen.

Alles, was wir anhatten, war geliehen: die Unterwäsche, die wattierten Kälteschutzanzüge und auch die Schuhe (es war den Chilenen an Bord der *Isla Camila* übrigens nicht entgangen, dass wir allesamt keine Stiefel trugen, als sie uns aus den Rettungsinseln fischten). Wir standen an der Reling und warteten auf die britischen Soldaten, die uns in ihren Booten abholen sollten. Nach den vielen Wochen auf einem Hochseetrawler kamen uns ihre fünf Meter langen, von Außenbordern angetriebenen Kunststoffboote geradezu lächerlich klein vor. Erst stand uns allerdings noch der schwierigste Moment des Tages bevor: Wir mussten Abschied nehmen von der Crew der *Isla Camila*. Nur, wie bedankt man sich bei jemandem, der einem das Leben gerettet hat, wenn man nicht einmal seine Sprache spricht? Wir fanden die Worte nicht, die in einem solchen Augenblick angemessen gewesen wären.

Phil hatte seine Taschen gepackt; er wollte nach Hause und ging ebenfalls in Südgeorgien von Bord. Einer nach dem anderen kletterten wir die Jakobsleiter am Rumpf der *Isla Camila* hinunter – dieselben Stufen, die wir zwei Tage zuvor nicht aus eigener Kraft erklimmen konnten. Immer sechs Leute passten in eines der Boote, und vorsichtig nahmen die Männer am Steuer Fahrt auf, um das spiegelglatte Wasser der Bucht zu überqueren.

Eine niedrige Wolkendecke verschluckte die Gipfel der Berge, aber der Anblick, der sich uns bot, war dennoch überwältigend. Seit unserem letzten Besuch im April war der Winter gekommen; Schnee und Eis hatten sich von den Bergen über die gesamte Insel ausgebreitet. Der Wind hatte die gefrorenen Fahrspuren zwischen den wenigen Gebäuden blank gefegt, doch an Grasbüscheln und vor den heruntergekommenen Schuppen am Hafen sammelte sich der Schnee. Auf dem Steilufer hinter den Kaianlagen thronte ein dreistöckiger Wohnblock mit einem roten Wellblechdach. Hier sollten wir die kommenden Tage untergebracht werden.

Als die voll besetzten Boote an der Pier von King Edward Point längsseits gingen, wurden wir von Gordon Liddle und einer Abordnung der Pioniere in Empfang genommen. Die Soldaten trugen grün-braune Tarnfarben, die einen seltsamen Kontrast zum Schnee und dem hellen Fels am Hafen abgaben. Sie halfen uns aus den Booten und schüttelten unsere Hände, die immer noch kribbelten von der langen Zeit im kalten Wasser.

Während die übrigen Überlebenden ihr neues Quartier in Augenschein nahmen, wurden Phil und ich – in unserer Funktion als Beobachter – von Gordon Liddle zu einer Tasse Tee eingeladen, um ihm Bericht über die Vorfälle der vergangenen Tage zu erstatten. Beim ersten Gebäude am Hafen war die Farbe noch nicht vollständig abgeblättert; hier residierte der Hafenmeister. Wir saßen in seinem Büro, das in dieser unwirtlichen Weltgegend schon fast absurd gemütlich wirkte, tranken aus feinem Porzellan unseren Tee, und Phil erzählte von der Suchaktion. Liddle trug denselben marineblauen Pullover mit Schulterklappen wie bei unserer letzten Begegnung vor vielen Wochen. Er schien sich ausschließlich mit Phil befassen zu wollen und für mich überhaupt keine Fragen zu haben. Dabei platzte ich förmlich, so sehr drängte es mich, endlich jemandem zu erzählen, was sich auf der *Sudur Havid* zugetragen hatte. Doch Liddle konzentrierte sich ganz auf den Einsatz der *Isla Camila*. Ich lehnte mich in meinem alten Sessel zurück. Anstatt weiter dem Gespräch zu folgen, betrachtete ich das Büro des Hafenmeisters – das Mobiliar, das die Zeit dunkel eingefärbt hatte, die vergilbten Drucke an der Wand und die abgewetzten Teppiche auf dem Boden. Der Raum war wie ein Fenster in eine vergangene Ära, so völlig anders als die Welt aus billigem Furnier und PVC, wie ich sie von der *Sudur Havid* kannte. Bis auf das Gemurmel der beiden Männer war es im Zimmer still. Vorsichtig platzierte ich meine Tasse auf ihrem Unterteller. Doch zum ersten Mal seit Monaten brauchte ich mir keine Sorgen zu machen, dass sie im nächsten Moment umkippen könnte.

Nach dem Tee beim Hafenmeister machten wir uns auf den Weg durch den Ort zu dem grün gestrichenen Wohnblock, in dem wir unterkommen sollten. Wobei man von einem Ort kaum sprechen konnte: King Edward Point bestand aus einigen wenigen verstreuten Gebäuden und ein paar Containern, die offenbar als Schuppen an Land deponiert worden waren. Wir hatten nicht weit zu gehen, und ich war geradezu dankbar, dass meine Beine etwas zu tun bekamen, aber meine Füße waren immer noch angeschwollen, und jeder Schritt schmerzte. Viele der Wellblechhütten, an denen wir vorbeikamen, waren mit Brettern verrammelt, als ob sie darauf warteten, von einer neuen Bevölkerung in Beschlag genommen und mit Leben erfüllt zu werden. Direkt hinter der Siedlung erhoben sich die atemberaubenden schneebedeckten Berge Südgeorgiens, nur in tieferen Schluchten und an exponierten Graten war der nackte Fels zu sehen. Ein großartiges Panorama – ich hatte eigentlich nicht damit gerechnet, es so schnell wiederzusehen. Schon gar nicht unter solchen Umständen.

Der Wohnblock diente der britischen Pioniereinheit als Quartier, die hier das ganze Jahr hindurch die Stellung hielt, auch im Winter. Als ich die Treppen hinaufstapfte und die Tür öffnete, konnte ich schon die vertrauten Stimmen meiner Kollegen hören: Big Danie und Hannes vertrieben mit ihrem dröhnenden Bass die subantarktische Ruhe, die ich eben noch genossen hatte. Dann stieg mir ein unverkennbarer Geruch in die

Nase – von glorreicher britischer Hausmannskost, schön fettig in der Pfanne gebraten. Würstchen, Speck und Rührei, das ganze Sortiment, und dieser Schmaus wartete nur darauf, von uns verspeist zu werden. Was Grunter in seiner Kombüse gekocht hatte, war nicht schlecht gewesen, wirklich nicht, aber mein Geschmack war es nie gewesen. Jetzt machte ich mich über eine Mahlzeit her, die 100 Prozent nach Heimat schmeckte, und versorgte meinen erschöpften Körper endlich mit den dringend benötigten Kalorien.

Während wir mit dem Essen beschäftigt waren und das Gefühl wiederentdeckten, festen Boden unter den Füßen zu haben, halfen die Soldaten der Crew der *Isla Camila*, die fünf tot geborgenen Seeleute an Land zu bringen. Immer noch tiefgefroren und in Planen gewickelt sollten die Leichname bis auf Weiteres in einem Stahlcontainer aufbewahrt werden, in dem die Basis sonst ihre Fleischvorräte lagerte. Auch die drei Rettungsinseln, platt gedrückt und zu einem festen Bündel verschnürt, sowie das Schlauchboot wurden an Land gebracht.

Vielen von uns bereiteten die Hände noch große Probleme – so auch mir; sie fühlten sich wund an und kribbelten permanent. Meine Füße hingegen wirkten wie aufgeblasen und waren nahezu gefühllos. Was unsere Behandlung ein wenig erträglicher machte, war die attraktive Sanitäterin, die sich mit uns befasste; die erste Frau überhaupt, die wir seit Anfang April zu sehen bekommen hatten. Sie spritzte jedem ein Antibiotikum, um Entzündungen gar nicht erst aufkommen zu lassen, und die Spitze ihrer Nadel durchdrang die allgemeine Taubheit unserer Gliedmaßen. Füße warm halten und regelmäßig waschen, erklärte sie uns, mehr könnten wir vorerst nicht tun. Aber immerhin hatten wir in unserem geräumigen Quartier Platz genug, uns in der Wärme ein wenig die Beine zu vertreten; auf Socken schlurften wir über den Linoleumboden wie die Bewohner eines Altenheims. Ein paar Tage hatten wir noch, um uns zu erholen, bevor wir zurück in die Zivilisation entlassen wurden.

Die folgende Nacht brachte kaum Schlaf. Auch wenn uns das Gebäude von außen relativ groß vorgekommen sein mag, standen uns nur drei Zimmer mit jeweils acht Schlafplätzen in Stockbetten zur Verfügung.

Viel weniger Platz hatten wir auf unserem Schiff auch nicht gehabt, und der Zusammenhalt, den wir auf der *Isla Camila* im ersten Überschwang nach der Rettung genossen hatten, war bereits verflogen. Anfangs waren wir noch atemlos vor Aufregung gewesen und froh, dass wir die Katastrophe überlebt hatten. Aber nun hatten wir begonnen, die Ereignisse zu verarbeiten, teilweise wenigstens. Als ich mein Bett belegte, stellte ich fest, dass ausgerechnet Klaus und Glen meine unmittelbaren Nachbarn waren. Ich wollte mir nur ungern ein Zimmer mit den Leuten teilen, die meiner Ansicht nach Schuld am Untergang der *Sudur Havid* trugen. Aber mir blieb wohl nichts anderes übrig.

Dienstag, 9. Juni 1998

Die nächste Etappe unserer Heimreise war organisiert: Die *Gold Rover,* ein Versorger der Royal Navy, sollte uns auf die Falklandinseln bringen. Normalerweise transportierte der Frachter nur Treibstoff und Verpflegung für den Militärstützpunkt, aber es war das einzige Schiff, das sofort zur Verfügung stand. Sofern das Wetter mitspielte, würde die *Gold Rover* bereits am Donnerstag in King Edward Point einlaufen. Die Bedingungen hatten sich seit dem Untergang der *Sudur Havid* zwar deutlich gebessert, aber bis zum Ende der Woche rechneten die Meteorologen wieder mit Wind bis Stärke 7 auf der Beaufortskala und einer durchschnittlichen Wellenhöhe von sechs Metern. Und es konnte gut sein, dass es bis dahin noch härter blies.

18:00 Uhr, Dienstag, 9. Juni 1998

Unser erster Anruf zu Hause. Die britische Einheit auf der Insel hatte ein Satellitentelefon, und jeder von uns bekam ein Gesprächskontingent von drei Minuten zugeteilt. Weil Corinne um diese Zeit noch bei der Arbeit sein würde, hatte es wenig Sinn, mich gleich in die Schlange einzureihen; ich ließ anderen den Vortritt. Der unbequeme Fußmarsch von unserem Quartier zur Hütte mit der Kommunikationstechnik am Hafen ließ mir dennoch kaum Zeit, um zu planen, was ich denn sagen wollte. Ich wartete unter dem Vordach, während Hannes mit seiner Freundin in Kapstadt sprach. Er wischte sich mit dem Ärmel eine Träne aus dem Augenwinkel, als er aus dem Zimmer kam. Ich wählte Corinnes Nummer.

Das Telefon klingelte.

Aber niemand ging ran.

Ich wollte dringend mit ihr reden, musste ihr doch sagen, dass ich noch am Leben war. Nur leider war sie nicht da. Also rief ich stattdessen meine Mutter in Backwell an. Ohne lange nachzudenken, rutschte mir dieselbe Begrüßung raus, mit der unsere Telefonate immer begannen.

»Hallo, Mama. Alles gut bei dir? «

»Bestens – aber wie geht es *dir* denn?«

Die Verbindung war absolut perfekt, als ob sie nur einen Raum weiter säße. Eigentlich hätte ich erzählen müssen, wie schlimm es wirklich gewesen ist. Dass wir beinahe draufgegangen sind. Aber ich wollte nicht, dass sie sich Sorgen macht, und entschied mich stattdessen für eine beschwichtigende Kurzfassung: Alles gut so weit, nur meine Füße tun weh, und keine Ahnung, wann wir wieder zu Hause sind. Ob sie bitte Corinne Bescheid sagen kann, dass ich okay bin? Viel mehr brachte ich in den drei Minuten nicht unter.

»Du kannst dir nicht vorstellen, Mama, wie hoch die Wellen waren. Der Seegang war einfach nur grausam.«

Ich hielt kurz inne.

»Wir … es haben nicht alle überlebt.«

Mittwoch, 10. Juni 1998

Die »Einwohner« von Südgeorgien schlugen vor, dass wir einen Gedenkgottesdienst abhalten sollten, bevor wir die Insel verließen. Sie würden nach unserer Abreise einen richtigen Grabstein errichten; fürs Erste sollten wir einen Rettungsring auf dem Friedhof von Grytviken niederlegen, der auf der anderen Seite der Bucht lag. Ein solches Ritual würde uns helfen, waren die Südgeorgier überzeugt, Abschied von den Toten zu nehmen. Der Gottesdienst sollte gleich am nächsten Tag stattfinden.

Vorher allerdings wurden die Überlebenden gefeiert und eine unserer Schwimmwesten wurde als Memento in einem Etablissement aufgehängt, in dem es deutlich lebhafter zuging – in der provisorischen Bar der Soldaten in unserem Notquartier. Jeder von uns kritzelte seinen Namen auf die orangefarbene Rettungsweste – die Autogramme der Davongekommenen. Den Rest des Abends verbrachten wir damit, Riesen-Jenga zu spielen und die Alkoholvorräte des Stützpunktes zu vernichten. Hannes spendierte Klaus einen neuen Haarschnitt, denn nach den Monaten auf See sah er ziemlich struppig aus. Niemand sagte Klaus, dass Hannes einen schmalen, unauffälligen Zopf stehen lassen hatte.

Donnerstag, 11. Juni 1998

Unsere Füße steckten in dicken Wollsocken und geliehenen, schlecht sitzenden Schuhen, als wir uns auf die kurze Überfahrt nach Grytviken auf der anderen Seite der Bucht machten. Wir hätten die kurze Strecke auch laufen können, wenn unsere Füße mitgespielt hätten – und wenn die Robben nicht gewesen wären.

Der Strand war nämlich komplett von Seeelefanten besetzt. Unter anderen Umständen hätte ich mir diese eindrucksvollen Riesenrobben liebend gerne aus der Nähe angesehen, aber keiner von uns war darauf erpicht, mit lahmen Füßen einen Wettlauf mit den Biestern zu riskieren. Wenn Seeelefanten die Wut packt, können sie ihre paar 1000 Pfund Wabbelspeck nämlich ganz schön fix bewegen. Und unsere Füße waren wirklich in einer erbärmlichen Verfassung. Paradoxerweise hatte sich ihr Zustand sogar noch verschlechtert, obwohl wir sonst schon gut zu Kräften gekommen waren. Aber jetzt bildeten sich überall Blasen, und die meisten von uns konnten sich nur noch humpelnd vorwärtsbewegen. Mornés Beine und Füße waren so stark angeschwollen, dass seine Haut Risse bekam. Und Bjorgvins Erfrierungen sahen richtig schlimm aus; man hatte ihm geraten, lieber im Stützpunkt zu bleiben.

Die britischen Pioniere hatten sich bereiterklärt, uns in ihren Booten nach Grytviken zu transportieren. Während wir an der Pier warteten, stocherten wir in den aufgeschlitzten und zerfetzten Überresten unserer

Rettungsinseln herum. Kaum vorstellbar, dass wir diesem traurigen Haufen aus Gummi und PVC-Plane unser Leben verdankten. Gleich daneben lag auch das Schlauchboot der *Sudur Havid*, der vertraute graue Rumpf war abgewetzt und verschrammt, doch in den Schläuchen war sogar noch ein wenig Luft.

Es war sonderbar, wie unbekümmert wir in die winzigen Boote der britischen Soldaten stiegen und mit ihnen über das offene Wasser zischten. Ein Haufen Schiffbrüchiger, der eben erst dem Untergang entronnen war! Unterwegs winkten wir der Crew der *Isla Camila* zu, die noch immer in der Bucht vor Anker lag und sich auf eine Rückkehr ins Fanggebiet vorbereitete.

Auf einem schmalen Weg stapften wir den Hügel zum Friedhof von Grytviken hoch. Robbenjäger und Walfänger lagen hier, Arktisforscher und Kriegshelden, im Tod friedlich vereint. Der Grabstein aus Granit, der die letzte Ruhestätte von Sir Ernest Shackleton markierte, ragte heraus, doch die meisten anderen Gräber lagen verborgen unter einer dicken Schneedecke. Im Zentrum des Friedhofs, auf einem großen Steinhaufen, stand ein hohes, weißes Kreuz. Wir scharten uns um das Denkmal und hängten den Rettungsring der *Sudur Havid* auf, den wir mitgebracht hatten. Wir waren noch nicht bereit, Abschied von unseren Freunden und Kollegen zu nehmen, aber wir wussten auch, dass wir so schnell keine Gelegenheit mehr haben würden, ein Zeichen unseres Gedenkens auf ihrer letzten Ruhestätte zu hinterlassen.

Später einmal, wenn wir längst wieder zu Hause waren, sollte der Rettungsring in der Kirche von Grytviken aufgehängt werden, mit einer Gedenktafel aus Messing, auf der die Namen der 17 Toten von der *Sudur Havid* eingraviert waren. Einer der britischen Pioniere, Corporal Martin-Stuart, versprach uns, außerdem ein weißes Kreuz auf dem Hügel über Grytviken zu errichten. Es war eine bewegende Geste: unsere verstorbenen Kollegen gleich neben dem großen Ernest Shackleton.

Wir nahmen uns die Zeit, ein paar Fotos neben dem Rettungsring am Kreuz zu machen. Phil hatte seine Kamera mitgebracht, und einer der britischen Soldaten machte die Aufnahmen. Erst von der gesamten Crew, dann von kleineren Gruppen. Leute, die eng zusammengearbeitet hatten, Freunde. Auf keinem Bild war ein Lächeln zu sehen. Es schien uns in diesem Augenblick nicht angemessen.

Bevor wir den Friedhof verließen, versammelten wir uns noch einmal um das weiße Kreuz. Ich ließ meinen Blick über die einsame Bucht schweifen, und Grunter sprach ein Gebet. Wir hatten uns auf ihn geeinigt, weil er wahrscheinlich der einzige wahre Gläubige an Bord war. Was auch immer die anderen von einem solchen Ritual hielten, alle neigten den Kopf. Wenigstens dieses eine Mal hörten sie zu, was Grunter zu sagen hatte, und es gab nichts und niemanden, der sie in diesem Moment der Andacht störte. Keine jaulenden Winschen, keine kreischenden Seevögel – und kein Boetie, der seine Befehle brüllte.

»Himmlischer Vater, allmächtiger Gott! Wir haben uns heute hier versammelt, um dir unsere Brüder anzuvertrauen …«

Er fuhr fort, ohne die richtigen Worte zu finden. Ich dachte an den Moment in der Rettungsinsel, als ich mein Gebet gesprochen hatte. Und was ich dabei empfunden hatte. Doch Grunter redete mehr über seinen fürsorglichen Gott als über die Männer, die wir verloren hatten. Nach ihm wollten auch Kashingola und Brian den Toten ihre Ehre erweisen, aber nach wenigen Sätzen kamen sie bereits ins Stocken; peinlich berührt verstummten sie. Ihre Welt war der Rummel auf dem Fabrikdeck, das Gejohle und die Scherze bei der Arbeit. Ihr Innerstes nach außen zu kehren, ihre Gefühle in Worte zu fassen, war nicht ihr Ding, und schon gar nicht, wenn andere dabei zusahen. Nur: Wer von uns hatte schon Erfahrung damit, in einer solchen Situation das Richtige zu sagen?

Unter uns, in der King-Edward-Bucht, lag die *Isla Camila* vor Anker. Ein Windstoß zeichnete ein feines Riffelmuster auf das spiegelglatte Wasser neben dem Schiff. Es war plötzlich still geworden auf dem Hügel, und die Ersten begannen, mit den Füßen durch den Schnee zu schlurfen. Ich hoffte inständig, dass mir nicht die Tränen über die Wangen laufen würden, räusperte mich noch einmal und ergriff das Wort: »Leute, ich möchte auch noch etwas sagen.«

Fast kam ich mir wie ein Fremder vor, der in eine private Trauerfeier geplatzt war. Denn nichts, was bisher gesagt worden war, hatte auch nur annähernd beschrieben, was in mir vorging.

»Nur zu, Matt«, hörte ich Hannes aus dem Kreis hinter mir.

Ich sprach mit lauter und fester Stimme, denn was ich zu sagen hatte, sollte weit tragen. Ich wollte, dass es noch auf See zu hören war.

»Es gibt drei Dinge, die ich von meiner Zeit auf der *Sudur Havid* niemals vergessen werde. Erstens: die guten Zeiten, die wir gemeinsam erlebt haben, wie wir zusammen gearbeitet und gelacht haben. Vor dem Untergang.«

Ich hielt kurz inne.

»Zweitens: wie sich die Crew am Unglückstag verhalten hat.«

Ich schaute in die Bucht hinunter und holte noch einmal tief Luft.

»Und drittens: das Schiff da draußen, die *Isla Camila*, und ihre Crew. Wie sie uns gerettet haben.«

09:00 UHR

Freitag, 12. Juni 1998

Die *Gold Rover* traf bereits in der folgenden Nacht ein, aber wegen des schlechten Wetters und der geringen Wassertiefe in der Bucht wartete der britische Versorger eine gute halbe Meile weiter draußen, in der Cumberland Bay. Es stand also erneut ein Ritt in den Motorbooten der hilfsbereiten Pioniere an.

Als wir uns dem Schiff näherten, war für mich nicht auszumachen, wie wir an Bord kommen sollten – so hoch ragte der Rumpf über uns empor. Doch da kam von oben schon ein Stahlkabel herab, ein Haken wurde eingeklinkt – und unser Boot wurde komplett aus dem Wasser gezogen und an der Bordwand zehn Meter in die Höhe gehievt. Das Schiff, das wir nun betraten, war mit der *Sudur Havid* überhaupt nicht zu vergleichen. Zwar beschwerte sich auch die Crew der *Gold Rover* über den heftigen Seegang und dass man sich wie die Kugel in einem Flipperautomaten fühlte, wenn man auf See die Korridore entlangtorkelte. Doch uns kam das solide Deck des Versorgers vor wie festes Land. Vergessen waren auch die engen Kabinen und die schmuddelige Kombüse auf dem Fischtrawler: Jetzt schliefen wir auf bequemen Feldbetten in einem riesigen Laderaum, wir nahmen unsere Mahlzeiten in einer blitzsauberen Kantine ein – und wir tranken Bier in einem komfortablen Salon. Außerdem wurden wir komplett neu eingekleidet: Fortan trugen wir identische marineblaue Hosen und Pullover aus Standard-Hilfspaketen, die eigentlich für die Versorgung von Flüchtlingen konzipiert worden waren.

Nur einem Mitglied der Crew war es gelungen, wenigstens einen Teil seiner Habe vom sinkenden Schiff zu retten: Alfius. Zwar hatten auch ein paar andere Ausweise und Mobiltelefone eingesteckt, bevor sie in die Rettungsinseln gestiegen waren, doch Alfius packte noch in aller Seelenruhe seine Papiere zusammen, als er uns längst hätte helfen sollen, die streikenden Pumpen wieder in Gang zu bringen. Als hätte er sich damit nicht schon unbeliebt genug gemacht, breitete er auf der *Isla Camila* seine Besitztümer sogar vor den Augen der Überlebenden zum Trocknen aus. Man durfte es getrost als pietätlos bezeichnen, dass einer so ein Trara um seine eigenen Angelegenheiten machte, während noch nach den Leichen seiner Kollegen gesucht wurde. Ich hatte ja auf der *Sudur Havid* gesehen, wie er seine braune Ledertasche unter der Schwimmweste verzurrt hatte, aber in dem Augenblick waren andere Dinge wichtiger, als deswegen einen Aufstand zu machen. So kam es, dass seine Koje auf der *Gold Rover* die einzige war, in der persönliche Habe lag. Später stellte sich übrigens heraus, dass auch Glen diverse Unterlagen aus seiner Kabine gerettet und Alfius zum Aufbewahren mitgegeben hatte.

An unserem zweiten Abend an Bord der *Gold Rover* stellte Alfius fest, dass seine geliebte Tasche verschwunden war. Wir saßen gemütlich bei einem Bier im Salon, als er hereinkam. »Hat jemand von euch … meine Aktentasche gesehen?«, stammelte er.

Was hätte ich gegeben, dabei gewesen zu sein, als das Ding über Bord geflogen war, und ich wünschte, ich wäre selbst auf diese glorreiche Idee gekommen. Doch Hannes war schneller: Die verdammte Ledertasche war ihm schon seit Tagen ein Dorn im Auge gewesen. Und als er einen Moment allein und unbeobachtet im Laderaum stand, hatte er sie sich geschnappt und mit an Deck genommen. Scheinwerfer und Decksbeleuchtung ließen Gischt und Kielwasser strahlen, während das Schiff stetig seinem Kurs durch die Nacht folgte. Hannes trat einen Schritt von der Reling zurück, holte kräftig aus – und schleuderte die Aktentasche in hohem Bogen über Bord. Er schaute noch zu, wie das glänzende Leder trudelnd in der Dunkelheit verschwand. Ich bin froh, dass Hannes so gehandelt hat. Seine spontane Entscheidung stellte uns alle wieder auf dieselbe Stufe: Nichts hatten wir retten können – nur uns selbst.

Sonntag, 14. Juni 1998

Die Reise auf der *Gold Rover* gab uns allen die Gelegenheit, runterzukommen und den Druck der vergangenen Tage abzuschütteln. Wir hatten Zeit zu quatschen und Bier zu trinken, und auf den meisten Gesichtern war hin und wieder sogar ein Lächeln zu sehen. Auf unserem Kurs nach Westen querten wir bald die antarktische Konvergenz – die Zone, in der kaltes Wasser aus dem Südpolarmeer auf eine warme Meeresströmung aus dem Atlantik trifft. Das eisige Wasser der Antarktis lag nun im Kielwasser und damit der Schnee und der bitterkalte Wind, den wir auf Südgeorgien erlebt hatten. Auch die Falklandinseln waren windumtost und karg, doch sie wirkten fast schon vertraut, wie der Norden von Schottland. Als die *Gold Rover* in Stanley festmachte, waren wir auf unserem Weg nach Hause schon einen guten Schritt vorwärtsgekommen.

Wir wurden im Gästehaus des britischen Antarktis-Forschungsprogramms einquartiert, nur ein paar Straßen vom Hafen entfernt. Die Bewohner der Falklandinseln empfingen uns mit großer Gastfreundschaft, wie man sie häufig an den Außenposten der Zivilisation erlebt, und es dauerte nicht lange, bis wir die *Globe Tavern* entdeckt hatten. Mit ihrem schummrigen Licht, den holzgetäfelten Wänden und den Barhockern war die Kneipe für uns Seeleute wie der Lockruf der Sirenen: unwiderstehlich. Für die nächsten fünf Tage waren wir Stammgäste.

Dienstag, 16. Juni 1998

Ab dem Augenblick, da die Leichen auf den Falklandinseln an Land gebracht wurden, war unsere Geschichte ein Fall für die Behörden: Die Polizei würde Zeugen befragen, der Gerichtsmediziner eine Leichenbeschau vornehmen. Einigen Mitgliedern der Crew hatte man offenbar gesagt, dass es sich nur um einen lästigen bürokratischen Vorgang handelte, nach dem Motto: Je kürzer die Aussage, desto eher könnt ihr nach Hause. Selbstverständlich wollte jeder schnell zu seiner Familie, und die meisten hatten kein Interesse, ihren Arbeitgeber zu verärgern. Als Zeugen gaben sie nur das absolute Minimum preis, bloß kein Wort zu viel, was man fast schon amüsant hätte finden können, wenn es nicht so traurig gewesen wäre. Wem war denn damit geholfen, wenn ich der Polizei nur eine Ultrakurzfassung der Ereignisse lieferte? »Mein Name ist Matthew Lewis. Ich war auf der *Sudur Havid*. Am 6. Juni ist das Schiff gesunken.« War es nicht besser, so ausführlich wie möglich zu erklären, was passiert war? Ich war der Einzige an Bord, der nicht zu den direkten Untergebenen der Eigner zählte. Wenn einer unbefangen schildern konnte, was sich auf der *Sudur Havid* abgespielt hatte, dann war es wohl ich.

13:58 Uhr, Dienstag, 16. Juni 1998

Ich nahm Platz an einem Konferenztisch in einem eleganten Bürogebäude am Stadtrand von Stanley. Der Kriminalbeamte, der mit der Untersuchung des Falls betraut war, hieß Jonathan Butler; er hatte den Tagungsraum organisiert, weil ihm die dortige Atmosphäre für die geplante Befragung geeigneter erschien als auf dem Polizeirevier. Ein Mikrofon und ein Aufnahmegerät standen auf dem Tisch bereit, so wie ich mir das vorgestellt hatte.

Das Gespräch mit dem Kriminalbeamten und seinem Kollegen dauerte drei Stunden. Ich fing mit meiner Ankunft in Kapstadt an, und Butler stellte Fragen, wann immer er weitere Informationen benötigte. Ich versuchte, den Hergang so detailliert zu schildern wie möglich. Die Polizisten boten mir an, eine Pause zu machen, doch als die Flut meiner Erinnerungen erst einmal losgebrochen war, mochte ich meinen Bericht nicht mehr unterbrechen; sie mussten mehrmals das Band in ihrem Kassettenrekorder wechseln. Zum Abschluss fragten sie mich nach den Namen der Toten, die ich mit meinen eigenen Augen gesehen hatte. Die offizielle Untersuchung des Falls – inklusive Leichenbeschau – sollte am nächsten Tag beginnen.

Ich war erleichtert, als ich die Befragung hinter mir hatte; das kaum verarbeitete Drama aus der Erinnerung wieder hervorzugraben, war eine traumatische Erfahrung. Ich humpelte in Richtung *Globe Tavern*. Was ich jetzt zur Ablenkung brauchte, waren ein Guinness und die Gesellschaft meiner Leute. Ich setzte mich auf einen Barhocker zwischen Brian und Mark. Hannes warf ein paar Münzen in die Jukebox, und wir tranken, bis wir die Welt um uns herum vergessen hatten. Dann dröhnte »High« von der Lighthouse Family über die Lautsprecher; der Song war schon auf der *Sudur Havid* ein Hit bei der gesamten Crew. Wir grölten alle mit, und Mark liefen die Tränen übers Gesicht.

Freitag, 19. Juni 1998

Die amtliche Anhörung zu den Todesfällen fand im Rathaus von Stanley statt, und der Sitzungssaal der Ratsversammlung gab dem Verfahren einen würdigen Rahmen. Wir wurden gebeten, unsere Aussagen vorzulesen, und der Richter stellte einige Fragen. Es gab weder eine formelle Anklage noch wurde ein Urteil gefällt. Nach drei Tagen der Beweisaufnahme wurden die Formalitäten für beendet erklärt, und man sagte uns, dass wir nun nach Hause reisen könnten. Es waren zwei Wochen seit dem Untergang der *Sudur Havid* vergangen, und nichts wollten wir dringender, als endlich unsere Liebsten in die Arme schließen zu können.

Efeinge war wegen anhaltender Atembeschwerden in Stanley in ein Krankenhaus eingewiesen worden; er hatte Salzwasser in die Lunge bekommen. Inzwischen war er zwar auf dem Weg der Besserung, aber seine Abreise würde sich um ein paar Tage verzögern. Der Rest der Mannschaft war für einen Flug mit einer Maschine der britischen Luftwaffe nach Brize Norton in England gebucht, und wir mussten wohl mit den harten Bänken im Bauch eines Transportflugzeugs rechnen. Während ich direkt nach Aberdeen weiterfahren würde, sollten die anderen Mitglieder der Crew in einen Flieger nach Kapstadt umsteigen.

Als wir noch bei der Anhörung im Rathaus saßen, tauchte plötzlich die *Isla Camila* in einer Bucht nicht weit von Stanley auf und warf Anker. Kapitän Sandoval hatte uns partout nicht auf die Falklandinseln bringen wollen, doch dann war er trotzdem gezwungen, die 700 Meilen nach Westen zu dampfen, weil er einen neuen Beobachter aufsammeln musste. Der größte Teil seiner Crew blieb während des kurzen Aufenthalts an Bord, aber zwei Männer wollten von Stanley aus den Heimflug antreten.

Wie zu erwarten war, verbrachten wir den letzten Abend auf den Falklandinseln in unserer Stammkneipe, der *Globe Tavern.* Es war voll und laut, und später sollte es uns zu Ehren im Rathaus sogar eine Party geben – sofern unsere Füße mitspielten. Meine Hand hatte das Bierglas fest im Griff, und ich stellte fest, dass man die Schürfwunde an meinem Ringfinger noch deutlich sehen konnte, die ich mir zugezogen hatte, als ich meine Hand mit aller Kraft hinter die Dachstrebe unserer Rettungsinsel gequetscht hatte.

Ein Chilene kam auf mich zu und sprach mich an. Ein kurzer, stämmiger Kerl mit dunklen Locken und einem freundlichen Lächeln im Gesicht. Er war frisch rasiert, und seine Wangen glänzten rosig nach der ersten richtigen Dusche an Land. Offensichtlich hatte er mir etwas Wichtiges mitzuteilen, nur leider war mein Spanisch noch schlechter als sein Englisch. Glücklicherweise bot sich eine Frau, die unsere Verständigungsprobleme mitbekommen hatte, als Dolmetscherin an.

Es stellte sich heraus, dass Jesus Pousada von der *Isla Camila* mich etwas fragen wollte.

»Er sagt: ›Kannst du dich an mich erinnern?‹«

»Natürlich erinnere ich mich an dich, du warst mit uns auf der *Isla Camila*.«

Falsche Antwort, die Enttäuschung war ihm ins Gesicht geschrieben.

»Weißt du denn nicht mehr, wer dich aus der Rettungsinsel gezogen hat?«

In jenem Moment hatte ich alles nur verschwommen wahrgenommen. Ich versuchte, ihm zu erklären, dass ich nahezu bewusstlos gewesen war.

»An Gesichter kann ich mich wirklich nicht mehr erinnern. Ich weiß nur, dass Hände nach mir gegriffen haben und dass ich auf Deck erst mal zusammengeklappt bin.«

»Das war ich! Ich habe dich gepackt und mit einem Kumpel zusammen an Deck gezogen. Wir haben dir auf die Füße geholfen. Und dann habe ich dich auf die Wange geküsst und ein Stoßgebet gesprochen: Lieber Gott, ich danke dir.«

Der Gedanke, dass wir unser Überleben allein der *Isla Camila* verdankten, hatte mich schon die ganze Woche beschäftigt. Bei der Befragung durch die Polizei und auch bei der offiziellen Anhörung hatte ich deshalb immer wieder betont, was für ein Glück wir gehabt hatten – und dass wir es ohne Kapitän Sandoval und seine Crew wohl kaum geschafft hätten. Ich suchte nach den richtigen Worten, was nach den vielen Gläsern Bier gar nicht so einfach war.

»Wir werden niemals vergessen, was ihr für uns getan habt. Das schwöre ich dir. «

Kaum hatte ich die beiden Sätze ausgesprochen, kamen sie mir unzureichend vor, doch nach einer kurzen Pause für die Dolmetscherin nickte Jesus. Wenn ich jemals zeigen wollte, wie ernst ich mein Dankeschön meinte, dann war jetzt der Augenblick gekommen. Denn dass ich Jesus oder seine Kollegen jemals wiedersehen würde, war sehr unwahrscheinlich.

»Wenn ich einmal Kinder habe und eines davon ist ein Mädchen, werde ich sie Camila nennen. Damit ich immer daran erinnert werde, was ihr für uns getan habt.«

EPILOG

16:04 Uhr, Freitag, 6. Juni 2008

Ich stehe bis zu den Knöcheln im kalten Wasser, an einem Strand nur wenige Kilometer nördlich von Aberdeen. In beiden Händen halte ich eine Flasche Castle Lager, direkt aus dem Kühlschrank. »Das großartige Bier aus Südafrika« verkündet die weiße Schrift auf der roten Banderole. Hinter mir wandern Spaziergänger mit ihren Hunden über den Strand, ich kann spüren, wie sie mich anstarren. Die Hunde kommen auf mich zugesprungen, und ich hoffe, dass Herrchen und Frauchen nicht auch gleich angelaufen kommen. Denn dies ist mein privates Ritual; Zuschauer kann ich dabei nicht gebrauchen. Ich bin seit dem Untergang jedes Jahr hergekommen, um der Toten zu gedenken, doch heute wird es das letzte Mal sein. Zehn Jahre ist die Tragödie jetzt her. Es ist an der Zeit, sie hinter mir zu lassen.

Ich fixiere die Wolken am Horizont, am Anfang bin ich immer ein wenig befangen. Doch dann sage ich mit lauter Stimme, was ich zu sagen habe. Der Wind soll meine Worte aufs Meer hinaustragen, damit sie auch weit, weit weg noch zu hören sind.

»Auf euch, Jungs. Ich habe euch nicht vergessen, und es ist wieder ein Jahr vergangen. Ich hoffe, ihr ruht in Frieden.«

Ich nehme einen kräftigen Zug aus der Flasche in meiner rechten Hand und gieße gleichzeitig einen großzügigen Schluck aus der anderen Flasche ins Wasser. Ich bin überzeugt, dass die Geschmacksmoleküle raus auf den Ozean driften und schließlich irgendwo da draußen die Seelen meiner Freunde und Kollegen erreichen und sie an die guten

Zeiten erinnern, die wir gemeinsam erlebt haben. Ihr wahres Denkmal ist nicht aus Stein und nicht aus Holz, sondern das salzige Wasser der Meere. Es schwappt über meine Füße und vermengt sich mit dem bernsteinfarbenen Castle-Bier.

Ich halte kurz inne, dann trinke ich erneut von meiner Flasche und kippe aus der anderen einen Schluck Bier in die See. Das Wasser nagt mit seiner Kälte an meinen Knöcheln und erinnert mich daran, wie ich bis auf die Knochen durchgefroren war, damals in der Rettungsinsel. Mir war so kalt. Und wir hatten ein solches Glück.

Ich versuche, die Namen meiner verlorenen Kumpel aufzusagen: »Auf euch, Männer: Bubbles, Boetie, Alfie, Trevor, Simon, Joaquim, Carlos, Kashingola, Grant, David, Kenny …«

Die Liste ist nicht vollständig, es fehlen Peinge, Melvin, Haimbodi, Kanime, Kelobi und Albert. Aber langsam verblassen meine Erinnerungen.

Es folgt die Formel, die ich jedes Jahr wiederholt habe, es sind die Sätze, die mir am wichtigsten sind: »Es gibt drei Dinge, die ich niemals vergessen werde: die guten Zeiten auf dem Schiff und wie wir zusammen gelacht haben. Wie jeder am Tag des Unglücks sein Bestes gegeben hat. Und wie die *Isla Camila* gekommen ist, um uns zu retten.«

Ich trinke meine Flasche in einem Zug aus, während ich das andere Castle-Bier ins Wasser schütte. Für die Jungs.

13:00 Uhr, Dienstag, 28. Juli 2009

Es ist ein wilder Spurt von unserem Haus bis zur Geburtsklinik von Aberdeen. Unseren zweijährigen Sohn Tate haben wir bei den Nachbarn gelassen. Corinne hängt förmlich an meinem Arm, als man uns auf die Entbindungsstation führt. Der Kreißsaal ist schön hell und luftig, die Sonne linst durch die Lamellen der Jalousien. Die Hebamme versucht, uns zu beruhigen, und will noch den Papierkram erledigen, aber dann geht alles sehr schnell. Innerhalb von 20 Minuten ist das Kind da. Die Hebamme hält uns das Baby hin, und Corinne fragt: »Was ist es: Junge oder Mädchen?«

»Es ist … ein Mädchen … glaube ich«, erwidere ich stockend. Ich kann es kaum fassen, ich platze vor Glück.

Corinne wischt sich eine blonde Strähne aus dem Gesicht und lächelt mich erleichtert an. Endlich, ein Mädchen. Das Neugeborene schreit.

»Hat sie schon einen Namen?«, erkundigt sich die Hebamme.

»Hat sie. Ihr Name ist Camila.«

Elf Jahre habe ich auf diesen Moment gewartet, und jetzt kann ich zum ersten Mal ihren Namen schreiben: Camila. Mit einem »l«, wie das Schiff. Elf Jahre, um ein Versprechen einzulösen.

Später tippe ich eine E-Mail an Phil Marshall, der jetzt bei der Fischereibehörde in Wales arbeitet, um ihm von Camilas Geburt zu berichten:

Phil, sie ist das lebende Dankeschön für alles, was du und deine Leute damals für uns getan haben.

Wenn die Männer von der *Isla Camila* nicht gewesen wären, dann würde es mich jetzt nicht mehr geben. Kein uns. Kein Tate. Und keine Camila.

NACHWORT

Wir waren 38 Mann auf der *Sudur Havid.*

In der ersten Rettungsinsel, die gefunden wurde, haben alle überlebt. 14 Mann.

In der zweiten Rettungsinsel – in der auch ich saß – sind zehn von 17 Seeleuten umgekommen. Bjorgvin hat es so gesagt: »Wir waren 17. Jetzt sind wir noch sieben.«

Wir wissen nicht, wie viele Männer sich in der dritten Rettungsinsel befanden. Es gab keine Überlebenden. Sie waren verloren, wie auch die anderen, die gleich beim Untergang ins Wasser gefallen waren.

17 Mann blieben auf See.

Zu den meisten Überlebenden habe ich keinen Kontakt mehr. Sie flogen nach Hause und wurden in Kapstadt von einer Schar von Gratulanten empfangen. Familienangehörige und Freunde waren da, Reporter stellten ihnen Fragen, Zeitungen und Magazine erzählten ihre Geschichten. Manche verschwanden danach und wurden nicht mehr gesehen. Andere gingen ins Ausland, und einige fuhren später wieder zur See.

Als wir im Luftwaffenstützpunkt Brize Norton ankamen, wurden wir getrennt. Ich folgte den Schildern in der Ankunftshalle und kehrte in mein altes Leben zurück. Corinne und ich zogen in eine neue Wohnung, und mit der Renovierung und Einrichtung hatte ich gleich eine Aufgabe, auf die ich mich konzentrieren konnte. Ich absolvierte außerdem ein paar Sitzungen bei einem Therapeuten, was mir immerhin die Illusion gab, dass ich dabei war, die traumatischen Ereignisse zu verarbeiten. Schließlich nahm ich für ein paar Monate einen Job in einem Laden an, um so etwas wie Normalität herzustellen.

Doch schon nach acht Monaten heuerte ich wieder auf einem Schiff an, um mir zu beweisen, dass ich einer solchen Herausforderung gewachsen war. Der spanische Fabriktrawler war größer und besser ausgerüstet als die *Sudur Havid* und die Gewässer Neufundlands nicht gar so kalt und stürmisch wie das Südpolarmeer. Ich fühlte mich okay. Ich konnte wieder über andere lachen, die seekrank wurden, und auf einem Deck arbeiten, das von Wellen überspült wurde. Selbst wenn die Gischt hart auf die Fenster der Brücke hämmerte, machte mir das nichts aus. Ich hatte keine Angst. Keine Panikattacken.

Das Adrenalin vom Untergang gab mir Kraft für ein ganzes Jahr. Und dann holte mich das richtige Leben wieder ein. Ich war verloren. Plötzlich war dieses herrliche Gefühl weg, dass für mich jeder Tag ein Geschenk war, dass ich noch mal eine Zugabe bekommen hatte. Im Gegenteil: Ich hatte keine Ahnung, was ich mit dem Rest meines Lebens anfangen sollte.

Im Herbst 1999 wurde ich von den südafrikanischen Behörden aufgefordert, bei einer Untersuchung des Seeamts in Kapstadt auszusagen. Endlich sollte ich eine Chance bekommen, jemandem meine Sicht des Hergangs zu erzählen, der auch wirklich etwas von der Materie verstand. Außerdem war es eine willkommene Gelegenheit, ein paar der Kollegen aus meiner alten Crew wiederzusehen. Die juristische Aufarbeitung des Untergangs versprach, spannend zu werden: Bei der ersten Anhörung vor dem Untersuchungsrichter auf den Falklandinseln hatten die Crewmitglieder Angaben gemacht, die sich in Teilen deutlich widersprachen, und manche hatten aus Angst, dass sie jemanden belasten könnten, kritische Fragen komplett umschifft. Meine Aussage bei der Polizei in Stanley war die längste und wahrscheinlich auch umfassendste Darstellung des Hergangs aus den Reihen der Mannschaft. Ich wollte nur zu gerne hören, zu welchen Schlüssen die Behörden in Südafrika kommen würden, und erklärte mich sofort bereit, meinen Teil zur weiteren Aufklärung der Tragödie beizutragen.

Wer trug die Verantwortung für den Untergang der *Sudur Havid*? Ich war zu diesem Zeitpunkt der festen Überzeugung, dass die Schuld bei dem Chief und seinen Mechanikern lag, die uns einfach nicht helfen wollten, die Pumpen wieder in Gang zu setzen. Und bei den Bürokraten der Reederei in Kapstadt, die uns mit einem Schiff in See stechen ließen, das nicht zu 100 Prozent seetüchtig war. Letztendlich galt meine Wut aber vor allem den Eignern des Schiffs, die zugelassen hatten, dass in ihrem Unternehmen eine solche Kultur der Nachlässigkeit herrschte. Seltsamerweise blendete ich dabei komplett aus, dass auch die Schiffsführung Fehler begangen hatte. Selbst nachdem die Fakten im kalten Licht des Gerichtssaals seziert worden waren, fiel es mir lange schwer, die Schlussfolgerungen des Richters zu schlucken:

> *Das Fischereifahrzeug* Sudur Havid *sank am Nachmittag des 6. Juni 1998, wobei 17 Mann der Besatzung ihr Leben verloren. Ursache des Untergangs war ein Versagen der Offiziere auf der Brücke (Brian Kuttel und Gerard McDonagh), das Schiff zu führen, wie es unter den herrschenden Wetterbedingungen angemessen gewesen wäre. Dies führte dazu, dass es auf der Steuerbordseite, wo eine Luke nicht wasserdicht zu verschließen war, zu einem Wassereinbruch kam und das Schiff vollständig geflutet wurde.*
> *(Auszug aus dem Bericht des Seeamts)*

Auch wenn die beiden Schiffe kaum vergleichbar waren: Sowohl die *Titanic* als auch die *Sudur Havid* gingen verloren, weil sich die Männer auf der Brücke auf eine unverantwortliche Art und Weise von ihrem eigenen Stolz leiten ließen. Kapitän E.J. Smith hätte sich nach der Eisberg-Warnung entscheiden können, die Geschwindigkeit zu drosseln, so wie es Boetie und Bubbles freigestanden hätte, wegen des rauen Wetters das Fischen einzustellen und erst einmal das Problem mit den Pumpen zu lösen. Sie hatten das Sagen, es war ihre Entscheidung, und ihre Sturheit kostete sie und andere das Leben. Die Toten können sich nicht selbst verteidigen, und es mag unredlich erscheinen, schlecht über sie zu reden – vor allem, wenn sie so liebenswert und so beliebt waren wie Bubbles und Boetie. Aber nach einer Weile musste auch ich den Gedanken akzeptieren, dass einige von denen, die bei dem Untergang umgekommen waren, die Tragödie wohl selbst verschuldet hatten.

Die Fehler, die wir begangen haben

Es soll Menschen geben, die von sich behaupten, dass sie nichts im Leben zu bereuen hätten. Was meiner Ansicht nach für gewöhnlich bedeutet, dass sie nicht erkannt haben, wo und wann sie anderen Menschen durch ihr Handeln Schaden zugefügt haben. Ich wüsste so einiges, was ich zu bereuen habe. Ich reite zwar nicht ständig darauf herum, aber ich wäre wirklich ein Idiot, wenn ich nicht kapiert hätte, dass manche meiner Entscheidungen mir selbst und anderen zum Nachteil gereicht haben.

Nicht wenige der Leute, mit denen ich über den Untergang gesprochen habe, waren felsenfest davon überzeugt, dass ihnen so etwas nie passiert wäre. Weil sie – im Gegensatz zu mir – praktisch auf dem Meer aufgewachsen waren und dessen Gefahren kannten. Nur leider trifft das auch auf viele der Männer zu, die auf der *Sudur Havid* zur See gefahren waren. Sie waren »mit dem Meer aufgewachsen« – und dann waren sie eben dort ums Leben gekommen. Vielleicht hatten sie bereits so viel Zeit auf See verbracht, dass sie in ihrer Selbstgefälligkeit alle Risiken ignoriert hatten.

Ich wünschte, wir hätten auf den Falklandinseln keinen Treibstoff gebunkert

In der Küstenfischerei sieht der Ablauf in der Regel so aus: Der Kutter kehrt in den Hafen zurück, der Fang wird entladen, und dann füllt das Schiff die Tanks auf und nimmt neuen Köder an Bord. Wir aber hatten zehn Tage vor dem Untergang Diesel gebunkert, ohne das Schiff an anderer Stelle zu entlasten. Die *Sudur Havid* war schwer beladen: An Bord waren 38 Mann Besatzung nebst Proviant, in den Tanks schwappten 85 Tonnen Treibstoff, im Laderaum stapelten sich gut 80 Tonnen Seehecht, und an Deck lag kilometerweise nasses, schweres Tauwerk.

Bubbles hätte auf jeden Fall eine Stabilitätsberechnung durchführen müssen, um feststellen zu können, ob sein Schiff überladen war. War das »aufrichtende Moment«, wie die Nautiker sagen, noch groß genug, um die *Sudur Havid* auch bei starken Rollbewegungen wieder in eine aufrechte Schwimmlage zu bringen? Bjorgvin wäre der richtige Mann für eine solche Berechnung gewesen: Er hatte sowohl die Qualifikation als auch genügend Erfahrung, um zu bestimmen, welche Auswirkung ein voller Tank bei einem zur Hälfte beladenen Schiff auf die Stabilität gehabt hätte. Nur hat er leider weder die Zahlen noch die Gelegenheit erhalten, eine solche Kalkulation durchzuführen.

In den 34 Jahren seit ihrem Stapellauf war die *Sudur Havid* mehrfach umgebaut und umgerüstet worden. Es waren Anbauten entfernt und neue hinzugefügt worden, man hatte hier mit dem Schneidbrenner etwas weggeschnitten und dort neue Träger festgeschweißt. Und nicht zuletzt war auf Höhe des Fabrikdecks eine Luke eingesetzt worden, die sich auch bei Sturm nicht wasserdicht verschließen ließ. Das Wasser, das über diese Luke und andere Öffnungen auf dem Fabrikdeck eingedrungen war, fügte zu den genannten Problemen noch den Effekt der »freien Oberflächen« hinzu: viele Tonnen Wasser, die frei hin- und herschwappten und die Krängung in der Rollbewegung zusätzlich verstärkten.

Ich wünschte, wir hätten das Fischen eher eingestellt

Wenn Bubbles und Boetie auf ihre Crew und ihre Offiziere gehört hätten, als wir versuchten, ihnen die Situation auf dem Fabrikdeck zu schildern, hätten wir das Fischen einstellen können, bevor die Probleme außer Kontrolle gerieten. Viel Konjunktiv, aber spielen wir es einmal durch: Wären die Skipper nur einmal zu uns auf das Fabrikdeck heruntergekommen, hätten sie mit eigenen Augen gesehen, wie ernst die Lage war. Dann hätten wir eine Markierungsboje an der Trosse befestigt und diese sofort gekappt, was es Boetie ermöglicht hätte, auf einen Kurs zu gehen, bei dem die undichte Luke nicht dem Druck der Brecher ausgesetzt war. In Ruhe hätte sich die Crew darum kümmern können, die Pumpen zum Laufen zu bringen und das eingedrungene Wasser von Bord zu schaffen. Klar: Wir hätten beim Kappen der Trosse ein paar Fische verloren. Doch wenn wir uns rechtzeitig dafür entschieden hätten, wäre das Schiff möglicherweise zu retten gewesen – und damit auch der gesamte Fang und die restliche Saison.

Nach einer gründlichen Einschätzung der Lage hätten sich Bubbles und Boetie vielleicht eher durchringen können, einen Notruf abzusetzen und Hilfe anzufordern. Gut möglich, dass die anderen Schiffe früher eingetroffen wären und mehr Überlebende hätten bergen können. Auf jeden Fall hätten unsere Skipper mehr Zeit gehabt, alles für ein Verlassen des Schiffs vorzubereiten und die Crew für den Ernstfall entsprechend zu instruieren.

Ich wünschte, wir hätten die Rettungsinseln nach Lee gebracht

Als ich bereit war, in eine Rettungsinsel zu steigen, trieb eine bereits davon, und die anderen beiden hingen dicht nebeneinander an Steuerbord, vom Wind mit aller Macht gegen den Rumpf gedrückt. So war es zwar einfacher, in die Rettungsinseln zu klettern, aber wenn wir sie erst auf die windabgewandte Seite nach Backbord gezogen und die Reißleinen auf Slip an der Reling befestigt hätten, wären wir leichter vom Schiff weggekommen. Der Wind hätte uns nämlich von der Bordwand weggeblasen. Stattdessen wurden wir von den Brechern wiederholt gegen den Rumpf des sinkenden Schiffs geschmettert und vom Heckkran sogar unter Wasser gedrückt. Wahrscheinlich hat allein dieser Schlag die Hälfte der Männer in unserer Rettungsinsel das Leben gekostet.

Wir wissen nicht, was mit den Insassen des dritten Floßes passiert ist. Sind sie schon Minuten später bei einer Kenterung ins Wasser geschleudert worden? Oder sind sie noch viele Stunden weitergetrieben, bis sie irgendwann während der Nacht ein Brecher erwischt hat? Besser wäre es gewesen, wenn die drei Rettungsinseln zusammengeblieben wären, dann hätte man sie leichter finden können. Und wenn das eine Floß gekentert wäre, hätten die anderen beiden sofort Hilfe leisten können.

Der Einstieg in die Rettungsinseln ist nicht chaotisch verlaufen, und den befürchteten gewaltsamen Streit um die Plätze hat es nicht gegeben. Gleichzeitig fehlte es jedoch an Übersicht und Koordination. Vor dem Unglück hatte ich nie auch nur einen einzigen Gedanken daran verschwendet, was zu tun war, wenn man ein sinkendes Schiff verlassen musste. Es war sehr naiv, wie ich jetzt weiß, sich nicht wenigstens einmal zu überlegen, wie man eine solche Katastrophe übersteht. Ich hatte absolut keine Überlebensstrategie.

Ich wünschte, wir hätten uns mehr um die anderen Männer in unserem Floß gekümmert

Noch einmal zu prüfen, ob jede Rettungsweste richtig angelegt und gesichert ist, und zwar als wir noch auf dem Schiff standen, hätte nur wenige Minuten gekostet, doch diese Zeit wäre gut investiert gewesen. Viele Schwimmwesten waren verrutscht oder sogar verloren gegangen. Ich selbst hatte mir meine Weste vom Körper gerissen, weil ich mich ständig in den schlecht gebundenen Schnüren und Gurten verheddert hatte. In unserer Rettungsinsel trieben Männer kopfüber im Wasser – was nie passiert wäre, wenn ihre Schwimmwesten korrekt angelegt gewesen wären. Wenn die Crew vor dem Unglück geübt hätte, was zu beachten ist, wenn man in Seenot das Schiff verlassen muss, wären die Männer mit der Funktionsweise der Westen besser vertraut gewesen.

Bis Unterkühlung richtig gefährlich wird, vergehen ein paar Minuten. Doch plötzlich ins Wasser zu fallen, das minus ein Grad kalt war, hatte einigen der Männer einen solchen Schock versetzt, dass sie wie gelähmt waren. Durchaus möglich, dass für sie schon dieses erste Eintauchen tödlich war. Dass sie nicht langsam an Unterkühlung gestorben, sondern ertrunken sind. Eine vorschriftsmäßig angelegte Schwimmweste hätte den Kopf über Wasser gehalten und wahrscheinlich verhindern können, dass die ohnmächtigen Seeleute ertrinken.

Ein »Kälteschock«, wie ihn einige Männer von der *Sudur Havid* möglicherweise erlitten hatten, kann dazu führen, dass Atmung und Kreislauf aussetzen – eine Überreaktion des Körpers auf die Rückmeldung der Kälterezeptoren auf der Haut. Die plötzliche Verengung der Blutgefäße und die Ausschüttung von Stresshormonen verursachen einen rapiden Anstieg des Blutdrucks, der schwere Herzrhythmusstörungen auslösen kann. Abgesehen davon, dass einen kaltes Wasser sowieso schon verzweifelt nach Luft schnappen lässt und man schnell in den

Bereich der Hyperventilation gerät – die Folgen sind Schwindel, Verwirrung, Panik. Nach einem solchen Schock dauert es nicht lange, bis die Muskulatur eines Verunglückten auskühlt und er seine Kraft und Koordination verliert.

Als ich selbst erst einmal in der Rettungsinsel saß, fiel es mir schwer, noch an das Wohlergehen der anderen zu denken. Denn auch bei mir zeigte die Kälte schnell Wirkung. Eine Wendung nach innen ist das typische Symptom einer Hypothermie. Aber jetzt wünschte ich, dass ich damals wenigstens kontrolliert hätte, ob alle mit dem Gesicht nach oben aus dem Wasser ragten. Wenn nicht von ihrer Schwimmweste getragen, dann eben, indem ich ihre Arme durch die Halteleinen auf den Luftschläuchen gesteckt hätte. Bewusstlose, unterkühlte Seeleute hätte man auf der *Isla Camila* durch vorsichtiges Erwärmen retten können. Ertrunkene nicht.

Ich wünschte, wir hätten unsere Stiefel anbehalten

Viele von uns hatten ihre Stiefel ausgezogen, bevor sie in die Rettungsinsel stiegen – aus Angst, dass Fischhaken, die wir uns an Deck in die Sohle getreten haben könnten, die Luftschläuche beschädigten, und weil wir fürchteten, dass uns das Schuhwerk beim Schwimmen behindern würde. Im Nachhinein kann ich mir nicht vorstellen, dass wirklich eine Gefahr durch Haken in unseren Schuhsohlen bestand. Ich bin mir jedoch ziemlich sicher, dass sie uns eine wertvolle Hilfe gewesen wären, wenn wir sie anbehalten hätten. Die Stiefel hätten verhindert, dass ständig frisches kaltes Wasser in unsere Hosen lief, und uns so vor einem Verlust von Körperwärme geschützt.

Ich hatte mich in der Rettungsinsel dazu gezwungen, so weit wie möglich aus dem Wasser herauszukommen und mich irgendwie an das Halteseil zu klammern. Die meisten meiner Kollegen hingegen lagen bis zur Brust im Wasser, was ihnen anfangs sogar wärmer vorgekommen sein mag, weil sie nicht dem Wind und der Verdunstungskälte ausgesetzt waren. Doch im Wasser geht Körperwärme ungleich schneller verloren als an der Luft.

Die einzigen anhaltenden gesundheitlichen Probleme, die ich bei dem Untergang davongetragen hatte, waren die Durchblutungsstörungen in meinen Füßen. Schon die kurze Zeit, die meine Füße im eiskalten Wasser ertragen mussten, hatte die Blutgefäße in Mitleidenschaft gezogen. »Immersionsfuß« sagen Mediziner dazu – oder »Grabenfuß«, wenn man sich das Problem an Land zugezogen hat. Bei Morné waren die Symptome besonders stark ausgeprägt: Auch seine Beine waren extrem angeschwollen, auf den doppelten Umfang, und an den Füßen war die strapazierte Haut regelrecht aufgeplatzt. Bjorgvin hatte sogar Erfrierungen an den Füßen erlitten – Gewebe war abgestorben, und es dauerte Monate, bis seine Wunden komplett verheilt waren.

Dass wir uns der Stiefel entledigten, war symptomatisch für unseren Mangel an Ausbildung und Vorbereitung. Wir wussten nicht, wie man sich in einer solchen Extremsituation zu verhalten hat, wir hatten schlicht keinen Plan. Zugegeben: Die Männer, die bis zuletzt auf dem Fabrikdeck ausharrten und versuchten, das Schiff zu retten, hatten kaum Zeit, sich auf das Verlassen des Schiffs vorzubereiten; immerhin gelang es mir noch, meinen »Überlebensanzug« anzulegen. Auch die anderen hätten sich dicker anziehen müssen; jede zusätzliche Lage hätte mehr Schutz vor der Kälte bedeutet. Experten für Seenotfälle empfehlen ausdrücklich, zusätzliche Kleidung anzuziehen, bevor man in eine Rettungsinsel steigt. Und darüber schließlich das wichtigste »Kleidungsstück« überhaupt: die Schwimmweste, nach allen Regeln der Kunst festgezurrt und gesichert.

Ich wünschte, wir wären besser ausgerüstet gewesen und hätten das vorhandene Equipment besser nutzen können

Eine Rettungsinsel hat sich nicht aufgeblasen, und meine eigene war beschädigt beziehungsweise nicht voll funktionsfähig. Der Verschluss des Eingangs war schlecht konstruiert – die Plane ließ sich nicht schließen, wenn der Wind dagegendrückte. Wichtige Ausrüstungsgegenstände fehlten: Gefäße zum Schöpfen zum Beispiel, ein Treibanker, das Blinklicht auf dem Dach. Keine Ahnung, ob sie schon vorher nicht vorhanden waren oder gleich zu Beginn bei unserer Kollision mit dem Heckkran verloren gingen. Niemand an Bord schien sich damit vertraut gemacht zu haben, wie man eine Rettungsinsel zu Wasser bringt, auch die angeblich so erfahrenen Offiziere nicht.

Ich werde deshalb ewig dankbar sein, dass ich einen wasserdichten Overall hatte, den ich über meiner regulären Montur tragen konnte. Ohne diesen zusätzlichen Schutz, davon bin ich überzeugt, hätte auch ich sterben können. Noch besser wäre es mir ergangen, wenn ich einen echten Eintauchanzug zur Verfügung gehabt hätte, wie er etwa auf den Helikopterflügen zu den Bohrinseln der Nordsee vorgeschrieben ist. Diese Anzüge lassen sich so gut verschließen, dass es in den ersten Minuten gar nicht erst zu einem Kälteschock kommt, und selbst in eiskaltem Wasser halten sie einen mehrere Stunden lang warm. Das Gegenteil galt für Simon, unseren Smut. Als er aus der warmen Kombüse kam, trug er nur ein T-Shirt und er war barfuß. Er hatte keine Chance.

Ich wünschte, wir hätten alle Männer aus unserer Rettungsinsel bergen können

Als ich aus der Rettungsinsel gezogen wurde, war ich kaum noch in der Lage, auf mich selbst aufzupassen, geschweige denn, bei der Bergung von Bewusstlosen oder Toten zu helfen. Und dasselbe gilt für die anderen Überlebenden.

Gleichzeitig konnte niemand von den Männern der *Isla Camila* erwarten, dass sie sich noch weiter in Gefahr brachten und sich am Schluss in die Rettungsinsel hinabließen, um auch die letzten Opfer der Tragödie herauszuholen. Bei den Bedingungen, die an diesem Tag herrschten, und ohne die entsprechende Ausrüstung war das schlicht nicht zu machen. Aber ich wünschte, wir hätten damals alle bergen können, alle zehn Opfer und nicht nur vier. Vielleicht waren Bubbles und der ein oder andere stille Kandidat ja nur bewusstlos gewesen. Und wenn auch nur einer bei vorsichtigem Erwärmen wieder aufgewacht wäre, hätte sich der Einsatz gelohnt.

Kann sein, dass Bubbles außer dem Herzinfarkt, der ihn möglicherweise bereits beim Verlassen des Schiffs ereilt hatte, noch einen so genannten Rettungskollaps erlitt. Wenn die Rettung nahe scheint und Hoffnung die Angst verdrängt, stellt der Körper die Ausschüttung der Stresshormone ein, die das Herz im Fall einer Hypothermie schützen. Die Folge: Herzversagen. In diesem Fall hätte ihm auch die vorsichtige Erwärmung nicht mehr helfen können.

Am meisten aber wünschte ich, dass wir niemals zum Fischen rausgefahren wären

Die Wochen, die wir mit dem Fischen verbracht haben, werde ich nie vergessen, und ich kann mich glücklich schätzen, dass ich die Männer von der *Sudur Havid* kennenlernen durfte. Aber letztendlich wünschte ich, wir wären allesamt zu Hause geblieben und nicht zum Fischen hinausgefahren. Es war die vielen Opfer nicht wert. Bei unserer mangelhaften Vorbereitung und den unglücklichen Entscheidungen, die folgten, kann man eigentlich nur von Glück sprechen, dass überhaupt jemand diese Katastrophe überlebt hat.

DER UNTERGANG DER MFV SUDURHAVID

Untersuchungsbericht des Seeamts

(Auszug aus dem Bericht des Seeamts, wie vom südafrikanischen Verkehrsminister in Auftrag gegeben und am 6. Dezember 1999 veröffentlicht. Er steht in einigen Details in deutlichem Widerspruch zu meinen Beobachtungen und den Berichten anderer Augenzeugen.)

Diese Untersuchung soll zur Aufklärung folgender Sachverhalte dienen:

Punkt 1:

Den Hergang und die äußeren Umstände des Untergangs der *MFV Sudurhavid* zu klären, der sich um den 6. Juni 1998 ereignet hat.

Ergebnis:

Die *Sudurhavid* ist am 6. Juni 1998 um circa 16:00 Uhr Ortszeit (18:00 GMT) im Südatlantik vor Südgeorgien gesunken. Ungefähre Position: 53° 45' südliche Breite, 45° 13' westliche Länge. Der Trawler hatte eine Langleine ausgebracht, um Seehecht zu fangen, und geriet in zunehmend schweres Wetter mit Wind um Stärke 7 und einer mittleren Wellenhöhe von sechs Metern und mehr. Weil das Schiff tief im Wasser lag und zudem Öffnungen in die Rumpfplatten an Steuerbord geschnitten waren, die sich nicht vollständig und wasserdicht verschließen ließen, bestand zunehmend Gefahr, Wasser überzunehmen. Durch die Rollbewegung des Schiffs sammelten sich große Mengen Wasser auf dem Fabrikdeck an, das von den Pumpen nicht mehr beseitigt werden konnte, weil sich Abfälle aus der Fischverarbeitung in das Wasser gemischt hatten, das von den Pumpen angesaugt wurde. Infolgedessen versagten die Pumpen ihren Dienst. Ersatzgeräte waren zwar vorhanden, konnten jedoch nicht mehr rechtzeitig zum Einsatz gebracht werden. Das Wasser auf dem Fabrikdeck verursachte schließlich eine Schlagseite nach Steuerbord, was dazu führte, dass diese Seite des Schiffs dem Seegang noch stärker ausgesetzt war. Das Fahrzeug krängte in Folge so stark nach Steuerbord, dass es auch auf den unteren Decks zu einem Wassereinbruch kam. Der Untergang des Schiffs war eine unmittelbare Folge des fortgesetzten Wassereinbruchs.

Punkt 2:

Festzustellen, was die unmittelbare Ursache oder die Ursachen waren, die zum Untergang der *MFV Sudurhavid* geführt haben.

Ergebnis:

Die im Folgenden aufgelisteten Faktoren haben den Untergang der *Sudurhavid* am 6. Juni 1998 verursacht oder zu ihrem Untergang beigetragen:

1. Die beträchtlichen Mengen an Wasser, die das Schiff beim Langleinenfischen in schwerem Wetter übergenommen hat. Das Schiff lag an diesem Tag tief im Wasser und war deshalb besonders anfällig für den Einbruch von Seewasser in schwerem Wetter. Die Besonderheiten der Langleinenfischerei haben dazu geführt, dass die Steuerbordseite des Schiffs dem Seegang in besonderem Maße ausgesetzt war. Zudem gab es an Steuerbord oberhalb des Fabrikdecks Öffnungen im Rumpf.
2. Diese Modifikationen des Rumpfs an Steuerbord waren nicht wasserdicht zu verschließen. Dieser Umstand hat dazu geführt, dass die

für das Schiff angestellten Stabilitätsberechnungen ihre Gültigkeit verloren haben.

3. Die Eigner haben auf eine professionelle Begutachtung der Modifikationen verzichtet und sich allein auf die gesetzlich vorgeschriebene standardisierte Prüfung durch die SAMSA (Südafrikanische Seefahrtssicherheitsbehörde) verlassen.
4. Das Fahrzeug ist ohne aktualisierte Daten für die Stabilitätsberechnung in See gegangen.
5. In schwerem Wetter hat der Wassereinbruch über den Schacht vom Arbeits- auf das Fabrikdeck deutlich zugenommen.
6. Zu diesem Zeitpunkt war die Kapazität der Pumpen noch ausreichend, wobei hinzugefügt werden soll, dass die Aggregate insgesamt nicht als besonders leistungsstark bezeichnet werden können.
7. Das zusätzlich durch die Öffnungen an Steuerbord einströmende Wasser hat Fischereiabfälle aus ihren Behältnissen gespült; die Abfälle haben sich vor den Schmutzsieben der Pumpen abgesetzt und diese so blockiert.
8. Die Pumpen ließen sich nur schwer reinigen, sodass der Wasserpegel auf dem Fabrikdeck weiter anstieg. Man kann davon ausgehen, dass diese Verkettung widriger Faktoren auch durch den Einsatz von Pumpen anderer Spezifikationen und anderer Hersteller nicht zu verhindern gewesen wäre.
9. Die elektrisch betriebene Ersatzpumpe war nicht einsatzbereit; sie konnte unter den gegebenen Umständen nicht schnell an den Stromkreislauf angeschlossen werden.
10. Ein weiteres, dieselgetriebenes Notaggregat – das offensichtlich nicht regelmäßig gewartet oder im Probelauf getestet wurde – konnte unter den widrigen Bedingungen nicht gestartet werden.
11. Ein dritte, neue, elektrische Pumpe war ebenfalls nicht einsatzbereit.
12. Die am 6. Juni 1998 auf der Brücke Wache gehenden Offiziere haben es versäumt, den Betrieb der Fischerei rechtzeitig einzustellen oder die Fangleine zu kappen, um den Bug in die Wellen zu richten. Dadurch war das Schiff fortgesetzt in beträchtlichem Seegang einer starken Rollbewegung ausgesetzt, was dazu geführt hat, dass durch die

Öffnungen an Steuerbord unkontrolliert Wasser einströmen konnte. Der starke Wassereinbruch auf dem Fabrikdeck hat schließlich zu einer Schlagseite geführt, die den weiteren Einbruch von Wasser noch begünstigt hat. Nachdem in der Folge auch die unteren Decks geflutet wurden, ist die *Sudurhavid* gesunken.

Punkt 3:

Es ist festzustellen, ob, und wenn ja, welche Person oder Personen, natürliche oder juristische, Schuld an dem oben beschriebenen Untergang tragen, sei es durch direkte oder indirekte Beteiligung oder auch durch eine Unterlassung.

Ergebnis:

Wir sind der Ansicht, dass die Offiziere Gerard John McDonagh und Brian Christopher Kuttel, die am Nachmittag des 6. Juni 1998 auf der Brücke der *Sudurhavid* standen, insofern fehlerhaft gehandelt haben, als sie das Schiff nicht geführt haben, wie es unter den herrschenden Wetterbedingungen angemessen gewesen wäre, was den Untergang des Schiffes verursacht hat.

Auch wenn wir dies als die unmittelbare Ursache erachten, haben wir weitere Faktoren erkannt, die ihren Teil zu diesem Unglück beigetragen haben. Und zwar folgende Personen beziehungsweise Institutionen betreffend:

1. City Fishing (Eigner des Schiffs)

(a) Die Anstellung von Kapitän Armannsson folgte ausschließlich dem Zweck, gesetzliche Bestimmungen zu erfüllen.

(b) Die Eigner ließen es zu, dass ihr Schiff auf diese Fahrt ging, obwohl es sich nur unzureichend gegen eindringendes Wasser verschließen ließ, was seine Seetüchtigkeit vermindert hat, insbesondere unter Wetterbedingungen, wie sie im Fahrtgebiet zu erwarten waren.

2. Aluship (Betreiber des Schiffs)

(a) Wir haben große Bedenken, was die nachlässige Art und Weise betrifft, wie Aluship das Schiff betrieben hat.

(b) Unsere Bedenken gründen sich auf: die Art und Weise, wie die Arbeitsverträge mit Kapitän Armannsson, Kuttel und McDonagh geschlossen wurden; den fehlenden Antrag bei der Seesicherheitsbehörde auf eine Ausnahmegenehmigung in ebendiesem Fall; den Einsatz von landseitigen Technikern ohne Fachkenntnis in der Seeschifffahrt; die Duldung von baulichen Veränderungen am Schiff, ohne sicherzustellen, dass auch weiterhin ein wasserdichter Verschluss herzustellen ist; der Mangel an festen Befehlsstrukturen und Notfallübungen.

3. SAMSA (Südafrikanische Seesicherheitsbehörde)

(a) Wir stellen fest, dass die SAMSA im Irrtum war, als sie das Schiff ohne Prüfung der vorgeschriebenen Papiere in See gehen ließ, z. B. ohne den Wechsel in der Schiffsführung zu registrieren, ohne aktualisierte Angaben zur Stabilität und ohne aktuellen Schiffsmessbrief.

(b) Wir haben mit großem Missfallen registriert, dass die SAMSA ein allgemeines Prüfzeugnis ausgestellt hat, obwohl die oben genannten Dokumente nicht vorlagen.

4. Mr. Alan Newman

(a) Der für das Schiff zuständige Manager hat nicht den Vorschriften entsprechend gehandelt, insbesondere was die Anstellung von Armannsson als offiziellen Schiffsführer betrifft.

(b) Obwohl es in seine Zuständigkeit als Manager fiel, hat Newman nicht die nötigen Schritte unternommen, um die beanstandeten Pumpen austauschen zu lassen.

5. Armannsson

(a) Wir sind der Ansicht, dass Kapitän Armannsson seine Position in der Hierarchie an Bord nicht abschließend mit den Eignern des Schiffs geklärt hat. Wenn er tatsächlich als verantwortlicher Kapitän eingesetzt worden wäre, hätte er diese Autorität während der Fahrt auch geltend machen müssen.

6. Kuttel und McDonagh

(a) Sie haben die Anordnung der Eigner, was die Position von Kapitän Armannsson an Bord betrifft, missachtet und die Schiffsführung faktisch nicht aus der Hand gegeben.

7. Ingenieur

(a) Wir sind zu der Überzeugung gekommen, dass der leitende Ingenieur seiner Sorgfaltspflicht nicht nachgekommen ist; er hat es versäumt, die Diesel-Ersatzpumpe regelmäßig im Probelauf zu testen, um die sofortige Einsatzbereitschaft des Aggregats im Ernstfall zu gewährleisten.

Punkt 4:

Es gilt, Fakten und Umstände zu ermitteln, unter denen 17 Mann der Besatzung während oder infolge des Untergangs der *MFV Sudurhavid* am 6. Juni 1998 ums Leben gekommen sind.

Ergebnis:

Sobald klar war, dass der Untergang des Schiffs unvermeidlich war, hat sich die Crew darauf vorbereitet, das Schiff zu verlassen. Rettungswesten wurden angelegt. Für die Crew waren keine Eintauchanzüge vorhanden; lediglich der Beobachter an Bord und Kapitän Armannsson waren mit einem solchen Anzug ausgestattet. Vier Rettungsinseln wurden zu

Wasser gebracht, wobei eine beschädigt wurde und sich infolgedessen nicht mit Luft füllte. Daraufhin bestiegen alle Mitglieder der Crew die verbleibenden drei Rettungsinseln. Eine Rettungsinsel mit sieben Insassen wurde schnell vom Schiff abgetrieben und später leer aufgefunden. Die sieben Insassen wurden nicht gefunden; es ist davon auszugehen, dass sie umgekommen sind. Eine zweite Rettungsinsel mit 14 Insassen wurde viereinhalb Stunden später von der *Isla Camila* geborgen; alle 14 Insassen konnten gerettet werden. Die dritte Rettungsinsel, mit 17 Mann an Bord, kollidierte mit dem Heckkran der *Sudurhavid*, wobei die Rettungsinsel Schaden nahm und sich mit Wasser füllte; sie blieb jedoch schwimmfähig. Sieben Mann, die sich an Bord der dritten Rettungsinsel befanden, konnten von der *Isla Camila* gerettet werden. Weitere zehn Crewmitglieder waren bereits tot oder wurden vermisst, als die Rettungsinsel geborgen wurde.

Punkt 5:

Es gilt festzustellen, welche Ursache oder Ursachen zum Tod der 17 Crewmitglieder während oder infolge des Untergangs der *Sudurhavid* am 6. Juni 1998 geführt haben.

Ergebnis:

Nach der Aufgabe der *Sudurhavid* verteilte sich die Crew auf die vorhandenen drei Rettungsinseln. Aufgrund des kalten Winds und des herrschenden Seegangs war ein entscheidender Faktor, was die Überlebenschancen betrifft, in welcher Weise die Mannschaft den Elementen ausgesetzt war. Eine der Rettungsinseln – mit sieben Mann an Bord – wurde schnell weggetrieben und später leer gefunden. Die Leichen der Insassen konnten nicht geborgen werden. Angesichts der herrschenden Wetterbedingungen muss davon ausgegangen werden, dass alle Insassen dieser Rettungsinsel umgekommen sind. Eine weitere Rettungsinsel bekam vom Heckkran der *Sudurhavid* einen Schlag versetzt, was die Flutung der Rettungsinsel zur Folge hatte. Das nun in der Rettungsinsel eingeschlossene Wasser dürfte die Unterkühlung der Insassen beschleunigt haben. Da diesem Gericht keine Leichenbefunde vorliegen, kann nur spekuliert werden, dass als Todesursache in allen diesen Fällen Hypothermie anzunehmen ist.

Punkt 6:

Es ist festzustellen, ob eine oder mehrere Personen direkt oder indirekt oder durch einen Akt der Unterlassung den Tod der 17 Crewmitglieder während des Untergangs oder infolge desselben verschuldet haben.

Ergebnis:

Wie unter Punkt 3 bereits dargelegt sind wir zu der Ansicht gekommen, dass die Offiziere auf der Brücke (Gerard John McDonagh und Brian Christopher Kuttel) es versäumt haben, die Fahrt des Schiffes den herrschenden Bedingungen anzupassen. Letztendlich hat dieses Fehlverhalten zum Untergang des Schiffs und dem Verlust von Menschenleben geführt.

Schlussfolgerung des Seeamts:

Nach sorgfältiger Prüfung der Umstände des vorliegenden Falls sind wir, wie bereits mündlich dargelegt, zu dem Schluss gekommen, dass die *MFV Sudurhavid* am Nachmittag des 6. Juni 1998 gesunken ist und 17 Mitglieder ihrer Crew umgekommen sind, weil die wachhabenden Offiziere es versäumten, die Fahrt des Schiffes an die herrschenden Wetterverhältnisse anzupassen, was dazu führte, dass das Schiff über nicht vollständig wasserdicht zu schließende Luken auf der Steuerbordseite des Fabrikdecks geflutet wurde.

GLOSSAR

abwettern | in schwerem Wetter auf weiteres Vorankommen verzichten und Fahrt so einrichten, dass das Schiff nicht in Seenot gerät – etwa indem man den ➢ *Bug* in den Wind hält

achtern | hinten auf einem Schiff

Achterdeck | das Deck hinter den ➢ *Aufbauten*

A-Mast | Krangestell in Form eines »A« am Heck eines ➢ *Trawlers*

Ankerklüse | runde oder ovale Aussparung im ➢ *Schanzkleid* zum Durchführen der Ankerkette

Antarktische Konvergenz | Grenze zwischen den Wassermassen des ➢ *Südpolarmeers* und des Südatlantiks

Antarktischer Ozean | auch ➢ *Südpolarmeer* oder südliches Eismeer: der Ozean südlich des 60. Breitengrads, der die Antarktis umgibt

Aufbauten | alles, was in voller Breite über das Hauptdeck eines Schiffes hinausragt

aufschießen | Leine in gleichmäßigen offenen Schlaufen zusammenlegen

auf Slip | Knoten, der sich auf Zug am losen Ende einfach lösen lässt

Backbord | in Fahrtrichtung links

Beaufort | Maß für die Windgeschwindigkeit, Abkürzung Bft; ➢ *siehe Tabelle rechts*

Bootsmann | Rang auf Handelsschiffen, der dem »Meister« an Land entspricht

Brücke | Fahrstand des Schiffs, von dem aus der Kapitän das Schiff führt

Bug | vorderes Schiffsende

Chief | leitender Ingenieur, verantwortlich für alle technischen Systeme an Bord

Bft |	Wind in km/h	Bezeichnung
0	< 1	Windstille
1	1 – 5	leiser Zug
2	6 – 11	leichte Brise
3	12 – 19	schwache Brise
4	20 – 28	mäßige Brise
5	29 – 38	frische Brise
6	39 – 49	starker Wind
7	50 – 61	steifer Wind
8	62 – 74	stürmischer Wind
9	75 – 88	Sturm
10	89 – 102	schwerer Sturm
11	103 – 117	orkanartiger Sturm
12	> 117	Orkan

Dampfer | 1. Schiff, das durch eine Dampfmaschine oder Dampfturbine angetrieben wird

2. Jargon unter Seeleuten für jede Art von Schiff

Dregganker | auch Dregge oder Draggen: kleiner, mehrarmiger Suchanker mit schmalen ➢ *Flunken,* der etwa zum Auffischen von Leinen verwendet wird, die am Meeresgrund liegen

Drift | Treiben vor dem Wind oder mit einer Strömung

Dünung | lange und abgerundete Wellen, die der Wind angeschoben hat

Eintauchanzug | wasserdichter ➢ *Überlebensanzug,* wie er etwa auf Hubschrauberflügen zu den Bohrinseln in der Nordsee vorgeschrieben ist: mit integrierten Füßlingen, Handschuhen und einem Neoprenkragen. Hält seinen Träger auch bei kalten Wassertemperaturen für mehrere Stunden warm

EPIRB | Funkbake, die via Satellit einen Notruf sendet und gleich auch die Position des Havaristen durchgibt. Das Akronym steht für Emergency Position Indicating Radio Beacon

Fabrikdeck | Deck auf einem größeren Trawler, auf dem der Fang gleich verarbeitet und tiefgefroren wird

Fallschirmrakete | Seenotsignal, das mit einer Rakete nach oben geschossen wird und dann an einem kleinen Fallschirm langsam herabsinkt. Hat eine längere Brenndauer – und ist damit besser zu sehen als eine normale Signalrakete

Fischmeister | an Bord für den Fischereibetrieb zuständiger Offizier, der entscheidet, wo, wann und wie Netze oder Langleinen ausgebracht werden, und der den gesamten Arbeitsablauf leitet

Flunken | häufig schaufelförmiger Teil des Ankers, der sich in den Boden eingräbt

Freibord | der in aufrechter Schwimmlage über dem Wasser liegende Teil des ➢ *Rumpfs*

GPS-Plotter | Bildschirmgerät, das auf der elektronischen Seekarte die aktuelle Position des Schiffs anzeigt

Growler | Fragment eines Eisbergs, das kaum über die Wasseroberfläche hinausragt. Ist schwer zu sehen und deshalb besonders gefährlich

Heck | hinteres Ende des Schiffs

Heuervertrag | Arbeitsvertrag zwischen dem Reeder und einem Seemann

Hol | in der Hochseefischerei der gesamte Arbeitsgang vom Aussetzen bis zum Einholen des Netzes oder der Langleine

Inmarsat | satellitengestützte Telefonverbindung und Datenübertragung eines in London ansässigen Unternehmens

Kälteschutzanzug | wattierte Jacke-Hose-Kombination, die unter dem ➢ *Ölzeug* getragen wird

kentern | seitliches Umkippen eines Schiffs oder einer Rettungsinsel

Klipper | schlanke und schnelle Frachtsegler, die Mitte des 19. Jahrhunderts eingesetzt wurden, um verderbliche Ware oder eilige Post zu befördern. Legendär waren ihre Rekordfahrten um Kap Hoorn

Knoten | Einheit für die Geschwindigkeit in der Seefahrt:
1 Knoten = 1 Seemeile pro Stunde = 1,852 Kilometer in der Stunde

Koje | Bett auf einem Schiff

Kombüse | Schiffsküche

Krängung | Neigung des Schiffs zur Seite
laschen | bewegliche Gegenstände an Bord festzurren
Lee | dem Wind abgewandte Seite
lenzen | Wasser aus einem Boot schöpfen
löschen | ein Schiff entladen
Luke | verschließbare Öffnung im Schiffsdeck oder in der Bordwand
Luv | dem Wind zugewandte Seite
Mayday | Seenotruf im internationalen Funkverkehr, der 1927 das S. O. S. abgelöst hat
Messe | Kantine auf einem Schiff
MFV | technische Bezeichnung für ein motorgetriebenes Fischereifahrzeug – Motor Fishing Vessel
nautische Meile | Einheit für die Entfernung in der Seefahrt: 1 Seemeile = 1,852 Kilometer
Ölzeug | wasserdichte Bekleidung für Seeleute. Früher aus mit Öl imprägniertem Leinen gefertigt, heute aus synthetischen Materialien
Peildeck | Deck über der ➢ *Brücke,* auf dem ein Magnetkompass steht, den jedes Schiff für den Fall mitführen muss, dass der Kreiselkompass ausfällt
Reling | Geländer auf einem Schiff
Roaring Forties | die »Brüllenden Vierziger« – Regionen der Westwinddrift zwischen 40° und 50° südlicher Breite, in denen Stürme aus West vorherrschen
rollen | die Drehbewegung eines Schiffs um seine Längsachse – bei Wind und Wellen von der Seite
Rumpf | Schiff ohne ➢ *Aufbauten*
Schanz | oder Schanzkleid: wandartige Fortsetzung der Bordwand über das Deck hinaus
Schlagseite | Schräglage des Schiffs – etwa nach Wassereinbruch
Schott | 1. Trennwand zwischen den Unterteilungen eines Schiffs
2. Tür auf einem Schiff
Schwell | 1. langlaufende ➢ *Dünung*
2. Wellengang, der von einem anderen Schiff ausgelöst wird
Skipper | umgangssprachlich für den verantwortlichen Schiffsführer

Smut | oder Smutje: Koch auf einem Schiff

Speigatten | Öffnungen im Schanzkleid, durch die übergekommenes Wasser wieder abfließen kann

Spiere | runde Stange, Teil der Takelage eines Schiffs

spleißen | das Verflechten von Leinen

stampfen | Bewegung eines Schiffs um die Querachse, also auf und ab, etwa bei entgegenkommenden Wellen

Steuerbord | in Fahrtrichtung rechts

Südpolarmeer | auch ➢ *Antarktischer Ozean* oder südliches Eismeer – der Ozean südlich des 60. Breitengrads, der die Antarktis umgibt

Tampen | kurzes Stück Leine

Trawler | Schleppnetzfischer, Schiffstyp für den Fischfang

Trimm | Verteilung von Ladung und Treibstoff im Schiff, um eine waagerechte Schwimmlage zu gewährleisten

Trosse | dickes, schweres Seil zum Festmachen oder Schleppen, aus Hanftauwerk oder Draht

Überlebensanzug | oder ➢ *Eintauchanzug:* wasser- und winddichter Anzug mit integrierten Füßlingen und Handschuhen sowie einem dicht abschließenden Kragen aus Neopren, der im Notfall über das ➢ *Ölzeug* gezogen wird, das Auskühlen verhindert und für zusätzlichen Auftrieb sorgt

UKW | Seefunk auf der Ultrakurzwelle – im Frequenzbereich zwischen 156 MHz und 162 MHz. Reichweite um die 30 ➢ *Meilen*

Umlenkblock | Rolle an Deck, mit der die Zugrichtung von Tauwerk geändert werden kann

Windchill-Effekt | der Unterschied zwischen gemessener und »gefühlter« Temperatur, der von der Windgeschwindigkeit abhängt: So fühlen sich 0 Grad Celsius bei Windstärke 7 an wie –8 Grad.

Winsch | in der Seefahrt verwendete Winde, meistens hydraulisch betrieben. Dient in der Fischerei dazu, Leinen oder Netze einzuholen

DAS SCHIFF UND SEIN FANGGEBIET

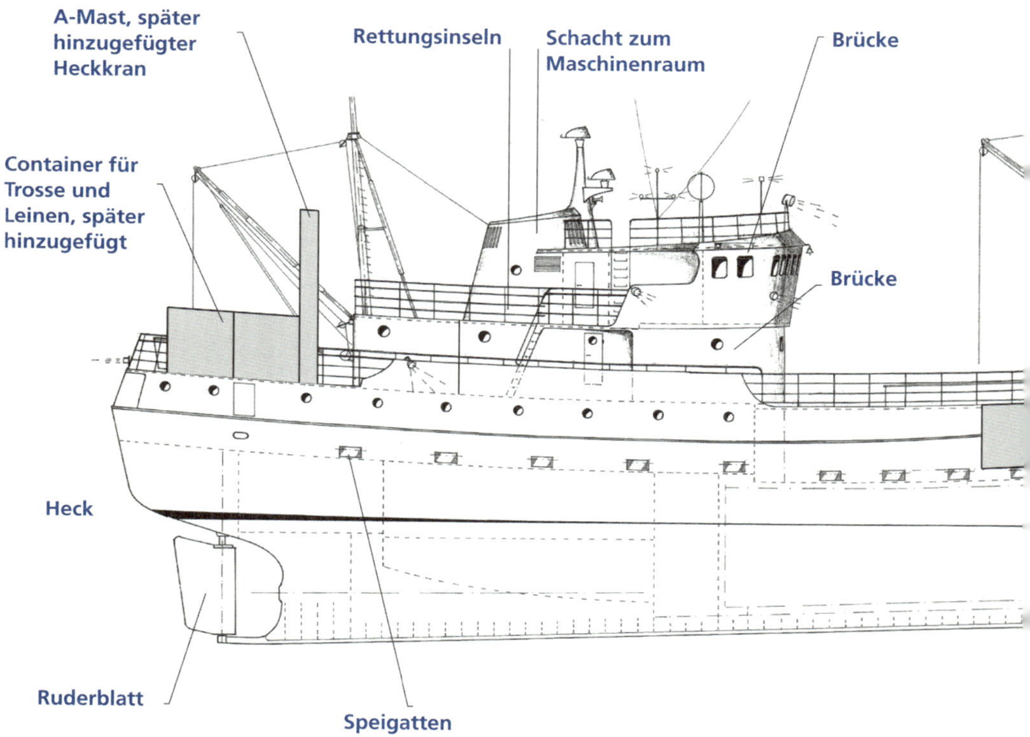
A-Mast, später hinzugefügter Heckkran
Rettungsinseln
Schacht zum Maschinenraum
Brücke
Container für Trosse und Leinen, später hinzugefügt
Brücke
Heck
Ruderblatt
Speigatten

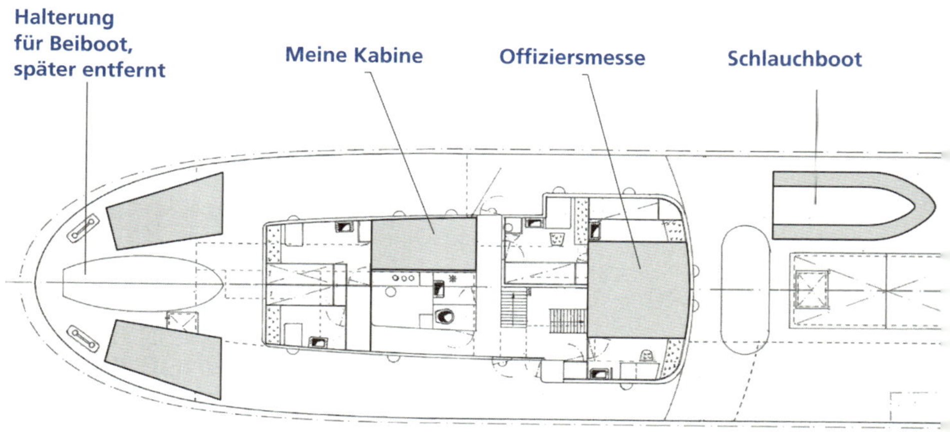
Halterung für Beiboot, später entfernt
Meine Kabine
Offiziersmesse
Schlauchboot

Hauptdeck

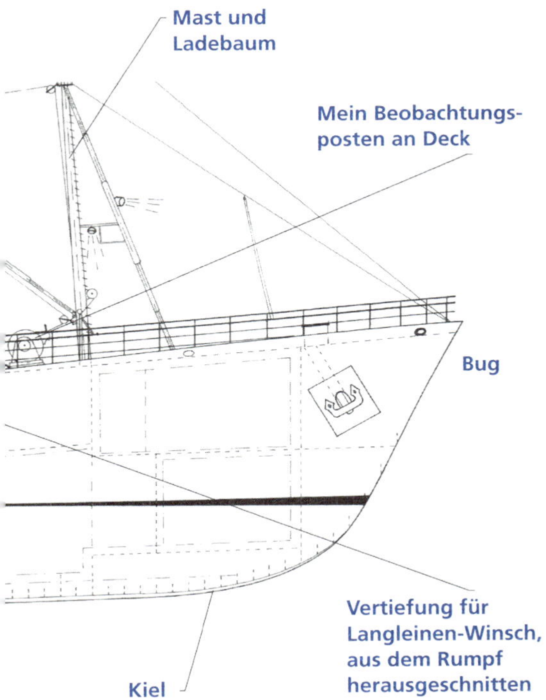
Mast und
Ladebaum
Mein Beobachtungs-
posten an Deck
Bug
Vertiefung für
Langleinen-Winsch,
aus dem Rumpf
herausgeschnitten
Kiel

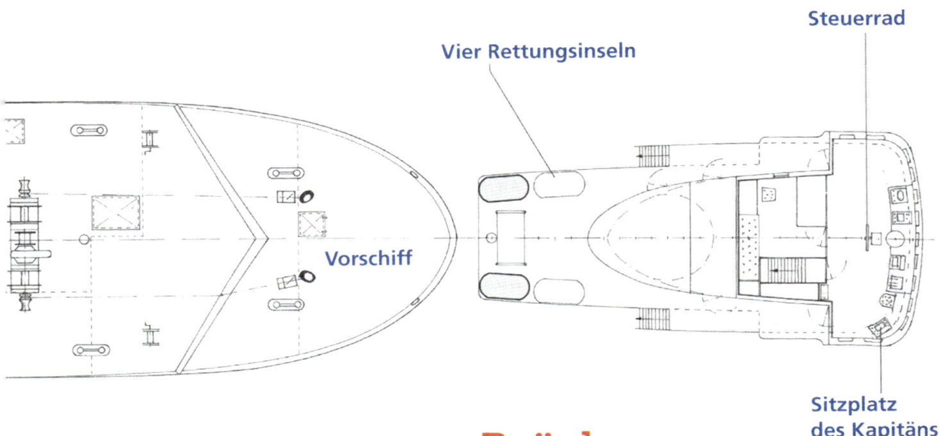
Steuerrad
Vier Rettungsinseln
Vorschiff
Sitzplatz
des Kapitäns

Brücke

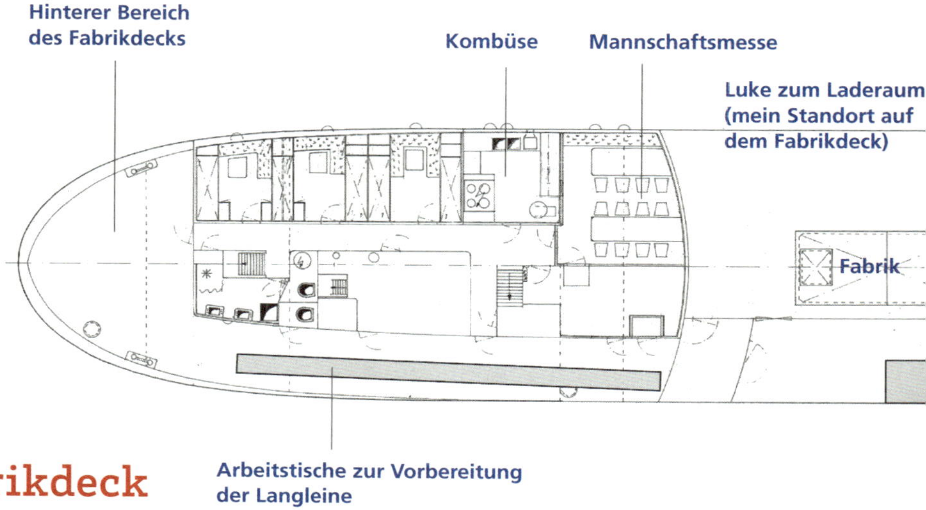

Fabrikdeck

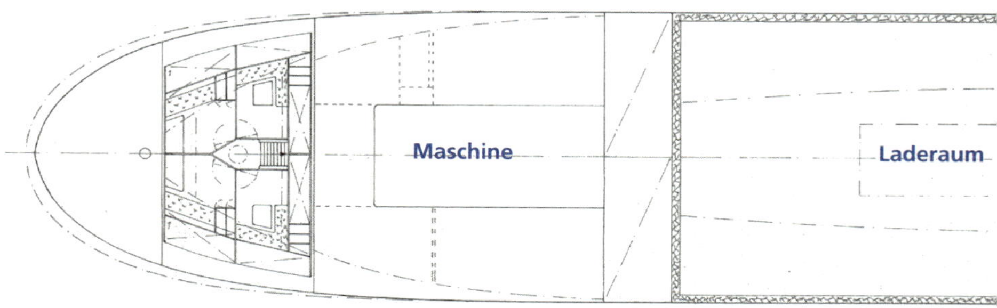

Maschinendeck

Nach den Konstruktionsplänen der Werft von 1963.
Nachträgliche bauliche Veränderungen sind grau hervorgehoben.

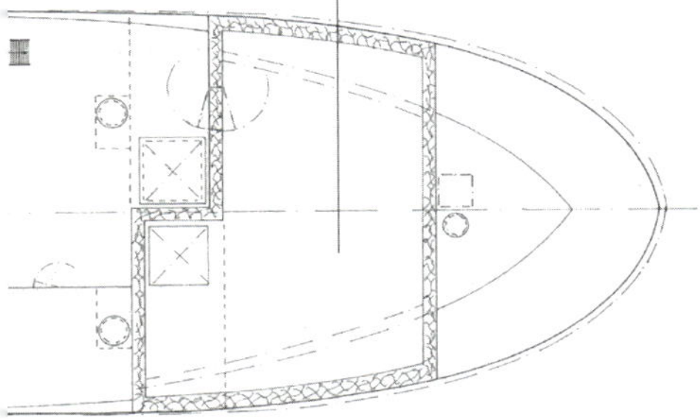

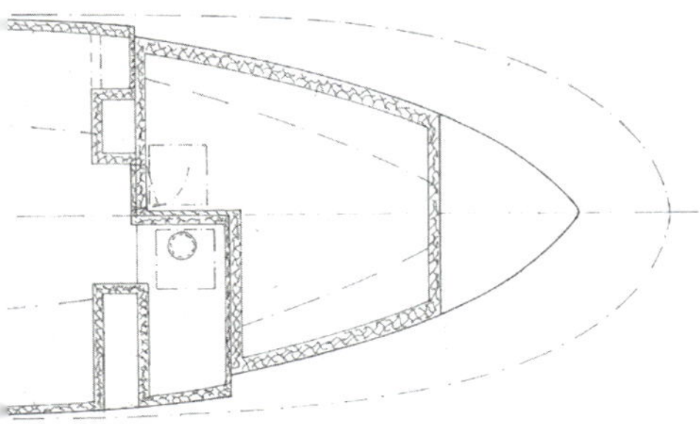

Name des Schiffs:	Sudur Havid
Baujahr:	1964
Länge:	44,70 Meter
Breite:	8,00 Meter
Gewicht (leer):	442,6 Tonnen
Bruttoraumgehalt:	364 Registertonnen
Crew:	37 + 1 wissenschaftlicher Beobachter
Flaggenstaat / Schiffsregister:	Südafrika
Ladekapazität:	310 Kubikmeter
Maschinenleistung:	1200 PS
Fischfangmethode:	Langleine
Zielspezies:	Seehecht

INHALT

TEIL 3 | AUF DRIFT

TEIL 4 | RETTUNG